U0905363

读客®文化

第一次
十字军东征

[英] 彼得·弗兰科潘 著
欧阳敏 译

THE FIRST CRUSADE

THE CALL
FROM THE EAST

海南出版社
·海口·

图字：30-2019-124号

图书在版编目（CIP）数据

第一次十字军东征 / (英) 彼得・弗兰科潘 (Peter Frankopan) 著 ; 欧阳敏译. -- 海口 : 海南出版社, 2019.9

书名原文：The First Crusade: The Call from the East

ISBN 978-7-5443-8809-2

Ⅰ. ①第… Ⅱ. ①彼… ②欧… Ⅲ. ①十字军东侵—历史 Ⅳ. ①K56

中国版本图书馆CIP数据核字 (2019) 第192415号

第一次十字军东征

作　　者　（英）彼得・弗兰科潘
译　　者　欧阳敏
责任编辑　王振德　　陈　波
执行编辑　徐雁晖
封面设计　读客文化　021-33608311
印刷装订　北京中科印刷有限公司
策　　划　读客文化
版　　权　读客文化
出版发行　海南出版社
地　　址　海口市金盘开发区建设三横路2号
邮　　编　570216
编辑电话　0898-66816563
网　　址　http://www.hncbs.cn
开　　本　880毫米×1230毫米　1/32
印　　张　12
字　　数　222千
版　　次　2019年9月第1版
印　　次　2019年9月第1次印刷
书　　号　ISBN 978-7-5443-8809-2
定　　价　69.90元

如有印刷、装订质量问题，请致电010-87681002（免费更换，邮寄到付）

来自东方的呼唤

拜占庭的希望：阿莱克修斯一世（1081—1118）

（图片来源：梵蒂冈图书馆/Giraudon/Bridgeman Art Library）

西方的回应

罗马教皇乌尔班二世驾临克莱蒙会议
（图片来源：法国国家博物馆/Giraudon/Bridgeman Art Library）

远征圣地

1097年，十字军攻击尼西亚
（图片来源：法国国家博物馆/Bridgeman Art Library, Fr 2630 f.22v）

1097-1098年，安条克之围

（图片来源：里昂市立图书馆/Bridgeman Art Library, Ms 828 f.33r）

1099年，十字军进攻耶路撒冷

（图片来源：法国国家博物馆/Bridgeman Art Library, Fr 22495 f.69v）

解放圣地

1099年，基督教洗劫耶路撒冷

（图片来源：法国国家博物馆/Bridgeman Art Library, Fr 20124 f.331）

0 1 千米
0 1 英里
圣葛斯默和达弥盎修道院
布拉赫奈的圣母教堂
布拉赫奈宫
卡里希奥斯门
莱克斯河
佩特里翁门
基督全见教堂
加拉塔
罗曼努斯门
圣使徒教堂
基督全能者
修道院
威尼斯区
金角湾
博斯普鲁斯海峡
达玛利斯
狄奥多西二世墙
瓦伦斯水道桥
阿马尔菲区
比萨区
热那亚区
圣艾莲娜
大教堂
提奥多西广场
索菲亚大教堂
梅塞大道
曼加纳的圣乔治修道院
曼加纳宫
铜牛广场
提奥多西拱门
君士坦丁广场
原点纪念碑
圣玛丽引路者修道院
阿卡狄乌斯广场
四十殉道者教堂
竞技场
大皇宫
牛狮码头
牛狮宫
金门
斯图迪奥斯的圣约翰修道院
马尔马拉海
君士坦丁堡城市地图

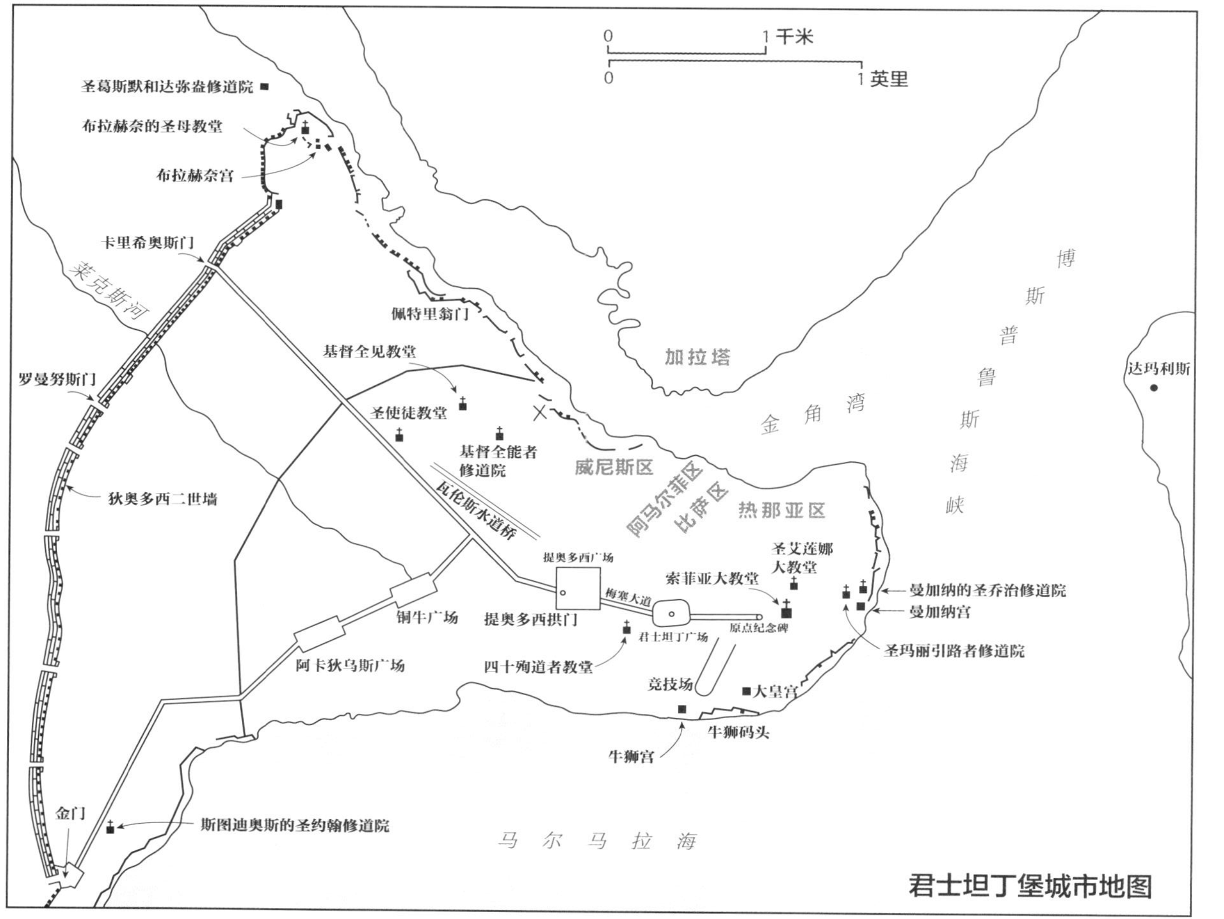

拜占庭帝国，约1050年
克罗地亚
贝尔格莱德
德拉斯塔
多瑙河
杜克里亚
纳伊斯
拉古萨
塞迪卡
马里查河
斯特鲁马河
阿德里安堡
色雷斯
尼科米
亚得里海
迪拉基翁
马其顿
君士坦丁堡
萨勒诺
巴里
阿普里亚
布林迪西
塞萨洛尼基
基伯托斯
尼西亚
阿陀斯山
奥特朗托
色萨利
伊庇鲁斯
奥普斯基翁军区
卡拉布里亚
拉里萨
爱琴海
吕底
斯佩尔刻俄斯河
士麦那
伊奥尼亚海
雅典
以弗所
雷焦
科林斯
色雷斯西翁
拉科尼亚
地中海

0 100 200 300 400 千米
0 50 100 150 200 英里
赫尔松
黑 海
锡诺普
帕夫拉戈尼亚
阿尼
特拉比宗
卡尔迪亚军区
提奥多西波利斯
阿玛西亚
曼齐科尔特
安卡拉
加拉太
塞巴斯蒂亚
美索不达米亚
凡 湖
哈里尔河
卡帕多契亚
凯撒利亚
梅里特那
科洛尼亚
底格里斯河
萨莫萨塔
西里西亚
马拉什
以哥念
埃德萨
莫朴素埃提亚
（马密斯特拉）
摩苏尔
阿达纳
塔尔索斯
潘菲利亚
幼发拉底河
安条克
塞琉西亚
的黎波里

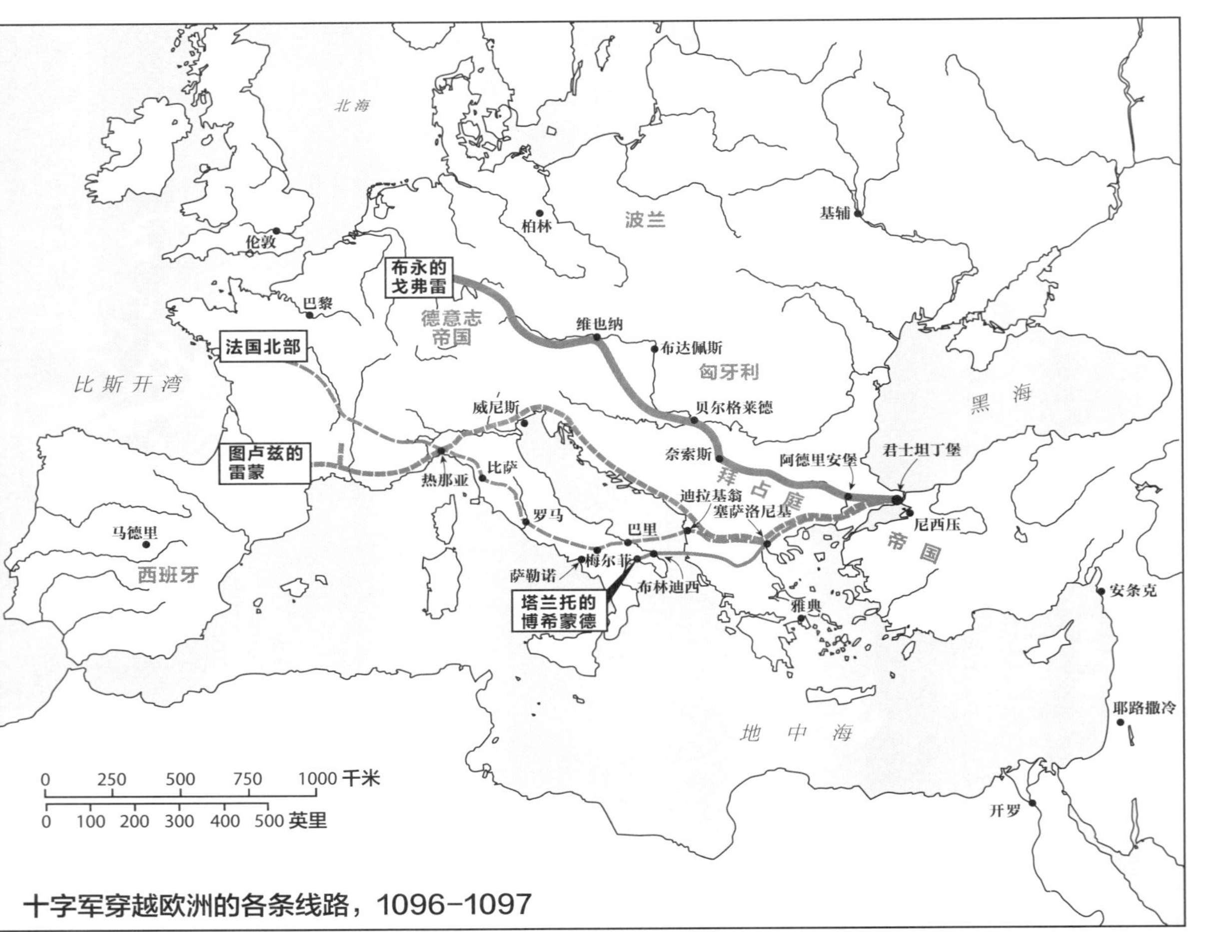

十字军穿越欧洲的各条线路，1096–1097

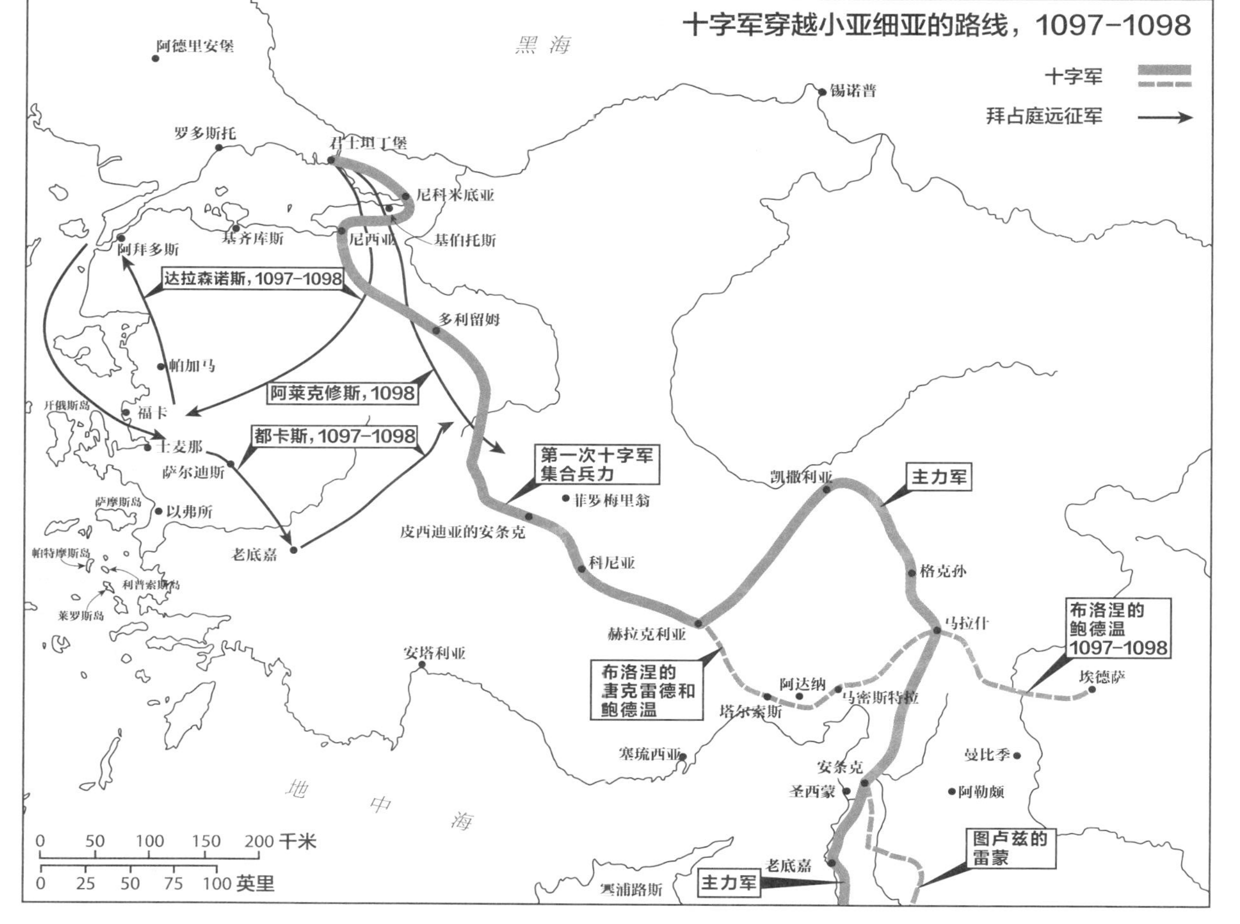
十字军穿越小亚细亚的路线，1097–1098
十字军
拜占庭远征军
黑 海
阿德里安堡
锡诺普
罗多斯托
君士坦丁堡
尼科米底亚
基伯托斯
尼西亚
基齐库斯
阿拜多斯
达拉森诺斯，1097–1098
多利留姆
帕加马
阿莱克修斯，1098
开俄斯岛
福卡
士麦那
都卡斯，1097–1098
萨尔迪斯
第一次十字军
集合兵力
菲罗梅里翁
萨摩斯岛
以弗所
皮西迪亚的安条克
老底嘉
帕特摩斯岛
利普索斯岛
莱罗斯岛
科尼亚
凯撒利亚
主力军
格克孙
马拉什
赫拉克利亚
布洛涅的
鲍德温
1097–1098
布洛涅的
唐克雷德和
鲍德温
阿达纳
马密斯特拉
埃德萨
塔尔索斯
安塔利亚
塞琉西亚
曼比季
安条克
圣西蒙
阿勒颇
地 中 海
0 50 100 150 200 千米
0 25 50 75 100 英里
图卢兹的
雷蒙
老底嘉
主力军
塞浦路斯

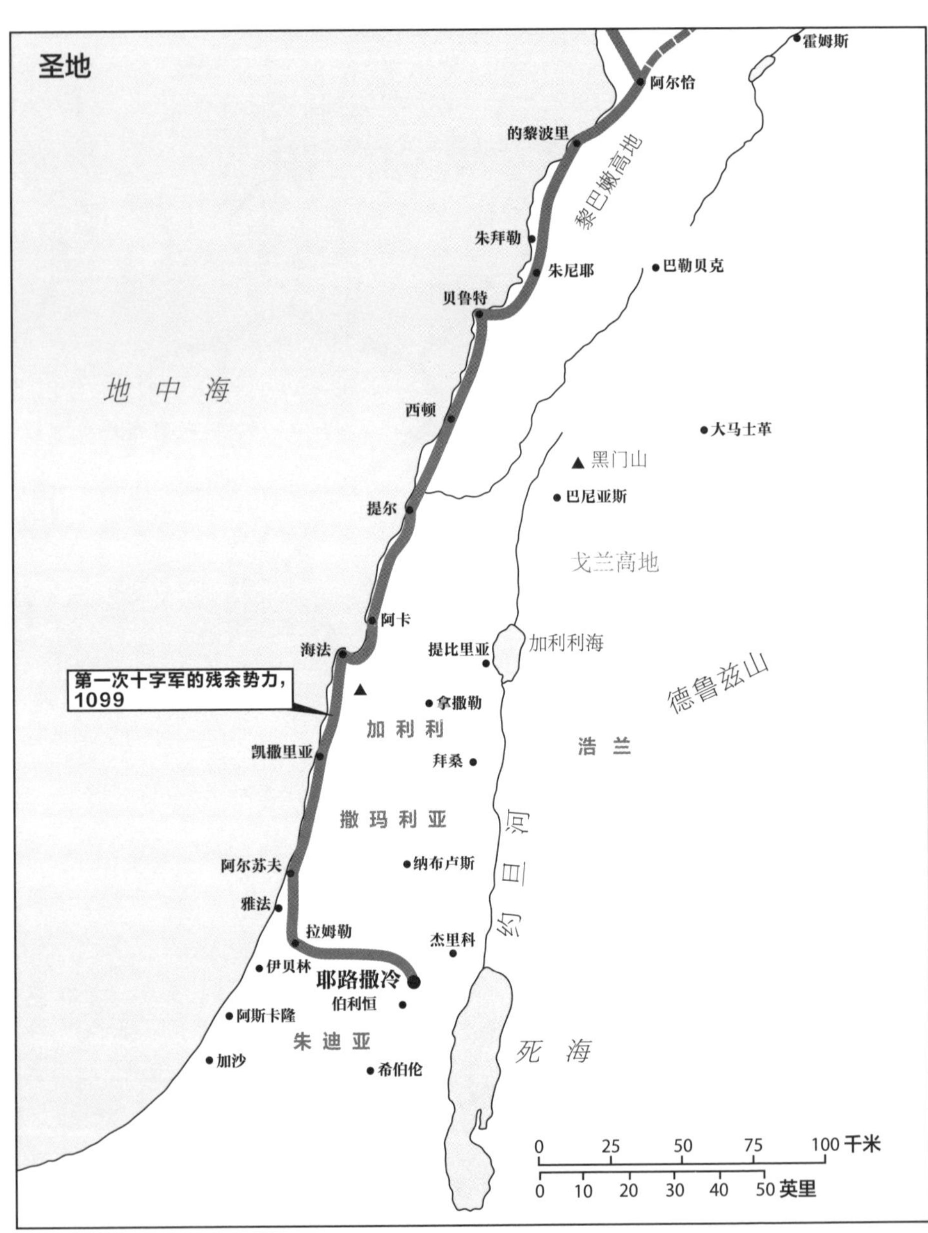
圣地
霍姆斯
阿尔恰
的黎波里
黎巴嫩高地
朱拜勒
朱尼耶
巴勒贝克
贝鲁特
地中海
西顿
大马士革
黑门山
巴尼亚斯
提尔
戈兰高地
阿卡
海法
提比里亚
加利利海
第一次十字军的残余势力，1099
拿撒勒
加利利
德鲁兹山
浩兰
凯撒里亚
拜桑
撒玛利亚
约旦河
阿尔苏夫
纳布卢斯
雅法
拉姆勒
杰里科
伊贝林
耶路撒冷
伯利恒
阿斯卡隆
朱迪亚
死海
加沙
希伯伦
0 25 50 75 100 千米
0 10 20 30 40 50 英里

献给我的妻子杰西卡

耶路撒冷和君士坦丁堡传来了令人忧心的消息，这个消息如今时刻回荡在我们脑海里。波斯人，一群异族和被上帝抛弃的人……侵入了基督徒的土地，用烧杀抢掠的方式削减了这里的人口，还绑架了部分基督徒，将他们带离故土。

——兰斯的罗贝尔

君士坦丁堡皇帝派来的一名使节来到集会上，恳请教皇大人和所有虔信基督的人提供帮助，起而抗击异教徒，捍卫神圣教会。如今在那个地区，异教徒已经兵临君士坦丁堡城下，神圣的教会几乎被消灭殆尽。我们的教皇大人号召众人担此重任，遵从上帝的意志许下诺言前往那里，竭尽所能为皇帝提供最为忠诚的帮助来抗击异教徒。

康斯坦茨的伯诺德

凯尔特人从各个地方赶来，一个接着一个，穿着盔甲，带着马匹和其他所有作战所需的装备。他们激情满满，挤满了每一条大路，与这些战士同来的还有一群群平民，数量多如海滩上的沙子或天上的星辰。他们带着棕枝，肩上饰有十字架……如同从四面八方汇入干流的支流一般，全力向我们这里赶来。

——安娜·科穆宁娜

从本质上来说，皇帝就像一只蝎子，你无须惧怕它的脸庞，却一定要当心它尾巴造成的伤害。

——提尔的威廉

目 录

前言与致谢

大多数大学生都有过这样的经历：在他们学习生涯中的某些时刻，要在上午九点钟去听一次讲座实在让人感觉不太公平，甚至有些残忍。我还记得1992年的我无精打采地爬上剑桥历史系的楼梯，努力地把自己摇清醒，找个位子坐下听自己本学期的第一次讲座课。讲座和我选的论文主题有关，题为“拜占庭及其邻居们，公元800年—1200年”。但五分钟后，我却突然警醒，像换了个人似的，仿佛刚刚喝了一杯三倍浓缩的咖啡。我听到了，无情的佩切涅格草原游牧民族，他们什么都愿意做，只要能换到胡椒、红色丝绸和中东的毛皮；我思索着，异教徒保加利亚人的领袖为什么会在公元9世纪选择皈依基督教；我还听说了新罗马帝都君士坦丁堡。

这第一讲给我带来的兴奋，激发了我对拜占庭帝国及其邻人的无穷兴趣。我选择继续深造是水到渠成的事情，但唯一的问题是要选择一个课题。最后，皇帝阿莱克修斯一世·科穆宁的统治期吸引了我的目光，因为它有丰富的相关文献和众多没有解答的问题。可是，我很快就发现，为了真正了解11世纪末12世纪初的拜占庭帝国，我必须能读懂当时的文献，尤其是《阿莱克修斯纪》；然后是意大利南部的希腊和拉丁文献；我还要了解草原游牧民族的世界；再接下来是君士坦丁堡、巴尔干和小亚细亚的考古材料和物质文化遗存；接着还有十字军、中世纪教皇，以及在圣地开创拉丁拓殖地的历史……最初由一次晨间讲座课不经意引发的情绪，变为了一种追寻的激情：偶尔似乎要压垮我，有时让人沮丧无比，但总是如此令人兴奋。

在这些年里，有很多人的支持和帮助值得我衷心表示感谢。从1997年开始，伍斯特学院的院长和教职员工们为我提供了一处美妙且充满共鸣的家园，他们总是慷慨给予，却极少索求。我还要感谢普林斯顿大学授予我斯坦利·西格访问研究员的职位，让我得以有机会打开新的研究渠道。哈佛大学的教职员工们也让我感激不已，他们让我在敦巴顿橡树园进行了一次夏季访学，正是在那里，我在本书中表述的某些观点才得以成形。牛津大学博德利图书馆（Bodleian Library）的员工，尤其是下层阅览室（Lower Reading Room）的员工，以及历史学院图书馆的员工都非常耐心，充满幽默感。我在牛津的众多同事也是如此，在这里我有幸与一些最棒的古代晚期和拜占庭研究领域的学者共事。

我要感谢我在牛津的众多同事，尤其是Mark Whittow、Catherine Holmes、Cyril Mango、Marlia Mango、Elizabeth Jeffreys、Michael Jeffreys、Marc Lauxtermann和James Howard-Johnston，他们慷慨地分享了他们对11世纪、12世纪的研究观点。我还要特别感谢Jonathan Shepard，他就是那次剑桥讲座的主讲人，此后也一直引导着我从事拜占庭研究，对我影响深远。此外，还有其他很多人，从我的本科生、研究生到我的同事们，都曾与我在各种会议中讨论君士坦丁堡、阿莱克修斯和十字军直到深夜，我也要感谢他们。如果他们的一些好建议我没能完全吸收到这本书中，我只能深表抱歉。

Catherine Clarke也是我的好朋友，是她一直鼓励我重新讲述一下第一次十字军东征的故事。如果不是在她以及她所在的Felicity Bryan团队的帮助下，我根本写不出这本书。还有Bodley Head出版社的Will Sulkin和哈佛大学出版社的Joyce Seltzer，他们始终都很慷慨地给予我帮助。我还要感谢Jörg Hensgen提出了一些很值得思索的问题，这些问题让这本书能够变得更好。Chloe Campbell犹如一位守护天使，她的耐心和建议总是那么有价值。另外，我还要衷心感谢Anthony Hippisley和Martin Lubikowski帮我绘制地图。我对我的父母更是感激不尽，他们从我孩提时期就一直鼓舞、支持着我。

我最要感谢的是我的妻子杰西卡，她在我听到讲座的同一天听到了关于游牧民族、拜占庭和东地中海的故事，因为我很兴奋地告诉了她，那天上午我遇到的这个新世界是多么让我激动。我告诉她我找到了自己梦想的主题，而她一直耐心倾听。当我喝完在Clowns买到的第一批咖啡，感到遇到瓶颈时，她仍然鼓励我继续追寻下去。我将这本书献给她。

彼得·弗兰科潘

2011年7月

序言

1095年11月27日，在法兰西中部的城镇克莱蒙，教皇乌尔班二世站在众人面前，进行了堪称历史上最为激动人心的一次演讲。这之前的一个星期里，他主持召开了教会的一次大公会议，与会者包括12名大主教、20名主教，以及其他若干高级教士。然后他宣布，自己要向广大信众做一次意义重大的演讲。乌尔班二世没有选择在克莱蒙教堂的神坛上进行这次演讲，而是选在了教堂附近的一块空地上。这样的话，所有想来听演讲的人就都有机会听到。

演讲的场地相当恢宏。这片空地坐落在一连串休眠火山的环抱中，其中喷发起来最为猛烈的那一座——多姆山（Puy-de Dome），就在五英里[1]以外，山形清晰可见。这是一个凛冽的

[1] 英制长度单位。1英里=1.609344公里。

冬日，人们拥在一处听乌尔班二世的演讲："最亲爱的兄弟们，我，乌尔班，罗马教皇，蒙上帝之允统管整个世界的教士。作为信使，在这个危急时刻来到你们这些上帝臣仆的面前，传达神圣的告诫。"[1]教皇接下来声情并茂地呼吁人们拿起武器，敦促善战的人们远征数千英里，前往圣城耶路撒冷。这次演讲的目的是要传递某些音信，引发信众的激愤情绪，向他们提出劝诫，从而赢得前所未有的热烈回应。而教皇也确实做到了。不到四年的时间里，西方的骑士们就驻扎在了那座耶稣基督被钉上十字架的城市郊外，准备奉上帝之命夺回耶路撒冷。成千上万的人远离家园，横穿整个欧洲，就是受到乌尔班二世克莱蒙演讲的鼓动，决心前去解放圣城。

"我们希望你们明了，"教皇在克莱蒙演讲中这样解释道，"是何种悲伤的原因把我们带到了你们的土地上？是你们及所有虔信者的何种紧急之需将我们带到了这里！"他说，来自耶路撒冷和君士坦丁堡的令人忧心的消息已经传到了他这里——穆斯林，"一群异族和被上帝抛弃的人，侵占了属于基督徒的土地，毁坏田地，劫掠当地的人民"，很多人遭到残杀，另一些人沦为阶下囚。[2]

教皇概括地描述了"波斯人"（他指的是突厥人）在东方犯下的罪行："他们摧毁并玷污圣坛，给基督徒行割礼，还将流出的血泼在圣坛上或倒进施洗的罐子里。当他们想要狠狠地将某些人折磨致死时，就刺穿他们的肚脐，拉出他们肠子的一端，挂在棍子上，然后用鞭子抽赶他们绕着棍子转圈，直到肠子全被拖出来，人也咽气倒地。他们还把一些人绑在柱子上射杀；另一些人则引颈待戮，供他们试验是否能拔出剑来一击断头。至于女人们所遭受的厄运，我又怎么好说呢？与其细细道来，不如还是默哀罢了。”[3]

乌尔班二世不是单单想传递音信给聚集的听众们，而是要他们激愤起来：“不是我，而是上帝要你们充当基督的先锋，去一遍遍敦促各阶层的人们，不论他们是骑士还是步卒，富有还是贫穷，去敦促他们行动起来，速速将这个邪恶的族群赶出我们的土地，及时襄助那里的基督徒居民。”[4]

欧洲的骑士们应该行动起来，勇敢地作为基督的战士，竭尽所能地迅速赶去捍卫东方的教会。基督徒骑士们应该结成统一战线，远征耶路撒冷，沿途驱赶突厥人。“望你们能以此为幸事，为基督而战亡，埋骨在基督为我们献身的那座城里。”[5]上帝赐福于欧洲的骑士们，让他们拥有出众的战斗力、了不起的勇气和力量。他说，时机已经到来，是时候使用他们的力量，为东方基督徒们遭受的迫害复仇，让圣墓重新回到虔信者手中了。[6]

关于乌尔班二世在克莱蒙的演讲内容，各方在他们的记述中都毫无疑问地认为，教皇的这次演说堪称经典。他的劝诫拿捏得恰到好处，他所举的关于突厥人压迫暴行的例子也选得相当精妙。[7]接着，他开始描述拿起武器应战的人们将会获得的奖赏：无论是谁，只要踏上征途前往东方，就将获得永恒的宽恕。所有人都受到鼓励去响应这种召唤。坑蒙拐骗盗人财物之流也被敦促着去成为“基督的战士”，之前曾与他们的教友兄弟和亲人们为战者，则得到劝告，要冰释前嫌，联合起来，正正当当地去与野蛮人作战。任何踏上征途者，只要是出于虔诚之心，而不是因着对金钱与荣耀的渴望，就将得以赦免所有的罪。用一位研究者的话来说，这乃“一种新的获得救赎的方式”。[8]

听众们对乌尔班二世演说的回应热烈而喜悦。他们高声喊道：“上帝所愿！上帝所愿！上帝所愿！”[1]之后，他们又静下来，用心倾听教皇接下来说些什么。“让这成为你们前往战场的召唤吧，因为它是来自我主的召唤。当你们聚集起来联合抗敌，我主的召唤就将成为所有人的使命——上帝所愿！上帝所愿！”[9]

现场亲耳聆听教皇演说的人们都不禁激情澎湃，他们匆匆赶回家，开始做踏上征途的准备。教会派遣教士向四方传扬演说的内容，而乌尔班二世本人也制定了繁忙的行程，马不停蹄地穿梭在法兰西各地宣扬这场远征，至于那些没时间亲自到访的地方，他也送去了激奋人心的书信。没过多久，整个法兰西都陷入了对十字军东征的狂热向往中。重要的贵族和骑士们纷纷急切地赶来加入远征的队伍。像欧洲最富有也最有权势的人物之一图卢兹的雷蒙（Raymond of Toulouse）这等人物也同意参战。同样加入队伍的还有洛林公爵戈弗雷（Godfrey）。戈弗雷参战的愿望是如此热

[1] 此处原文为拉丁文“Deus vult！Deus vult！Deus vult！”，意为“上帝所愿”。——译者注

切，以至于在出发前，他还专门熔铸了一批刻有传奇中经常谈到的“GODEFRIDUS IEROSOLIMITANUS”[1]字样的银币。[10]前往耶路撒冷远征的消息传播得很迅速，很激动人心。[11]第一次十字军东征即将成行。

四年后，那是1099年7月初，一支屡遭重创、狼狈不堪但意志坚决的骑士队伍在耶路撒冷的城墙外扎下营来。整个基督教世界中最为神圣之地被穆斯林占据着，骑士们即将对其发起攻击。攻城车架起来了，即将投入使用。庄严的祈祷已经进行完毕。骑士们正准备完成历史上最令人称奇的奋战之一。

第一次十字军东征堪称野心勃勃，这体现在这场远征的宏伟规模上。尽管过去也有军队长途跋涉、不畏艰险最终实现大规模征服的先例，像亚历山大大帝、尤利乌斯·恺撒和贝利撒留等古代众多伟大将领发动的战役都已表明：只要军队指挥得当且训练有素，他们就可以征服广大的地域。但让十字军东征显得尤为与众不同的是，来自西方的军队并不是一支征服之师，而是一支解放之师。在克莱蒙，乌尔班二世并没有敦促欧洲的骑士们在东征途中征服疆土，从新攻占的城镇和地区拥有的资源中获利。相反，东征的目标是从所谓的异教徒的压迫之下，解放耶路撒冷以及东方的教会。[12]

[1] 此处原文为拉丁文“GODEFRIDUS IEROSOLIMITANUS”，意为“耶路撒冷朝圣者戈弗雷”。——译者注

不过，后来的进程证明，事情没有那么简单。穿越数千英里的征途中艰难重重，发生了不计其数的灾祸，造成了难以胜数的牺牲。在响应教皇号召踏上征途的七八万名基督的战士中，只有不到三分之一抵达耶路撒冷。1099年秋天，与十字军队伍中几位主要领导人同行的教皇使者给罗马回了一封信，信中提到了这样的情况——幸存人数与死亡人数（包括战死和死于疾病的）的比例其实还要更低，出发者中只有不到十分之一的人看到了圣城的城墙。[13]

例如，“最尊贵的王公”庞蒂乌斯·海因瑙（Pontius Rainaud）和他的兄弟彼得·海因瑙（Peter Rainaud），就在从普罗旺斯穿越意大利北部再沿达尔马提亚海岸前行的途中遭盗匪谋害，这时，他们到耶路撒冷的路途还没过半。相比之下，维尔瓦的沃尔特（Walter of Verva）走得就远多了，他抵达了西顿附近（在今黎巴嫩境内）。然后，他和一队骑士同伴外出劫掠寻找食物，就再也没能回来。或许他遭遇了伏击被杀；又或许他被俘了，然后作为战利品被带回伊斯兰世界的腹地中，从此再无音信；又或许，他的结局比以上这些都平凡无奇得多：一旦不堪重负的马匹在陡峭的山路上失足，很容易就造成致命的后果。[14]

还有戈德维拉（Godevere）。她是一名贵族妇女，选择陪伴丈夫布永的鲍德温伯爵（Count Baldwin of Bouillon）前往东方。她在马拉什（今土耳其境内）附近染病，病情迅速恶化，身体每况愈下，最终悄无声息地撒手人寰。这位出生在英格兰的贵族最后安息在了小亚细亚一个不为人知的异乡角落里。那里远离故土，是一个她的祖先和亲属们此前根本就没听说过的地方。[15]

当然还有其他人。比如一位来自沙特尔的年轻骑士兰波·克莱顿（Raimbold Cretons），他抵达了耶路撒冷，参加了攻城战。云梯架上城墙后，他是第一个爬上去的骑士，显然是想争得第一个突入城中者的无上荣耀。但一个守城的兵卫注意到了爬上来的兰波，他同样立功心切，给了兰波一记重击，削掉了兰波的一只手臂，重伤了另一只。但兰波至少活着看到了攻下耶路撒冷。[16]

另外一些人则满载荣耀而归。第一次十字军东征的伟大领导人：博希蒙德、图卢兹的雷蒙、布永的戈弗雷和鲍德温、唐克雷德等人，因为夺回了圣城，他们都成为欧洲各地家喻户晓的人物。他们的功绩在无数史书、歌谣以及一种新的文学形式——中世纪罗曼史中得到铭记。他们的成功也成为衡量此后历次十字军东征的标杆，但这实在是难以复制的成功。

第一次十字军东征是历史上最广为人知也是最常被提及的事件之一。骑士们拿起武器，穿越欧洲前去解放耶路撒冷，这样的故事激发了当时的作者们，也让后世的历史学家和读者们兴奋不已。关于震撼人心的英雄事迹，关于与突厥穆斯林的初次遭遇，关于东征途中这些武装朝圣者经受的艰险，以及作为终曲的1099年，他们对耶路撒冷居民进行了血腥的屠杀，种种传说在近千年的时间里一直回响在西欧文化中。源自十字军东征的意象和主题广泛见于欧洲的音乐、文学和艺术之中。甚至“crusade”（字面意思为“十字架之道”）这个词本身，也开始有了更广泛的意义：正义之师为抗击邪恶而进行的艰险但最终取胜的征途。

第一次十字军东征之所以让大众浮想联翩，是因为它富有戏剧冲突和暴力因素。但它终究不只是一场戏，这场征程对西方影响至深是因为它塑造了西方此后的诸多方面：教权的兴起、基督教与伊斯兰教势力的对抗、圣战观念的演化、骑士的忠诚及宗教虔诚、意大利航海城邦的崛起，还有中东殖民地的建立。这些都根源于第一次十字军东征。

令人毫不惊讶的是，尽管一代又一代的历史学家都记述了这场远征，在过去的几十年里，一批值得关注的现代学者也已经做了相当杰出的原创研究工作，但关于这个主题的文学作品却仍然在不断产生。十字军队伍的行进速度、后勤补给以及所使用过的铸币，诸如此类的课题都已经得到了仔细的研究。[18]来自当时西方各地的主要记述性史料之间的关系也得到了检视，而且最近对它们的研究都相当具有启发意义。[19]在过去的若干年间，学者们的关注点开始了转向，他们试图去理解为什么在第一次十字军东征时期，甚至整个中世纪早期，欧洲人都笼罩在末日感的氛围中。[20]

有些新颖的方法也在十字军的研究中得到了运用：心理分析学家提出，前往耶路撒冷的骑士们是为了寻找一个出口，来释放被压抑了太久的性紧张情绪；而经济学家则研究了11世纪末的供给—需求不平衡状况，并从欧洲以及地中海区域中世纪早期资源分配的角度来探讨这场远征；[21]遗传学家评估了来自安纳托利亚南部的线粒体证据，力图理解11世纪末的人口运动；[22]还有其他人指出，十字军东征前后的年代，是12世纪终结之前唯一GDP增长超过人口增长的时期，这就意味着在中世纪与现代，人口与经济繁荣两者之间是存在类比关系的。[23]

然而，尽管我们对于第一次十字军东征的兴趣绵延不息，对于它的真正起源却关注得相当少。在近十个世纪的时间里，作家们和学者们的关注点都在教皇乌尔班二世身上，在他激奋人心的克莱蒙演说以及因此而踏上征途的欧洲骑士身上。可是，东征耶路撒冷的催化剂不是教皇乌尔班二世，而完全是另一个人：乌尔班二世发出征战号召，是因为东方君士坦丁堡的皇帝阿莱克修斯一世·科穆宁（Alexios I Komnenos）直接向西方发出了求助的呼声。

公元4世纪时，“新罗马”作为罗马帝国第二首都被创立，当时它是为了统治帝国在东地中海不断杂乱蔓延的诸多行省而建立的，很快它就作为其创立者君士坦丁大帝之城（君士坦丁堡）而名扬天下。它坐落在博斯普鲁斯海峡西岸，渐渐发展成欧洲最大的城市，城中处处点缀着凯旋拱门、宫殿和帝王雕像，以及在君士坦丁皈依基督教之后的数个世纪里慢慢建造起来的不计其数的教堂和修道院。

公元5世纪，在西部诸行省开始衰退而“旧罗马”陷落之时，东罗马帝国仍然继续发展壮大。到1025年，它控制着几乎整个巴尔干、意大利南部、小亚细亚，以及高加索和叙利亚北部的大部分地区。而且它还野心勃勃地向西西里扩张。但七年后，图景却已经大不相同。突厥劫掠者已经涌进安纳托利亚，洗劫了几座重要城市，严重扰乱了地方行省社会的秩序。此外，巴尔干一带几十年来也遭受着几乎无休无止的攻击，承受了与安纳托利亚大致相同的后果。与此同时，帝国在阿普利亚和卡拉布里亚的领土也丧失殆尽，落入诺曼冒险者们的手中。他们在不到20年的时间里征服了意大利南部。

伫立在帝国崩溃与帝国得救这两极之间的人，正是阿莱克修斯·科穆宁。阿莱克修斯本是一位杰出的年轻将领，他并没有继承王位，而是通过一场军事政变上台的，那是在1081年，他大概25岁的时候。在位的头几年里，他过得并不舒坦，因为他一面要对抗拜占庭帝国面临的外部威胁，一面又要巩固自己在国内的统治。作为一名篡权者，阿莱克修斯缺乏通过继承获得的权力合法性，于是采取了更为务实的方式来巩固自己的地位：高度集权，提拔亲信盟友，把家族成员安排到拜占庭帝国各个重要位置上。但到1095年前后，他的政治权威已经动摇，拜占庭帝国因为四面八方频发的暴力入侵而动荡飘摇。

1095年，阿莱克修斯派了一批使节前往拜谒乌尔班二世，使节们也同时带去了一则急切求助的消息。他们在皮亚琴察找到教皇，请求他以及所有虔信基督者伸出援手，抗击异教徒，保卫神圣的教会。因为此时此刻，在那片地域上，征服了东部大片江山、几乎已兵临君士坦丁堡的异教徒们，简直将要毁灭教会。乌尔班二世立刻就做出了回应，宣称他将北上，去法兰西召集人马襄助阿莱克修斯皇帝。正是来自阿莱克修斯的请求促成了第一次十字军东征。尽管当代有关第一次十字军东征的史学著作一般都会提到拜占庭使节来访，但阿莱克修斯皇帝到底提出了什么请求，又为什么提出请求，则被一笔带过。结果，十字军东征普遍被认为是由教皇发出武装集结号召，然后基督徒战士们以上帝的名义一路征战到耶路撒冷的行动。当然，一旦骑士们1099年兵临耶路撒冷城下，这个故事就必然发展成这样，自此以后的作家、艺术家、电影导演等也几乎毫无二致地采取了这种立场。但第一次十字军东征的真正起源，在于11世纪末君士坦丁堡城内及周边地域发生的一切。本书将表明，这场远征的根源不在西方而在东方。阿莱克修斯为什么会在1095年请求帮助？教皇是宗教领袖，自身并不拥有强大可观的军事力量，为什么他选择向教皇求助？1054年，罗马教会与东正教会大闹一场以致决裂后，为什么乌尔班二世还愿意在第一时间伸出援手？在1071年灾难性的曼齐科尔特战役（battle of Manzikert）后，突厥人已经成为小亚细亚的主人，那为什么阿莱克修斯要一直等到1095年才求助呢？简言之就是，为什么会有第一次十字军东征？

十字军史为什么会被如此曲解？其原因有二。第一，在夺取了耶路撒冷之后，主要由教士和修士组成的势力强大的西欧一派史家，长篇累牍地强调教皇在促成这场远征中所发挥的重要作用。随着黎凡特一带建立起一系列十字军国家，他们依托于耶路撒冷、埃德萨、的黎波里以及最重要的安条克，使得这种解释路径进一步得到了加强。这些新生国家需要找到某种叙事来解释，为什么它们会由西方的骑士来控制。无论是在阐述十字军东征的起源还是其影响时，拜占庭和阿莱克修斯所扮演的角色都非常不好安排——一个不容忽视的原因在于，十字军的众多斩获都是以东罗马帝国受损为代价的。相反，把东罗马皇帝撇在一边置之不理，而从教廷与基督徒骑士阶层的角度来解释这场远征，会让西方的史学家们更为得心应手。

之所以会出现这种聚焦于西方的解释立场，还有第二个原因，就是可参考的历史文献本身存在问题。有关第一次十字军东征的拉丁文资料广为人知，而且也相当丰富。作者不详的《法兰克人事迹》（*Gesta Francorum*）[1]等记述性文献只片面地提供了像英勇的博希蒙德等人物的个人事迹，与之对立的是“懦弱可怜的”阿莱克修斯一世皇帝，他被描述成一个诡计多端，总想用狡猾和欺诈来控制十字军的形象。阿奎勒的雷蒙（Raymond of Aguilers）、亚琛的阿尔伯特（Albert of Aachen）和沙特尔的富歇（Fulcher of Chartres）等作者所提供的关于这次远征的信息虽然绘声绘色，却也有些偏颇。他们描述了第一次十字军东征的诸位领

[1] 由匿名作者（可能是博希蒙德的一名随员，因此应该参加了这次东征）所写的关于第一次十字军东征的记述，之后在法国各地广泛传播。此后，又有多位编年史家以此为蓝本，修订改写了这份记录，如“僧侣”罗贝尔（Robert the Monk）和布尔盖（或多尔）的鲍德里（Baldric of Bourgueil），进一步丰富了第一次十字军东征的相关文献。——译者注

导人因性格相异而冲突不断，欺诈和背叛是家常便饭。他们记录下了非常矛盾的现象：成功往往与灾祸相连。他们写道，被俘骑士们的头颅在围城战期间，被用投石器投射到十字军的营地里，一下子就导致士气低落；他们还惊恐地提到，神父们被倒吊在城墙上遭受鞭挞，被迫与十字军为敌；他们还记述道，贵族们与女性友人在果园里嬉戏，忽然就遭遇了埋伏，被突厥匪徒们残忍地处决。

与此相反，来自东方的一手资料情况就更为复杂。这并不是因为文献的数量太少，实际上，用希腊文、亚美尼亚文、叙利亚文、希伯来文和阿拉伯文写就的相关记述、信件、演说、报道和其他一些资料相当丰富，能够让我们难得地瞥见十字军行程前期的经历。可问题在于，与拉丁文文献相比，这些资料被利用得太少了。

这些来自东方的文本中最重要也最难处理的是《阿莱克修斯纪》（*Alexiad*）。这是阿莱克修斯的长女安娜·科穆宁娜（Anna Komnene）在12世纪中期写就的。这份关于阿莱克修斯皇帝统治期的记述既遭到了误用，也蒙受了误解。文本用希腊文（florid Greek）写成，辞藻华丽考究，充满了很容易就被忽略的微妙之处、影射和暗指。可是，作者提供的事件编年却不太可靠：事件发生的时间有错误，有些被一分为二或者重复记述。

安娜·科穆宁娜是在这些事件发生近50年后开始她的记述的。因此，她偶尔搞错事件发生的前后次序是可以原谅的——而且这一点她自己在书中也已经认识到了：“当我写下这些文字时，已经是掌灯时分。我一页一页写得很慢，我感到自己已经昏昏欲睡，因为写着写着总感觉词不达意。我不得不使用那些野蛮人的名字，而且我不得不详细描述一大堆接二连三发生的事情。结果就是，因为各种横生出来的枝节片段，这段历史的主体和连贯的叙事节奏变得破碎断裂。还请喜爱这本书的人们不要因此而埋怨我。”[25]

一位熬夜埋头著述的历史学家，这样的形象充满魅力，让人感动不已。可惜这完全是一种惯用辞令，一如作者事先为书中的错误道歉一样。这些都是古典时期的作家们常用的格式语言。而《阿莱克修斯纪》正是遵循他们确立的模式来写作的。安娜·科穆宁娜的著作基于非常仔细的调查工作，她研究了数量相当可观的书信、官方文档、战争记录、家族史以及其他一些书面材料。[26]

《阿莱克修斯纪》在纪年上存在的某些问题已经被学者们指出来了，但遗留问题还很多。这就导致目前普遍认可的阿莱克修斯一世·科穆宁统治期纪年其实存在很大误差，其中最重要的误差涉及十字军东征前小亚细亚的情况。安娜·科穆宁娜的叙述所描绘的图景是会误导人的。事实上，结合其他一些文献来仔细重新评估《阿莱克修斯纪》，会揭示出令人惊讶的结论，与长久以来被认可的观点大相径庭。过去人们认为，拜占庭皇帝寻求西欧的军事协助，是想利用自己的强势地位，野心勃勃地抓住此刻的好机会，重新征服小亚细亚。但事实却完全相反。他所发出的求助完全是一位政权岌岌可危、帝国濒临崩溃的统治者在绝望之际所做的最后尝试。

过去我们并没有正确认识第一次十字军东征前夕小亚细亚的局势，但当时的局势其实相当重要。突厥人已经让拜占庭帝国拜伏于他们脚下，而西欧的骑士们前往东方去抗击的，正是如此令人生畏的敌人。塞尔柱突厥人原是乌古斯部落联盟中的一员，阿拉伯历史学家称他们生活在里海以东。他们是骁勇善战的草原游牧民族，这让他们对10世纪末已经分崩离析的巴格达哈里发帝国越来越具有影响力。从11世纪30年代起，就在他们皈依伊斯兰教后不久，塞尔柱突厥人成为这个地区的主导力量。不到一代人之后，他们的首领图格里勒·贝格（Tughril Beg）[1]被哈里发任命为具有完全自主权的苏丹，塞尔柱突厥人就此成为巴格达的主人。

他们毫不停歇地开始了西进的步伐，很快开始了对高加索和小亚细亚的劫掠，搅乱了当地人的生活，让人们变得惊慌失措。突厥人的坐骑是中亚的矮脚马。这种马的体力和耐力非常适应这个地区的高地与陡峭峡谷交织的地形。骑着这样的马，突厥人行动迅速，似乎来去如风，无影无踪。有一份文献说他们“迅疾如鹰，铁爪坚如磐石”。据说，突厥人攻击沿途众人，如同狼群吞噬猎物。[27]

到乌尔班二世在克莱蒙发表演说之际，突厥人已经荡平了安纳托利亚此前几个世纪以来一直完好无损的行省管理和军事驻防

[1] 图格里勒·贝格（990—1063），塞尔柱突厥人首领塞尔柱的孙子，塞尔柱王朝的真正创立者。——译者注

力量，占领了对早期基督教而言最为重要的一些城镇。比如，施洗约翰的故乡以弗所（Ephesus）、著名的早期教会驻地尼西亚以及圣彼得原来的教区安条克，都在十字军东征启动前的几年里落入突厥人手中。因此，在1095年前后，教皇会在自己的演说和信件中恳请众人拯救东方的教会，也就毫不令人惊讶了。

第一次十字军东征的背景不能到克莱蒙的山麓或梵蒂冈去寻找，而应到小亚细亚，到君士坦丁堡去寻找。对十字军的阐述被西方的声音垄断的时间已经太长太长。然而，1096年怀着崇高的使命踏上东征路途的骑士们，是为了回应地中海另一侧发生的一场危机。军事打击、内战和反叛的力量已经将拜占庭帝国带到了崩溃的边缘。阿莱克修斯一世·科穆宁被迫向西方求助，而他向教皇乌尔班二世发出的呼救将成为催化剂，催生此后发生的一切。

第1章 危机中的欧洲

第一次十字军东征塑造了欧洲。它确立了欧洲骑士阶层与基督教信仰牢牢结合在一起的身份认同；它影响了他们的行为模式，虔诚与为主服务逐渐成为被高度推崇的个人品质，在诗篇、颂文、歌曲和艺术作品中广为传颂；它形成了为上帝而战的虔诚骑士这样一种理想观念；它将教皇确立为在精神领域和政治领域都具有重要性的领袖；它赋予了西方一众公国共同的立国基准，创造了一个评价框架，使保卫教会不仅是一种意愿，更成为一种责任。从第一次十字军东征中生发出的塑造欧洲的种种观念和结构，一直延续到宗教改革前夕。

具有讽刺意味的是，第一次十字军东征自身却是分裂与无序的产物。因为11世纪下半叶，欧洲动荡不安，危机频发。当时，整块欧洲大陆都处于征服与叛乱的时代。英格兰此前好不容易才抵制住了来自斯堪的纳维亚的长期攻势，这时正被诺曼人占领。阿普利亚、卡拉布里亚和西西里也因来自诺曼底的移民涌入而发生着变化。首先来的是雇佣兵，然后是各种被南方提供的丰厚物质回报吸引来的碰运气的人们。西班牙正处于转折时刻。在统治这个半岛长达三个多世纪后，这里的穆斯林占领者从一个又一个城镇被驱赶走。德意志也骚动不安着，起而反抗皇室的大规模叛乱隔三岔五就爆发。与此同时，拜占庭帝国承受着日益累积起来的沉重压力，其北方、东方和西方边界都受到威胁，日益张牙舞爪的邻人们不断突破边界，长驱直入。

11世纪还是教廷与欧洲的大权贵们激烈冲突的世纪，时不时就有君王遭受绝罚，有时双方会和解，但到头来只是为下一次绝罚令做铺垫。这一时期几乎所有的重要人物——德意志的亨利四世、法兰西的菲利普一世、英格兰的哈罗德国王、拜占庭皇帝阿莱克修斯一世·科穆宁以及诺曼公爵罗贝尔·吉斯卡尔（Robert Guiscard）都至少遭教廷绝罚过一次，而这是教廷为强调自身对世俗世界拥有的权威所做的一部分努力。

教会内部的分歧巨大，以致到了11世纪末竟然出现了教皇并立的态势，每位教皇都声称自己才是圣彼得之位的合法继承人，而且都得到了自封为正统的一派教士的支持。还有拜占庭的教会，它所遵循的行为标准和正统教义都与西方大相径庭，此时正与西方教会处于大分裂的状态。但在当时，一场最为持久、也是对欧洲和谐统一造成最大威胁的争端，已经对教会整体的活力造成了巨大的影响：教皇格列高利七世与当时欧洲最有权势的德意志亨利四世之间的关系严重恶化。亨利的先人已经确立了对意大利北部的统治，并在10世纪60年代成功地成为罗马的皇帝。所以，他们也一直密切关注着身在此处的教廷，保留着教皇选举的投票权。1073年4月，格列高利七世刚被任命为教皇时，他与亨利四世的关系发展趋势还不错，格列高利七世被他说成是“一位宗教虔诚的人，精通（圣俗）两界知识，对公平与公正最为积极的热爱者，不畏艰难困苦……令人尊敬，谦和亲切，头脑清醒，朴素贞洁，热情好客”。[1]教皇对皇帝在自己当选后发出的信息也很上心。他向自己的支持者这样写道：“亨利发来的信息充满着愉悦与顺服，就我们记得的来看，不论是他还是他的前任们都不曾向罗马教皇这样表过态。”[2]

可是，没过多久，两人的关系就开始恶化。在成为教皇之前，格列高利七世就是个坚定的教会改革行动派，希望更有效地将权力集中到罗马教皇手中。改革中最令众人关注的是由谁来任命教会中的高阶职位。此前这些职位一般都会被售卖出去，其形式充其量相当于一种有组织的腐败行为。有些高阶职位能带来丰厚的俸金，还有影响力和权威，这就让它们成为一种非常让人向往的奖赏——成为有权势的统治者分发给拥趸的极有价值的赏赐。[3]

而格列高利七世禁止售卖宗教圣职，并强调只有他才拥有任命这些职务的权力。他的这种改革尝试使其站到了与亨利对抗的一面，因为亨利非常不愿意教皇干涉德意志教会的事务。到1076年时，双方的关系已经濒临破裂，教皇于是颁布绝罚令，将亨利驱逐出教，他说："我代表全能的主，圣父、圣子和圣灵，经由您的力量和权威，我拒绝（承认）亨利国王（为我教中人），因为他在对待您的教会、管理全部德意志人及意大利王国时所表现的骄纵自满简直闻所未闻，我解除所有基督徒遵守对他许下的或将要许下诺言的义务，并禁止任何人尊奉他为国王。"[4]

毫不令人惊讶的是，此举加剧了当时紧张的局面。亨利的支持者们称教皇是一名罪犯，忠于德意志王室的主教们又转而对教皇施以绝罚[1]令。[5]虽然两人曾于11世纪70年代末短暂和解，但教皇经人游说后，又开始支持在德意志对抗并试图废黜皇帝的强大反对派，于是两人的关系再次破裂，此后再也没能修复。格列高利七世公开对其中一位皇位竞争者表示赞赏，称他谦和顺服，热爱真理，与亨利的骄傲自大、桀骜欺瞒形成鲜明对比，这之后，亨利四世皇帝采取了激烈的回应措施。[6]

1080年6月，德意志和意大利北部的主教们接到传召，到布里克森（Brixen）[2]参加一次大公会议。会上有人提议，应以武力将格列高利七世驱逐出罗马，并选出一位"正统的"教皇取而代之。

---

[1]　绝罚（excommunication）即逐出教会、革除教籍。是天主教所有惩罚中最严厉的一种。据天主教教义，被绝罚之人将与教会隔离，没有教会所予之救赎。——编者注

[2]　意大利北部南蒂罗尔的一座市镇，意大利语名为布列瑟农（Bressanone）。——译者注

于是，拉文那（Ravenna）大主教威伯特（Wibert）被任命为待任教皇，他的加冕仪式定于次年春天在罗马举行。[7]亨利四世先是被德意志境内发生的叛乱拖延了些时间，等事情解决之后，他终于进军意大利，逼近罗马并最终于1084年攻下了这座城市。威伯特即刻在圣彼得大教堂加冕为教皇克莱芒三世（Clement III）。一个星期后，亨利四世自己又被加冕为罗马皇帝。“我得到了教皇克莱芒（三世）的正式任命，”他写道，“并在神圣的复活节那天得到所有罗马人的同意，在所有罗马人民的喜悦欢呼声中加冕为帝。”[8]

克莱芒三世被立为敌教皇（rival pope）[1]，他声称自己是圣彼得之位的真正继承人，还得到一群高级教士的支持，这产生了要将罗马教会分裂为二的威胁。尽管格列高利七世本人在拉特兰宫避难，后来又逃出罗马去了萨勒诺，并最终于1085年在那里以流亡之身过世，但教廷仍然笼罩在不确定与混乱疑惑的氛围中。过了近一年，格列高利七世的继承人才被选出来，而且即使到此时他已经被提名成为维克多三世（Victor III），还是多多少少依靠武力才成功上位。可他在任还不到18个月就去世了，新的选举又得举行，这催生了新的争斗与骚乱。1088年3月，奥斯蒂亚红衣主教奥多（Odo）被提名为教皇，取封号为乌尔班二世。然而，他在亨利四世治下的德意志和北意大利并没有得到承认。教会仍然处于

[1] 即僭称的罗马教皇，指没有经过正式任命程序而产生的教皇，历史上这样的教皇有29位。——译者注

混乱无序之中。

在接下来的数年里，西方教会的分裂态势并没有弥合的迹象。1095年克莱蒙大公会议召开之前的十年间，处于强势地位的不是乌尔班二世，而是克莱芒三世。毕竟乌尔班二世在继位后的最初几年里连罗马的城墙都进不去，甚至连他的选举仪式都是在远离“永恒之城”的泰拉奇纳（Terracina）举行的。因为罗马还牢牢地由忠于亨利四世的军队控制着。尽管乌尔班二世在1089年得以短暂地进入罗马城，举行了一场庆祝游行、一次加冕弥撒，还发布了一份教皇通谕，但他很快又撤走了，没敢冒险在城中停留更长时间。[9]1091年和1092年圣诞节，他再次返回罗马，却被迫在城外扎营，无法履行教皇最基本的职责，包括在圣彼得大教堂主持弥撒。[10]

在乌尔班二世刚当选的时候，如果谁说他能打动并激励欧洲的基督教骑士们奋然拿起武器，远征耶路撒冷，肯定会被当成笑话。尽管教皇密切关注着西班牙的局势发展，也注意到基督教势力屡有斩获，而伊斯兰势力不断遭受损失，但他除了送去热情洋溢的表示支持和鼓励的信件外，其他什么也做不了。[11]考虑到乌尔班二世在欧洲本土所处的窘境，尽管他对东方虔信者们命运的关注或许发自内心，但在当时的环境下却显得无足重轻，也不会有什么影响力，毕竟他自己都还在苦苦挣扎着，希望在罗马多召集些支持者，欧洲其他地方的支持就更成问题了。

与此相反，克莱芒三世却始终不懈地在强化自己作为天主教会真正领袖的地位。11世纪80年代末，他曾发出一批信件给坎特伯雷大主教兰弗兰克（Lanfranc），邀请兰弗兰克前来罗马，送来给教皇的献金[1]，并提出愿意帮忙调解英格兰的争端。他还敦促英格兰国王和主教们向罗马教会提供帮助。12此外，克莱芒三世还与塞尔维亚人联系，认可了他们的圣职任命，还送了一件特别的圣职法衣[2]给安提巴里（Antivari）[3]大主教。他还与基辅（中世纪基辅罗斯公国的首都）的教会领袖接触，发出表示善意的信息。14他的言行举止恰如教皇所应该做的：不请自来地经常联系基督教世界中的重要人物，并给予建议和支持。在当时看来，能发表1095年前后那样的演说，并赢得或可将教会重新融为一体的巨大效应的人，似乎应该是克莱芒三世，而不是乌尔班二世。

乌尔班二世唯一胜过对手的优势可能在于他与东方教会的关系，不过这种关系本身也不是毫无问题的。起初，罗马和君士坦丁堡只是基督教世界五大初始主教区中的两个。其他三个分别是安条克、亚历山大港和耶路撒冷，它们先后在公元7世纪的伊斯兰

[1] Peter's pence，是英格兰自撒克逊人时代开始向罗马教皇进献的一笔贡金，起初并非固定税收，但后来渐渐固定为每户一便士的税收，因此而得名。——译者注

[2] 即Pallium，是天主教会一种披在肩上的法衣，为宽条状，披好后从前面和背后看都形同字母Y，上饰有六个黑色十字架。这种法衣原为教皇专用，后常被赐予都主教、大主教等高级教士，象征教廷的授权。——译者注

[3] 今黑山共和国巴尔的旧名，意为“与巴里相对”，因隔亚得里亚海与意大利巴里相对而得名。11世纪末，这里是塞尔维亚中世纪王国的都城。——译者注

大征服中陷落，这就让仅存的两大主教驻地成了对抗的两极。有关两者地位应如何排列的争端以及关于教义与宗教实践方式的争论时不时就兴起。公元9世纪时教皇尼古拉一世（Nicholas I）与君士坦丁堡的教会牧首波提奥斯（Photios）之间的激烈争论，更是让双方的关系跌至谷底。

不过，时间总会抚平冲突，长期的合作消解了这些争端。一份10世纪的拜占庭文书揭示了君士坦丁堡送给教皇的信件应该遵循怎样的固定格式来写就："因圣父、圣子和圣灵，我们唯一的主之名。（留空填写名字处）和（留空填写名字处），罗马人的皇帝，主的虔诚信徒，写给（留空填写名字处），最神圣的罗马教皇，我们的精神之父。"相应地，罗马的使节们应如何称呼君士坦丁堡的皇帝，也有固定格式可循。[15]这些成例表明，东方和西方之间的合作是常态，而非偶然的例外。

话虽如此，但11世纪中期，罗马和君士坦丁堡的关系确实是破裂了。1054年，教皇列奥九世（Leo IX）派出了一个使团，希望与君士坦丁堡共商如何处理在意大利的利益问题。拜占庭此时控制着阿普利亚和卡拉布里亚。但事情却严重偏离了之前的愿景。从一开始，谈判的基调就错了，双方商讨的重点没有转向如何建立同盟，却转到了拉丁和希腊教会在领圣餐仪式上的差异。正如言辞激烈的文献所展示的，人们认为，到底该用发酵的面包还是没发酵的面包来象征基督的身体，确定这一点非常重要。不过，重中之重，还是要不要在《尼西亚信经》中加上"以及圣子"

这个语句[1]，加上之后就表明，圣灵不仅源自圣父，同样也源自圣子。添加这个语句的建议最初是公元6世纪时在西班牙举行的一次教会会议上提出来的。需要着重指出的是，很多教会领袖都没有参加这次会议，因此起初连教廷都对这个语句的添加进行了谴责。可是，本来很有争议的“以及圣子”这句话，在一个很难规范行为的世界里，逐渐变得流行起来。到11世纪早期，由于它已经普遍被添加使用，就被正式接纳为《尼西亚信经》的标准语句。可是罗马教会对这个语句的接受，却在东地中海地区遭到激烈的反对，尤其是在君士坦丁堡。

使团抵达拜占庭帝国的都城后，冲突很快就出现了。1054年7月16日，教皇使节希瓦康第达的红衣主教于贝尔（Cardinal Humbert of Silva Candida）与其他来自罗马的使团成员们一起，在圣餐仪式举行时闯入圣索菲亚大教堂。接下来发生的一切就像一出排演好的戏剧：使节们没有停下来祈祷，而是径直走到教堂前部，在教士和信众的面前，当场写就一份文书，然后硬是把它放上了主祭坛。文书上这样写道：君士坦丁堡牧首有辱他所担任的圣职，在自己的信仰和传授的教诲中错误极多，罪孽深重。他将即刻遭受绝罚，与地狱中那些最邪恶的异端一道受苦。文书中还详细列出了这些异端的名字。牧首及其支持者们将遭到永恒

[1] Filioque clause，filioque是拉丁文，意思大致为“以及圣子”，这里的争论指《尼西亚信经》中有一句话里面“圣子”之后是否要加上“以及圣子”，天主教和东正教各执一词，天主教主张要，东正教主张不要。——译者注

的诅咒谴责，将“与魔鬼及其爪牙们一道”受苦受难，“除非他们忏悔赎罪。阿门，阿门，阿门”。随后，于贝尔转身走出圣索菲亚大教堂。在走到教堂门口的时候，他停了一下，拍去鞋上沾的尘土，接着转头面对信众，庄严地宣布：“让主来审视，来判决。”[16]

这个事件导致罗马与君士坦丁堡之间的关系走入最低谷，今天我们称之为“东西教会大分裂”。此后东方与西方之间的憎恨与敌对成了常态。例如，1078年，教皇格列高利七世发布了一道针对拜占庭新任皇帝尼基弗鲁斯三世·伯塔奈亚迪斯（Nikephoros III Botaneiates）的绝罚令，可新皇甚至与罗马从来没有接触过。三年后，教皇又在阿莱克修斯一世·科穆宁废黜旧帝之时给他来了一道绝罚令。[17]大概在同一时期，教皇不仅批准进攻拜占庭，而且赐给领军的将领一面旗帜，命他带着旗帜上阵与拜占庭帝国军队厮杀。他甚至还罔顾当事人是否真有意愿或真有机会去争夺皇位，就断然任命这次进攻的策划者罗贝尔·吉斯卡尔为君士坦丁堡皇位的合法候选人。[18]

以上种种都与乌尔班二世在克莱蒙发出的武装号召显得非常不同。正如源自1095年末1096年初的文献明确指出的，教皇乌尔班二世密切关注着小亚细亚的基督徒们所遭受的苦难，和东方教会（也就是遵循希腊礼仪的教会）所遭受的迫害。[19]那是什么导致罗马和君士坦丁堡之间的关系发生了如此大的逆转呢？这个原因要在11世纪末发生的对整个教会控制权的斗争中寻找，尤其要关注乌尔班二世在西方所处的劣势地位。

乌尔班二世在当上教皇时，就很清楚地意识到，在战略地位上，他是被克莱芒三世及其保护人亨利四世压制着的，处于劣势。于是他被迫要想尽办法为自己铺路搭桥，增强实力。他当即采取了一系列措施，其中之一就是与君士坦丁堡和解。他于1088年当选后不久，就派了一个小规模的使团前往拜占庭帝国首都，就30年前导致东西方决裂的那些敏感话题再次进行商讨。使团成员得到了阿莱克修斯一世的接见，并着手以当时被评论者称为“温和而如父亲般关切的方式”来处理这些议题。他们谈到了诸如希腊教会在圣餐仪式中使用发酵面包的问题，还谈到教皇的名字从君士坦丁堡的神圣记事板（Holy Diptychs）上被删去的问题。要知道，这些记事板上可是列出了所有被认为与教会有关联的主教的名单，不论他们还活着或已逝去。[20]

阿莱克修斯一世登上皇位前是一名武将，拥有斯巴达式的生活品位，对信仰事务也绝不会无动于衷——据其长女所说，他是一个会与妻子一道熬夜，沉浸于研读神圣经文的人。[21]他聆听了教皇使者们的陈情，并下令召开了一次宗教会议来讨论他们所诉的苦衷，比如，抱怨都城中遵循拉丁礼仪的教堂都被关掉了，造成城中的西方人无法再在教堂中尊奉其主。此外，皇帝还亲自主持了一次由君士坦丁堡牧首、安条克牧首、两名大主教和18名主教参加的会议，并要求查看有关从神圣记事板上删去教皇名讳的文书。当被告知并没有此类文书，而且不刻录教皇名讳也没有相关教法支持后，皇帝便下令，重新根据教法传统，把教皇的名字刻上去。[22]

阿莱克修斯一世不只做了这些，他还请使者们传话，敦请教皇前来君士坦丁堡，结束过去曾大大损耗教会元气的种种争端。在一份盖有拜占庭帝国金印的诏书中，他提议召开一次特别会议，召集希腊和拉丁教会的高级教士参加，共同商讨双方存在异议的主要领域。至于皇帝自己，他承诺将遵守会议达成的结论，以此维护“上帝之教会”定义的统一性。[23]

君士坦丁堡牧首尼古拉三世·格拉马提科斯（Nicholas III Grammatikos）随后又于1089年10月单独写信给教皇乌尔班二世，称他对教皇渴望积极着手解决双方的神学争论感到振奋。尼古拉三世彬彬有礼地写道，教皇如果以为牧首本人对拉丁基督徒怀有敌意，那就错了；如果以为拜占庭都城中遵行西方礼仪的教堂都被关掉了，那他又错了。事实上，居住在君士坦丁堡城中的西方人是得到许可采用拉丁礼仪来尊奉我主的。“我们全心全意地希望，超过一切地期盼着教会团结。”尼古拉三世写道。[24]

这些举措重启了与罗马的对话，也为拜占庭帝国在第一次十字军东征前夕进行的重大调整铺平了道路。一名拜占庭高级教士提奥菲拉科特·赫菲斯托斯（Theophylact Hephaistos）受命起草了一份文书，刻意淡化了希腊和拉丁传统之间的差异，以此打消东方教会对统一所怀的疑虑。他写道，很多方面的差异都微不足道。虽然拉丁神父们在星期六而不是星期天斋戒；他们在大斋节期间的斋戒方式不合正统；与东正教神父不同，他们不看重在手指上戴戒指，还削发断须；他们在做礼拜的时候不着黑衣，而是穿着五颜六色的丝绸法衣；他们行的跪拜礼不伦不类；而且，与严格素食的希腊僧侣不同，拉丁僧侣们很开心地享用猪油和各种各样的肉类。但这名教士主张，所有这些问题都能很容易地解决，就如是否在圣餐仪式中使用发酵面包一样。[25]但他承认，加不加"以及圣子"这句话是一个性质完全不同且严重得多的问题，接受添加此句的人应该下地狱，受烈火焚烧。虽然如此，他还是显得充满希望，觉得这个句子依然可能会被删去。[27]

拜占庭方面的这种审慎的调整，意在弥合君士坦丁堡与罗马之间的罅隙，这不仅事关解决宗教争论，而且旨在为结成政治甚至军事同盟铺平道路。这在第一次十字军东征的诞生历程中是一个重要的节点，也是乌尔班二世教皇数年后能号召欧洲骑士阶层踏上征途、捍卫拜占庭的必要条件。

乌尔班二世对君士坦丁堡发出的这些积极信号迅速做出了回应。他南下会见了自己仅有的几位支持者中的一位——西西里伯爵罗杰，并就修复与拜占庭的关系事宜求得了他的同意。罗杰长期以来一直关注着德意志皇帝亨利四世对意大利的野心干涉。1085年前后，亨利四世的一些支持者曾呼吁他进军君士坦丁堡，随后直指耶路撒冷，在那里等待他的将是荣耀而盛大的加冕仪式。而在征战途中，他还应该控制住阿普利亚和卡拉布里亚，从而牢牢地让诺曼人臣服。但如果亨利四世控制了卡拉布里亚，那么罗杰的利益将会受到损害。[28]于是，在听说阿莱克修斯一世要召开一次会议共商修复关系时，罗杰明确表示了赞同：教皇应该参加，让教会从此摆脱大分裂的局面。[29]

而这正是乌尔班二世想要听到的：此举让他有机会扮演教会统一者的角色。在与克莱芒三世相争的背景下，他的这种突破意义非凡——克莱芒三世也知道这一点。克莱芒三世是从卡拉布里亚的巴西尔（Basil of Calabria）那里得知了自己的对手与君士坦丁堡之间的来往。巴西尔是一名保守的拜占庭教士，因为被乌尔班二世阻止到南意大利的教区，于是对他怀恨在心。巴西尔出席了1089年秋天举行的梅尔菲大公会议，并在会上明确被告知，只要他承认教皇的权威，就能得到雷焦的教职。而他的两名同僚确实因为这么做而得到了教职，这让巴西尔感到震惊，愤而爆发。[30]在他看来，乌尔班二世根本不配当教皇，就跟他那位“要受三次诅咒”的前任格列高利七世一样。于是，巴西尔写信给君士坦丁堡牧首，把乌尔班二世描述成一头胆怯的狼，一碰到基督教信条中最为基本的问题，就掉头逃跑。而且他还像异端一样收受贿赂，把圣职卖给出价最高者。[31]

巴西尔个人抱有的忧虑掩盖了这样一个事实：梅尔菲会议是重建罗马和君士坦丁堡关系的一个关键。巴西尔所认为的其同僚为获取罗萨诺和圣塞韦里娜教区而做出的不可饶恕之举，事实上却更可能是教皇与拜占庭方面在意大利南部展开新合作的重要例证。[32]

但无论如何，巴西尔只会从自己的角度来考虑问题。一听说君士坦丁堡采取了种种和解举措，他就立马与克莱芒三世取得联系。而敌教皇也很快就做出了回应：“请速速将你提及的我们神圣的弟兄君士坦丁堡牧首所写的那封信发来。”这指的是巴西尔已经提到过的与罗马和解的举措。“我们也必须就如此重要的事宜回信给他。他应知晓，我们已经准备好了一切——因为我们也同样期盼，同样欢迎和平与团结。”[33]克莱芒三世对巴西尔的种种不忿进行了安抚，并承诺这些事情很快就会解决好的。[34]然而，如果克莱芒三世的确也曾尝试着与君士坦丁堡进行接触，那他应该没有获得什么成效。尽管他也表示有意与希腊教会接触——写信给出生在君士坦丁堡的基辅大主教若望（John），希望能与希腊教会建立更加密切的联系——但他的主动示好并没有得到回应。在阿莱克修斯一世看来，比起背后有德意志撑腰的克莱芒三世，乌尔班二世显然是更有吸引力的盟友。[35]

首先，乌尔班二世在意大利南部仍然具有一定影响力。这个地区几个世纪以来一直由拜占庭帝国控制，直到11世纪50年代和60年代，才由诺曼征服者带来了一系列大逆转。按照安娜·科穆宁娜的说法，这些征服者的势力像坏疽一样迅速扩散，“因为坏疽一旦长在身体上，就要侵占腐化掉整个身体才会罢休”。[36]不过，虽然1071年巴里落入了诺曼人手中，这代表着拜占庭帝国对阿普利亚和卡拉布里亚的控制就这么不光彩地终结了，但这两个行省居住着的主要是讲希腊语的人，他们自然指望着君士坦丁堡来领导他们。随着罗马与君士坦丁堡实现和解，这层联系就又开始活跃起来。自诺曼征服以来，遗嘱、买卖文书以及其他正式文书的抬头都用的是诺曼公爵的名号与纪年。但从1090年开始，阿莱克修斯一世的名号与年号开始越来越频繁地出现，这明确表示当地人已经再次接受了拜占庭皇帝的领导。[37]1081年，乌尔班二世取消了针对阿莱克修斯一世的绝罚令，拜占庭帝国的名誉进一步得到了恢复。[38]

还有其他迹象也表明，东西方之间的利益发生了调整重组。11世纪90年代初，圣菲利波迪格拉加拉（San Filippo di Gragala）修道院[1]突然连获恩宠。西西里伯爵罗杰下令将好几座教堂划归它管辖，还划拨了不少土地给这里的僧众。罗杰又颁布了一条谕令，这座修道院将不受拉丁教士的干扰，也不受“男爵、将军、子爵以及其他人等”的干涉。[39]还有其他地方也出现了双方合作的重要事例，尤其是在军事方面。11世纪90年代初，巴尔干各地屡受侵扰，阿莱克修斯一世于是向四方求助，以期加强军力。他派遣了帝国公使前往坎帕尼亚的乌尔班二世那里，而乌尔班二世也迅速在1091年春天派人前往帮助阿莱克修斯一世抗击草原游牧民族佩切涅格人。这个部落从多瑙河沿岸大举发动进攻，一直深入到色雷斯内陆地带。而在其后发生的拉维尼欧战役（Battle of Lebounion）中，阿莱克修斯一世消灭了这支令人生畏的游牧部落，这成为拜占庭帝国历史上最为重要的战役之一。[40]

[1] 位于西西里岛的墨西拿，是一座遵循希腊正教的修道院，由罗杰于11世纪时在一座公元5世纪小教堂的废墟上扩建发展起来。——译者注

因此，到1095年时，罗马与君士坦丁堡都已经采取了大量措施来修复彼此的宿怨。尽管阿莱克修斯一世数年前提议召开的大公会议仍然没有召开，但拜占庭皇帝与教皇之间已经形成了良好的合作关系。如果后世添加到一份12世纪文献中的记述可信的话，他们还一道构想出了一个计划。据说1090年初，由乌尔班二世和阿莱克修斯一世共同派出的使节来到克罗地亚国王兹沃尼米尔（Zvonimir）[1]的宫廷，请求国王派骑士前往襄助拜占庭帝国处于困境的教会，解除穆斯林对耶路撒冷的压迫。如果这件事是真的，那它就是教皇后来在克莱蒙发出呼吁的一次预演：两者都是旧罗马与新罗马共同发出的求助呼声，都有耶路撒冷的吸引力，以及以军事服务作为虔诚的表现。不过，这次针对兹沃尼米尔国土的预演并没有取得预期的效果：根据这段插补文字所述，兹沃尼米尔国王麾下的骑士们对他居然准备为他人而战感到震惊，于是就谋杀了他（尽管也有其他文献称，国王因年事已高而寿终正寝）。[41]

凭借着与君士坦丁堡实现和解，乌尔班二世有意将自己置于基督教世界领导者的位置上。这个世界多年来一直肆虐着激烈的攀比、争斗和冲突。正像当时的一位编年史家所说的那样，11世纪末，教会的状况是一片无序混乱。“在欧洲所有地方，”沙特尔的富歇（Fulcher of Chartres）写道，“无论是在教会之内还是之

[1] 兹沃尼米尔（？—1089），克罗地亚与达尔马提亚国国王（1075年—1089年在位）。——译者注

外，和平、美德与信仰都遭到大大小小的强人粗暴的践踏。确实有必要让这一切邪恶终结了。”[42]可是，乌尔班二世想要让自己牢牢处在基督教世界的中心，还需要更宏大的规划。若想与克莱芒三世在罗马一争高下，进而在欧洲其他地方加强他的地位，那么，与希腊教会和解所取得的进展还远远不够分量。

不过，11世纪90年代中期，形势发生了变化。首先，德意志内部突然出现了始料未及的动向，从而给乌尔班二世提供了战胜敌教皇及其主要支持者亨利四世的绝好机会。亨利四世的阵营中出现了因皇帝过于严苛的对待而公开反叛的人，且他们的身份都不低。其中一位就是亨利四世年轻貌美的妻子。她主动找到教皇，向他哭诉说，自己被迫“与如此多男人”犯下了如此多“非同寻常的肮脏的通奸行径，甚至连她的敌人也会原谅她逃离（亨利四世）。听了她的遭遇，所有天主教徒都不免动恻隐之心”。[43]在当时那种剑拔弩张的紧张气氛中，乌尔班二世的支持者们急于抓住任何能够让亨利四世名誉扫地的把柄，因此，嚼舌者很快就兴高采烈地把这种污秽的丑闻传扬了出去。[44]还有一位更重要的反叛者，那就是亨利四世的儿子兼继承人康拉德（Conrad）。他是个严肃正派的年轻人，因厌倦教会内无休止的争吵，又因亨利四世在意大利北部连遭败绩而感觉自己前景不妙，于是决定与自己的父亲决裂，带着手下的诸侯一道转而支持乌尔班二世。

这些新进展迅速而有力地增强了乌尔班二世的实力。他宣布将于1095年3月在皮亚琴察举行一次大公会议，而这座城镇恰好处在此前忠于亨利四世的领土的中心地带，也是克莱芒三世之前的拉文那大主教区的核心区域。会上，亨利四世已经叛离的妻子现身谴责了自己的丈夫，敌教皇也遭到猛烈的抨击，但随后，所有之前站在亨利四世一边的教士们都获得了一纸赦令。会后不久，康拉德与乌尔班二世在克雷莫纳（Cremona）会面，康拉德公开采取了顺从和谦卑的姿态，甘为马夫，为教皇牵马扶鞍。[45]几天后，两人再次会面，康拉德发誓会保护教皇乌尔班二世、教廷及其财产。作为回报，乌尔班二世承认康拉德想得到皇位的要求是合情合理的。[46]此外，他还促成了这位新盟友与自己在意大利的头号支持者，西西里伯爵罗杰之女的婚事。教皇写信给罗杰称，如果顺利结亲，那对罗杰来说将是无上的荣耀，而且未来对他也大有好处。婚礼最终在比萨如期举行，场面盛大，康拉德对自己富有的岳父送来的豪礼也非常满意。[47]而这场联姻也使乌尔班二世的地位有了极大提升，他从一个孤立无援、只能被迫在罗马城外扎营的人，一跃而成为欧洲政治中举足轻重的核心人物。

不过，在皮亚琴察发生的另外一些事情将永远改变教皇的地位。正当会议对各项神学事务——如异端的定义、以通奸罪对法兰西国王实施绝罚、与神父身份相关的种种——讨论正酣之时，君士坦丁堡的使节赶到了。[48]他们带来了非常糟糕的消息：拜占庭帝国已经濒临崩溃，亟须援助。乌尔班二世很快就抓住了消息蕴含的深意。一举统一教会的机会来了，于是他宣布立刻北上——前往克莱蒙。

十字军史学家们（无论是中世纪的还是现代的）纷纷追随着他前往克莱蒙。但是，东方到底发生了什么灾祸？为什么那么急切地寻求帮助？拜占庭到底出了什么问题？想要理解十字军东征的起源，我们必须转移目光，并非转向法兰西中部的山麓，而是去关注帝都君士坦丁堡。

第2章 重振君士坦丁堡

君士坦丁堡的建造设计是有意要唤起敬畏之情的。与旧罗马一样，这是一座庞大而壮丽非凡的都城。从陆路前来的访客首先将会看到厚重的城墙，还有为城内送水的巨大水道。陆上的城墙加固到12米，从金角湾一直延伸到马尔马拉海。城墙是由皇帝狄奥多西（Theodosios）[1]在公元5世纪时重建，旨在屏退最具野心的可怕敌人。它们厚5米，由96座瞭望塔护卫。瞭望塔可监视通往西方和北方的各条道路。9扇防守严密的城门控制着进城的通道，但它们还仅仅是外墙。来访者接下来要跨过一条深深的护城河，跨过另一圈内墙，然后才能踏上城内的某条主干道，进入城市的中心地带。

[1] 此处应指东罗马帝国皇帝狄奥多西二世（公元401年—450年、公元408年—450年在位），他是最后一位统治整个罗马帝国的皇帝狄奥多西一世（公元346年—395年、公元379年—395年在位）的孙子。——译者注

如果从海上来访，那看到的景色就更加壮观了。君士坦丁堡位于马尔马拉海的北岸，正处在欧洲与小亚细亚离得最近的地点。城中的纪念碑、教堂和宫殿，若从甲板上一瞥，第一印象绝对是壮丽非凡。这座都城一直绵延到目力所及的尽头，占地达3万公顷。其人口以数十万计，规模是当时西欧那些大城市的近10倍。

君士坦丁堡的主要建筑同样令人惊叹。最让人叹为观止的当数雄伟的圣索菲亚大教堂。它由查士丁尼（Justinian）皇帝[1]在公元6世纪下令建造。在空中延展的巨大穹顶宽达30多米，高55米，如同飘浮在“天空中的帐篷”。这座教堂堪称工程学上的奇迹，它的装饰也美轮美奂。日光从窗户射入，金色的马赛克闪闪发光。1除此之外，君士坦丁堡其他杰出的地标也比比皆是：数百座教堂和修道院、一座可供赛马和战车比赛的庞大竞技场、众多澡堂、宏伟的宫殿，甚至还有一座动物园。一首赞颂君士坦丁堡的诗作曾这样说道：古有世界七大奇迹，而今却有君士坦丁堡七大奇迹。2

这样一座人口众多、熙熙攘攘的城市自然需要好好管理。君士坦丁堡的各个市场都由城区长官（eparch）的官署来监管、规制。官署派出的人员要确保度量衡标准，不会短斤少两，并严格控制售卖商品的质量稳定。同时，行会体系也起到了保证质量的作用：杂货商、鱼贩、屠夫、蜡烛商、制绳工和马具商等，全都拥有明确的行规和指明他们可以卖什么以及到哪里卖的行为条

[1] 查士丁尼一世（约公元483年—565年、公元527年—565年在位）。——译者注

例。他们甚至还有定价指南（至少针对常规商品是有的），旨在控制通货膨胀。所有这一切的结果就是，城中有稳定的果蔬、奶制品、肉类和鱼类供应，还常年供应更加新奇的商品，如香料、蜂蜡、银器和丝绸——正是这些商品让拜占庭声名鹊起。[3]

一位11世纪来到君士坦丁堡的游客为这座城市如此多元化的人口和壮丽宏伟的建筑而惊叹不已，他满怀好奇地记录下了都城中四处进行的宗教游行，还目睹了布拉赫奈宫（Blakhernai）圣母教堂（church of the Theotokos）的圣母像显灵奇迹：圣母的纱巾缓缓飘起盖住脸庞，之后又缓缓落回原处。[4]另一名11世纪末的访客也难抑心中的敬畏之情："哦，君士坦丁堡是多么高贵、多么美丽的城市啊！这里修道院和宫殿数不胜数，且都用如此高超的技艺建造而成！在主干道甚至更小的街道上，令人称奇的东西真是看也看不完！要一一列出这里各式各样的财富，那些金的、银的、各种宝石的，还有各种圣物，将是多么冗长乏味的工程！商人们定期航来，不断给这座城市带来各种生活必需品。我估计，常住在那里头的宦官就大约有两万名。"[5]

这座城市长久以来就像一块磁石般吸引着前来寻求名声和财富的商人和冒险家们。当时像这样的人很多，比如伯利·勃拉松（Bolli Bollason）[1]，他于11世纪20年代从冰岛来到君士坦丁堡，

[1] 冰岛三大史诗之一《拉克萨达尔人史诗》（*Laxdæla Saga*）中的主要人物，为两位主人公之子。大约出生于公元1000年，据说当时在北欧和拜占庭都享有相当高的地位。——译者注

想亲眼看看这座城市，亲身体验这里的生活。他告诉自己的同代人："我一直希望有一天能到南方的土地上游历一番，因为一个男人如果没有到自己出生的地方之外游历过，就会被认为虚妄无知。"[6]而他选择去的地方就是君士坦丁堡，远离家乡数千英里之遥。抵达拜占庭境内后，伯利加入了瓦兰吉卫队，这是一支由来自斯堪的纳维亚、俄罗斯以及不列颠列岛的雇佣兵组成的拜占庭皇帝的近卫军。"他们像疯了似的战斗，好像被怒火驱使一般，"一位11世纪的作家写道，"他们毫不吝惜自己，也毫不在意所受的伤。"[7]当伯利终于返回冰岛时，他的装束让人震撼："他身着加斯王（拜占庭皇帝）[1]赐予他的皮革，上覆一袭鲜红的披肩；他携带着（一把好剑），剑把上是上等的金饰，手柄处也镶着黄金；他头戴镶金的头盔，身侧是红色的盾牌，盾上的骑士也用金子雕刻而成；他手握一把匕首，这是随了异邦的习俗。无论他走到何处，女人们就什么都不再看，只紧紧盯着他和那身富丽堂皇的装束。"[8]

伯利只是众多被吸引到君士坦丁堡的人之一。后来成为挪威国王的"无情者"哈拉尔（Harald Hardrada）[2]也曾航行到拜占庭，他的冒险经历被记载在那本讲述挪威诸位统治者事迹的史诗

[1] 为何称拜占庭皇帝为加斯王，参见下段关于挪威人对君士坦丁堡称呼的解释。——译者注

[2] 即挪威国王哈拉尔三世（约1015年—1066年，1046年—1066年在位）。据史诗记载，他在登上王位之前曾作为雇佣兵在基辅罗斯和拜占庭帝国漂泊近15年。——译者注

集《世界之轮》（*Heimskringla*）[1]中。他到军舰上服役，在爱琴海上追击海盗，并参加了11世纪40年代初对西西里的一次进攻。为帝国服役期间，他颇为天才地发明了一种可以飞的炸弹：在幼鸟身上涂上混有蜂蜡和硫黄的松树脂，然后把它们点着，驱赶它们飞回他们围攻的城市的鸟巢中。为伟大的君士坦丁堡（或用古挪威语称之为加斯城，Miklegarth）皇帝服务是别有韵味、令人兴奋，也让人敬服的。这对许多斯堪的纳维亚人来说，既是一种荣耀，也是一种成人礼。9

还有像斯蒂甘德的奥多（Odo of Stigand）这样的来客。他是一名年轻的诺曼人，11世纪50年代时在君士坦丁堡学习成为一名医生兼兽医，在此过程中断断续续一知半解地掌握了好几种外国语言。他的兄弟罗伯特也在这座都城待了一段时间，并在最终返回家乡诺曼底的时候带回去很多金子、宝石以及圣芭芭拉的遗骨。10拜占庭帝国很欢迎有战斗经验的骑士前来，其中有些人在帝国军中升到了很高的位置。在1066年黑斯廷斯战役后逃离英格兰的盎格鲁-撒克逊将领中，就有几人在拜占庭找到了用武之地，他们在威廉征服英格兰之后在这里找到了新的开端。11

因此，到11世纪末时，在君士坦丁堡和帝国的其他地方，能

[1]　也可根据内容意译为《挪威列王纪》，由冰岛诗人、历史学家斯诺里·斯特卢森（Snorri Sturluson，1178/1179—1241）在12世纪用古挪威语写就，其定名大约在17世纪，源自手稿的开头两个词kringla heimsins，意思大致为“世界之轮”。史诗覆盖的时间段从传说中的王朝直到12世纪下半叶。——译者注

找到形形色色的异国来客。亚美尼亚人、叙利亚人、伦巴第人、英格兰人、匈牙利人、法兰克人、犹太人、阿拉伯人、突厥人都在这座都城中生活、游览和开展贸易。[12]阿马尔菲的商人甚至在城中有自己的专属区域，[13]他们中的一人深得皇帝的恩宠，得到了非比寻常的殊荣：获赐数扇由帝国锻造厂打造的青铜门，皇帝还派人把青铜门送回他在阿马尔菲的家里；直到今天，这些门还悬挂在圣安德鲁大教堂的入口处。[14]拜占庭是多元的世界都市，而且拥有完善的网络联系：商贸网络、外交网络，以及移民人口形成的联系网络。这意味着帝国在欧洲最偏远的角落地带也是大名鼎鼎的。

都城中异国访客和定居者人数的快速增长，在一定程度上要归功于10世纪那些伟大的皇帝和将领，他们取得的一系列重大军事胜利为帝国带来了极速的经济繁荣。在爱琴海和东地中海骚扰海上交通的阿拉伯海盗们终于得到了处理，他们的进攻基地被一一荡平。巴尔干和东部的边界线首先得到巩固，随后又被一大批相继出现的有野心又有能力的军事将领稳步推进。他们开启了帝国的黄金时代。

一些重要的新工程也被下令在君士坦丁堡建造起来，其中就包括曼加纳区（Mangana）[1]壮观的圣乔治建筑群。建筑群中有一所医院、老人和穷人的收容所、一座美轮美奂的宫殿和一所

---

[1] 是拜占庭时期君士坦丁堡的城区之一，位于城市最东部，面临博斯普鲁斯海峡。圣乔治建筑群由君士坦丁九世（1042年—1055年在位）兴建，他死后就葬在该建筑群的主体——圣乔治教堂中。——译者注

隐修教堂。这座教堂是君士坦丁九世皇帝下令建造的，也是他最后的埋骨之地。律法和哲学学校也纷纷开办，这能满足日益具有社会流动性的人群的需求。商人们变得越来越富有，最终成功让元老院的大门为他们敞开。私人开始用自己可支配的余钱投资地产和贵重物品。像卡帕多契亚大地主尤斯塔西奥斯·博伊拉斯（Eustathios Boilas）这样的人，受到帝国繁荣稳定状况的鼓励，决心开发荒地。那些地方原先“是些无人看管的不毛之地……人类无法居住，到处是毒蛇、蝎子和野兽”，但他们却可喜地把这些地方转变成葡萄园和花园，有磨坊和水渠供水。[15]

不过，大约到11世纪中期，君士坦丁堡的繁盛势头开始不再强劲。起初，由意大利中部的城邦国家招募来的诺曼雇佣兵渐渐开始意识到，他们可以利用阿马尔菲、萨勒诺、卜普阿、贝内文托和那不勒斯之间的派系斗争。几十年间，他们就有效利用这些城邦之间的争斗，建立起了自己的大本营，到11世纪50年代中期，这些诺曼人已经开始对拜占庭的行省阿普利亚和卡拉布里亚跃跃欲试。同时，拜占庭帝国还发现自己面临着来自其他地方的压力。君士坦丁堡长期以来不得不密切关注着黑海以北草原地带的情况。数个世纪以来，这些草原地带一直生活着若干游牧族群，一旦处理不慎，这些族群就会变得暴力而危险。其中最具侵略性的部落之一是佩切涅格人，他们非常擅长劫掠那些防守不严密的目标。佩切涅格人的大本营在多瑙河北岸，此时他们却把目光投向了拜占庭，自11世纪40年代开始他们加强了攻势，给巴尔干造成了灾祸。

在东面，拜占庭帝国还受到突厥人势力迅速增强的威胁。11世纪初时，突厥人还处在巴格达哈里发帝国的边缘地带，但他们强大的军事实力引来伊斯兰世界中敌对派系的关注，很快就被卷入巴格达复杂的政治斗争中。1055年，部落的领袖人物之一图格里勒·贝格成为苏丹，也成为中东逊尼派伊斯兰势力的世俗领导人。而这并不是突厥人野心的终点。早在成为巴格达的主人之前，就已经有几股突厥人西进到了小亚细亚的边缘地带，开始对这片区域的拜占庭帝国属地发动小规模进攻。

对于这种种威胁，拜占庭帝国甚至谈不上疲于应付，而是根本无力应对。它对意大利南部弃之不顾，任其自生自灭，于是这个地区很快就落入诺曼人的手中。1071年，诺曼人在攻占了南意大利城市巴里之后，又开始集中进攻穆斯林占领的西西里。同样，拜占庭人也没采取什么措施遏制佩切涅格人，他们先是消极地坐等时间来解决问题，后来又采用贿赂的方式，用进贡来换取和平。相比之下，在东部的防御至少还是经过谋划部署的，但也只是在特拉比宗（Trebizond）、科洛尼亚（Koloneia）和梅里特那（Melitene）等重镇遭到洗劫之后才开始筹划。1067年，一伙突厥人洗劫了凯撒利亚（Kaisereia），亵渎了圣巴西尔的墓地，还把教堂的门拆下来带走了，因为门上装饰着金子、珍珠和各色宝石。事后，帝国内要求采取强有力、决定性措施的呼声开始大了起来。所有人的眼睛都望向了罗曼努斯四世·第欧根尼（Romanos IV Diogenes）。他本是一名将领，在娶了前任皇帝的遗孀后便登上了皇位。

罗曼努斯发动了一系列代价不菲的战役，却没有什么斩获。随后，在1071年夏天，皇帝又让自己陷进了发生在曼齐科尔特要塞附近的战事中。他以为在那里作战的突厥军队人数很少，很容易击败，然而事实上，这支突厥军队却是苏丹阿勒卜·阿尔斯兰（Alp Arslan）[1]的主力部队。错误的情报、糟糕的决策和低级的领导水平导致了一场大败。这次战败从军事角度来说意义并没那么大，但非常侮辱人，因为罗曼努斯四世本人被俘了。他从马上摔下来，跌在战场的尘埃里，被扭送到苏丹跟前，而阿勒卜·阿尔斯兰起初还并不相信这个被带到自己面前的俘虏真是皇帝本尊。在这场会面中，阿勒卜·阿尔斯兰表现得非常坦荡、和善而高贵，最后还释放了罗曼努斯四世。战后不久，作家和诗人们就开始连篇累牍地描述这一幕，使其很快就成为突厥历史上一个具有决定性意义的事件，这也加强了突厥人的身份认同。[16]

1071年那场以曼齐科尔特惨败而告终的战役，本来是以巩固拜占庭帝国东部边界为目的的，罗曼努斯希望以此保护小亚细亚内陆地区免受那些不断削弱其力量和士气的劫掠袭击。而这场大败之后，罗曼努斯没能采取正确的弥补措施，导致了恐慌的气氛不断蔓延。许多拜占庭人为免再遭劫掠，逃离了这个地区，前往君士坦丁堡。其中就有未来的牧首尼古拉·格拉玛提科奥斯

[1] 阿勒卜·阿尔斯兰（约1029—1072），原名穆罕默德·阿尔·舒贾比，此为他的称号，突厥语的意思是“勇猛的狮子”。——译者注

（Nicholas Grammatikos），他离开了皮西迪亚的安条克（Antioch-in-Pisidia），来到都城创建了一所新的修道院。凯撒利亚的一名领班神父也做了同样的决定，他收拾起自己位于卡帕多契亚教堂里的珠宝细软，奔去了安全的首都。[17]

难民的蜂拥而至给君士坦丁堡带来了很大的压力。本来各行省频频遭劫就已经让帝国的财政出现了问题，让税收大幅减少。而诸如曼齐科尔特这样的军事战役，以及规模更小的对佩切涅格人的进攻，也都花费不菲。军事行动的不断增加，也意味着劳动力被征募去打仗而无法耕作，农业产出也随之不断下降。而军事征募又加剧了乡间人口减少的趋势，因为本来就有很多人逃到城市里寻求庇护。

帝国试图应对不断加剧的财政危机，但他们的努力却不太成功。政府试图以降低铸币纯度——减少其中的含金量但币值不变的手段来应对财政收支的失衡。如果操作得当的话，这项措施或许能够奏效。但事实并非如此。到11世纪70年代，铸币纯度的降低已经完全失控，其中的贵金属含量不断被稀释，添加进去的成分真是五花八门。[18]收税变得相当困难，通货膨胀逐渐攀升，11世纪70年代中期，小麦的价格更是高涨了18倍。[19]

经济的崩溃必然伴随着政治骚乱。贵族们起而反叛政府，抗议不断给他们加重负担，也对帝国内部不断恶化的形势表示了不满。11世纪70年代末，大权贵们一个接一个反叛，将拜占庭帝国拉入内战之中。尽管大多数非常严重的叛乱最终都被镇压了下去，但它们造成的影响仍然相当深远。帝国的四邻也很快就抓住了内乱带来的机会。诺曼人在成为意大利南部的主人后，又开始着手准备进攻伊庇鲁斯（Epirus）。这可是通往拜占庭帝国西部诸行省的门户。在克罗地亚和杜克里亚（Duklja）[1]，当政的王室都寻求与旧罗马靠近，而不是君士坦丁堡。他们联络教皇，希望本国的领导人能够作为主权统治者得到承认——这就前所未有地威胁到了拜占庭对这个地区的宗主权。[20]

在小亚细亚，拜占庭帝国的危机给了虎视眈眈的入侵者千载难逢的良机。一群群突厥劫掠者长驱直入小亚细亚腹地，极少遇到反抗。比如，1080年，有些劫掠者竟然已经西进到了基齐库斯（Kyzikos）[2]，并理所当然地洗劫了这座城市，这让拜占庭皇帝更加绝望。[21]劫掠带来的战利品的诱惑，只是突厥人突入拜占庭领土的诱因之一；另一个诱因则是反叛的贵族们对军事力量的无尽需求。这一时期的几乎所有反叛者都雇用了突厥佣兵，而且往往是在多方激烈的拍卖竞价之后才得到雇佣权的。[22]拜占庭人似乎非常愿意在自家互相争吵的时候先与突厥人保持相安无事，甚至互助互利。[23]

到1081年时，情况已经糟透了。巴尔干地区陷入了佩切涅格

[1] 塞尔维亚人在中世纪建立的一个国家，大约存在于10世纪至12世纪晚期。其最大统治范围大致相当于今天黑山的东南部区域，西起科托尔湾，东至布纳河，北达泽塔河的源头。——译者注

[2] 安纳托利亚的一座古代城市，位于密细亚，属于今土耳其的巴勒克埃西尔省，其位置已经滨海，可以说与君士坦丁堡隔海相望了。——译者注

人烧杀抢掠的战火中，当地的领袖们也纷纷反叛，不再承认帝国对本地区若干城镇的控制。此外，诺曼人从意大利南部发起了强大的攻势，其统帅是罗贝尔·吉斯卡尔（Robert Guiscard），他是中世纪早期最冷酷无情也最成功的军事统帅之一。与此同时，突厥人已经抵达博斯普鲁斯海岸边，周围的区域已经完全暴露在他们的劫掠范围中。"拜占庭人看到他们毫不畏惧也不受侵扰地生活在沿岸的小村庄和各处圣所里，"安娜·科穆宁娜称，"这让拜占庭人感到恐惧，他们不知该如何是好。"[24]罗马帝国曾经统治着广大地域，西起直布罗陀海峡，东达印度，北起大不列颠，南达非洲腹地。而如今，除了帝国首都之外，辖地已经所剩无几。[25]安娜·科穆宁娜写道，突厥人在小亚细亚肆虐，摧毁城镇，用基督徒的鲜血染污了大地。没有遭到残忍杀害或沦为阶下囚的人们，"赶忙藏到洞穴、森林、山野中去避难，以免日后遭遇灾祸"。[26]

东部诸行省似乎已经落入突厥人手中，帝国好像也已经向他们屈膝投降。这样的情况表明，远在帝国公使于皮亚琴察谒见教皇乌尔班二世，并请求他援助抗击突厥人之前，拜占庭就已经危机缠身。那么，如果小亚细亚早在近15年前就已经陷落，为什么君士坦丁堡要在1095年突然以这样戏剧化的方式发出救援请求呢？选在此时进行声情并茂的求助，以及教皇郑重其事的回应，这些都是有政治上的驱动力的。拜占庭的求助是策略性的，乌尔班二世的回应也自有考量，他期望能借此战胜自己在西方教会中的竞争对手。因此，第一次十字军东征的内核当中，存在着源自小亚细亚的危机和现实政治的种种交缠，而点燃这次远征导火索的，则是一名年轻人。他在曼齐科尔特惨败正好十年后成为拜占庭帝国的统治者。他就是阿莱克修斯·科穆宁。

11世纪80年代初，君士坦丁堡迫切需要一个实干家来扭转帝国的颓势。有好几位这样的候选人都自诩为新罗马的拯救者：尼基弗鲁斯·比伦尼奥斯（Nikephoros Bryennios）、尼基弗鲁斯·巴西拉基奥斯（Nikephoros Basilakios）、尼基弗鲁斯·波塔涅阿特斯（Nikephoros Botaneiates）和尼基弗鲁斯·梅里森诺（Melissennos）——正当帝国指望着有人带来繁荣和胜利之时，他们全都有着相同的名字，意为“带来胜利者”，只是年龄不同而已。然而，所有这些人都不能为拜占庭面临的种种问题提供答案。相反，阿莱克修斯·科穆宁却带来了希望。

阿莱克修斯·科穆宁出身于拜占庭帝国中一个深受尊敬且根基深厚的家族。其血脉中也混有帝王高贵的紫色，因为阿莱克修斯的叔叔艾萨克·科穆宁（Isaac Komnenos）曾于1057年登上帝位并在位两年，但被一群因个人野心没有得到满足而愤懑不满的高级官员废黜。尽管科穆宁家族不乏帝王先例，但几乎没有人会想到，这个年轻人——据某份文献记载，他在还没长到能刮胡子的年纪时就吵着要打突厥——最终会统治帝国长达37年，并一手开创了一个统治期长达一个多世纪的王朝。[27]

不过，的确有一个人有这样的远见，那就是阿莱克修斯的母亲。安娜·达拉塞娜（Anna Dalassene）是一名身体强壮、意志坚定的女性，出身于帝国名门，其家族成员大多身居拜占庭帝国的军政高位。安娜很郑重地为自己的五个儿子都规划了野心勃勃的未来。长子曼努埃尔（Manuel）在罗曼努斯四世·第欧根尼灾祸不断的统治期内却于军中平步青云，很快升为高级将领，可惜最后在战场上牺牲。安娜的另两个儿子艾萨克和阿莱克修斯的上升之路也迅疾而势不可当。

随着拜占庭帝国日渐衰颓，权力的真空开始向着有能力、有忠心、更有野心的年轻人开放。科穆宁两兄弟就是最大的受益者。年长的艾萨克首先被任命为东部行省的军事长官，然后又被任命为安条克城的行政长官。11世纪70年代，阿莱克修斯也因在小亚细亚中部以及巴尔干西部平叛有功而不断获得提升。

到11世纪70年代末，君士坦丁堡内关于这两兄弟野心的讨论已经越来越多，因为他们成功地讨得尼基弗鲁斯三世皇帝和他妻子——皇后玛丽亚（Maria）的欢心，而嚼舌根者更是蜂起。据说皇后非常引人注目，“个子非常高，亭亭如柏树，皮肤洁白如雪，脸如鹅蛋，肤色暖如春花，抑或玫瑰”。[28]帝都内有传言说阿莱克修斯和皇后的关系不同寻常。而皇帝呢，虽然垂垂老矣、步履蹒跚，却非常爱赶时髦，艾萨克·科穆宁从叙利亚为他带回的用上等布料做成的衣服，总能把他迷得神魂颠倒。[29]

事实证明，对两兄弟野心的非议是正确的。就在1080年底，朝堂上的敌手已经开始公开弹劾两兄弟，受此推动，两人索性决定夺取皇位。同样推动他们迈出这一步的，还有其他大贵族的动向。比如尼基弗鲁斯·梅里森诺斯就已经开始铸造刻有自己形象的钱币，还刻了一方玺印，上面写着根本还没实现的传奇："尼基弗鲁斯·梅里森诺斯，罗马人的皇帝。"[30]尼基弗鲁斯·梅里森诺斯的举动是如此激进，为了安抚他，皇帝甚至开始考虑要正式任命他为自己的继承人。[31]

在这样的形势下，艾萨克和阿莱克修斯意识到他们要尽快行动。尽管阿莱克修斯年纪更轻，但众人商定，如果事成，应由阿莱克修斯登上皇位。他与强大的杜卡斯家族成员的联姻，让他更有可能赢取拜占庭一众最有权势家族的支持，这个因素起到了非常关键的作用。决定性的时刻终于到来：诺曼人开始向帝国西陲的伊庇鲁斯发动进攻，这个消息传到了君士坦丁堡后，皇帝立即做出了具有决定意义的举措，将一支重兵交由他的主要将领——阿莱克修斯·科穆宁指挥。然而在率军抵达色雷斯后，这位年轻的将领做出了让所有罗马统治者都最为惧怕的事情：回师进军帝都。[32]

君士坦丁堡的防御非常稳固，如果科穆宁一派想要强取，胜算实在不大。因此，他们转而联络了驻守城西几大主要入口之一——卡里希奥斯门（Kharisios Gate）的德意志雇佣兵军团。与军团指挥官谈妥条件之后，巨大的木门打开了，科穆宁兄弟和他们的支持者涌入城中。[33]阿莱克修斯率部快速在城中推进，皇帝的支持力量土崩瓦解。在没有遭到有力反抗的情况下，他们尽情洗劫。就连安娜·科穆宁娜也无法隐藏她对自己父亲的支持者入城景象的惧意：“无论多么正直的作家也无法公正地描写出那些天里城中处于怎样的恐怖之中。教堂、避难所、公共的和私人的财产都成了肆意劫掠的对象，四面八方传来的哭声和叫喊声把城民们的耳朵都震聋了。一位初来乍到的人看到了或许会以为这里刚发生了一场地震。”[34]

暴力行为的对象是帝都的精英们。议员们被从马上拖下来，有些人还被脱光了扔在街上任人羞辱。[35]皇帝本人默默接受了被推翻的命运，偷偷逃离了皇宫，他的帝王礼服被朝臣偷走，戏仿着穿上嘲讽他。[36]但是他还是被抓住了，后来又被交给了科穆宁兄弟。科穆宁兄弟把他送往一所修道院了却残生，据说他在那里过起了祈祷与冥想的生活——只是不怎么喜欢强加的严格素食供应。[37]

控制了帝都之后，阿莱克修斯一世·科穆宁立即在君士坦丁堡的圣索菲亚大教堂加冕为罗马人的皇帝。精细烦琐的加冕仪式遵照的应是一本10世纪经文所述的礼仪，阿莱克修斯抵达圣索菲亚大教堂后，换上了帝王长袍，与牧首一同进入教堂。接受众人为他行的祷告以及“吾皇吾王！千秋万岁”的唱颂后，阿莱克修斯戴上皇冠，然后一众权贵一个个走上前来亲吻新皇的膝盖。[38]

为了巩固自己的地位，新皇帝迅速任命自己的盟友到帝国各个关键职位上。他任命了一名新的西部诸军统帅，以及一个镇守迪拉基翁（Dyrrakhion）的新长官，这里是诺曼人进攻的重要目标。[39]新皇帝还将尼基弗鲁斯·梅里森诺斯任命到一个重要职位上，把塞萨洛尼基的税收赠给了他，从形式上确保了他的支持。艾萨克·科穆宁则获封一个新设立的头衔，使他在统治阶序上仅次于皇帝。新皇帝的家族近亲也大多得到了提拔、头衔和奖赏，表明他们是新确立的秩序的共享者。[40]由此产生的一批新的忠诚者，让阿莱克修斯获得了稳固的权力基础，来与外部威胁以及帝国内的经济崩溃做抗争。

阿莱克修斯从一开始就亲自掌握了军权，而不像他的大多数前任那样把权力交给下属。加冕后才几个月，他就亲自率军前往伊庇鲁斯与诺曼人作战。但1081年10月在迪拉基翁，他却惨败在诺曼人手上。接下来的两年里，随着诺曼人更深地渗入马其顿和塞萨利，皇帝又亲自率军进行了一系列艰苦的作战，终于让入侵的诺曼人撤回了意大利。1084年，诺曼人再次入侵帝国西部边陲，阿莱克修斯又亲自带兵从君士坦丁堡出发将之击退，而且这次的战绩更为辉煌。诺曼人的补给线和通信联络都被切断，并因饥荒和疾病而伤亡惨重，最后只能放弃挣扎而投降。“敌人没有了踪影，希腊获得了解放，人们再次满心欢欣起来。”一位当时的诺曼人坦言。[41]

作为一个篡位者，这次的胜利为阿莱克修斯提供了强力的合法性保证。夺位之时，他曾承诺要给帝国开创崭新的未来，尽管他在与诺曼人的对抗中也有失败，但毕竟完成了西西里的穆斯林和英格兰的哈罗德国王都不曾做到的事情：成功地抵制住了一次大规模的诺曼人入侵。

接下来新皇把注意力投向了佩切涅格人。1083年，阿莱克修斯新任命的一名将领在与佩切涅格人的对抗中取得了多次大胜，却没能终止他们的劫掠行为。“我相信，”这位将领在一次作战胜利后这样写道，“即使在我死后多年，全知全能的主创造的这次奇迹也仍然不会被忘却。”[42]但他错了：佩切涅格人在11世纪80年代期间始终是个大问题，总是不屈不挠地骚扰着拜占庭的边境地区。“他们的进攻疾如闪电，”当时有人写道，“他们撤退起来既快又慢，慢是因为携带的战利品太重，快是因为他们逃脱的速度惊人……他们没给追击者留下一丝一毫的痕迹。即使在多瑙河上架起一座桥，他们也不会被抓住。”[43]

阿莱克修斯一次又一次带兵出征迎击侵略者，却收效甚微。到1090年冬天，威胁已经变得不可小觑，大批佩切涅格游牧民侵入帝国境内，抵达色雷斯南部，打算在艾诺斯河（river Ainos）河口丰饶的草场地带定居下来——这里离君士坦丁堡近得要命。阿莱克修斯皇帝从各处尽可能调集兵力，在一座名为拉维尼欧（Lebounion）的山丘下安营扎寨，准备与佩切涅格人一战。

双方于1091年4月末交战，这场战争成为拜占庭历史上最令人称奇的大胜之一。“这真是一场非凡的壮举，”安娜·科穆宁娜写道，“整族人——不是以成千上万来计，而是不计其数——包括女人和孩童，统统都在那天被消灭。那是四月二十九日，一个星期二。自此以后，拜占庭人的歌谣里就这样唱道：‘只是因为那么一天，（佩切涅格人）再也看不见五月时节。’”[44]不管以什么标准来看，佩切涅格人都消亡了。在战斗中幸存下来的人不久也遭到处决，余下的人流散到了巴尔干各地。他们再也不能对拜占庭帝国构成威胁了。[45]

因此，阿莱克修斯在位的头十年似乎政绩不菲。两股充满威胁的邻人都被屏退了，其中佩切涅格人更是后患永除。阿莱克修斯皇帝的帝位得到巩固，近臣都是可以信赖的亲属，与他利益一致。此外，当时也没有迹象表明存在内部反对派——1081年失势的人们没有起而挑战，也不存在其他威胁到王位的势力。毫无疑问，这是阿莱克修斯采取的控制贵族的措施所产生的结果。主要的贵族都要跟随阿莱克修斯出去作战，紧跟在他身边，远离君士坦丁堡。[46]而在阿莱克修斯外出征战期间，艾萨克会留在都城，用毫不含糊的铁腕手段对付针对统治家族的批评。[47]不过，尽管阿莱克修斯对反对势力非常敏感，应对措施完善，但似乎作为皇帝，他还是广得民心的，他的领导方式给日趋僵化的帝国带来了一股清风。

阿莱克修斯的统治风格显然不是自我放纵型的，不像他的某些前任那样只关心自己的吃喝玩乐：比如，君士坦丁八世（1025—1028）处理国政的时间极少，却花费了大量时间在御厨房里实验各种新奇的美味佳肴。[48]相反，阿莱克修斯完全是一种战士的作风，饮食简朴，拒绝奢侈。他正直严肃，没时间理会各种小道闲谈，只相信自己的判断和可咨询的顾问。[49]他是个不照镜子的人，据他的女婿尼基弗鲁斯·拜伦尼奥斯说，这是因为他相信“对一个男人和一名武士来说，戎装和简单质朴的生活方式才是值得赞赏的”。[50]他对历史记述也持简洁为上的观点：听说长女要著书详述他的统治期，他不甚赞同，鼓励她写几首挽歌就算了；当他听说自己的妻子要命人为自己的生平立传以流传后世，所做的反应更是直接，“他说，哀悼一下，悲叹一下他的不幸可比这好得多”。[51]

阿莱克修斯非常虔诚，他主要的休闲方式就是研读《圣经》。他经常熬夜默读经文，陪伴他的还有与他志趣相投的妻子。[52]家族中其他成员也和他一样，他哥哥艾萨克因宗教热情而深得教士们的景仰，[53]他母亲安娜·达拉塞娜也同样非常虔诚，她在帝都兴建了一座俯瞰金角湾的壮丽的教堂修道院，而且是帝国各地的僧侣和神职人员强有力的后盾，经常出面为他们争取权益和免税特权。她的印玺说明，她的身份不仅是太后，还是一名修女。阿莱克修斯的女儿称，正是安娜·达拉塞娜，在她儿子还小的时候就把“对主的敬畏”植入了他的灵魂中。[54]

在阿莱克修斯的统治下，拜占庭进入了一个主动苦行禁欲的时期。1081年夺权后不久，阿莱克修斯皇帝就决定要穿着粗毛衬衣，睡在石板地面上，为自己手下在政变期间的所作所为赎罪。第二年，他就开始为动用教会财产做抗击诺曼人的军资而道歉，并承诺以后再也不会这么做。在帝国皇宫内，前几个世代的“全然放纵享乐”被庄严地唱诵圣歌和严格固定的用餐制度所取代。[55]

此外，阿莱克修斯还不辞辛劳地推行自己的正教信仰。统治伊始，他就采取了严厉的措施对待各种被视为异端的观点和信仰，他还亲自主持异端审判，并对有罪者做出最终裁决。尊崇教会的权力对一名以武力夺权的篡位者来说当然是完全合理的政策，但阿莱克修斯这么做却完全是出于一片虔诚。

但是，这并不妨碍阿莱克修斯大举镇压高级神职人员：在位的头三年里，他就更换了两任君士坦丁堡牧首，直至找到愿意与自己合作的尼古拉三世·格拉马提科斯。其他主要教士也遭到了强硬的对待，如卡尔西顿主教就因批评皇帝及其政策而受到审判，最终被流放。此外，正如我们前文就已经谈到的，阿莱克修斯还在幕后推动了11世纪80年代与罗马教会的和解，他在帝都主持召开了一次教会大会，旗帜鲜明地主张与罗马教廷和解。

阿莱克修斯的人格力量开始重塑拜占庭帝国。在他的统治下，帝国风气重返10世纪典型的军人价值取向，那时的皇帝们本身就是统帅，军队就是拜占庭帝国的基石。比起皇帝的华贵长袍，阿莱克修斯更愿意身着戎装，也更喜欢小规模的密友聚会，而不喜欢君士坦丁堡朝中盛行的繁复的典礼仪式。[56]

阿莱克修斯废除了那种明确规定在宫中宴会时谁应该坐在哪里的复杂阶序制度，而创造了一个总体来说更低调也更简朴的政权。他经常邀请社会上最不幸的人们与他一同用餐，比如与癫痫病患一起吃饭，而且据说皇帝因为太想要帮助他们以致自己都忘了吃饭。[57]甚至连当时在其他方面对阿莱克修斯有敌意的人也称，阿莱克修斯对待穷人的态度不同寻常，值得赞赏。此外，他“从不喝酒，也绝不属于饕餮贪食之流”。[58]他不是把事情全部交给手下去做，而总是腾出时间来亲自与臣子甚至是国外来客讨论一些要事。他愿意接见任何想要面见他的人，并为此忙碌到深夜。[59]

阿莱克修斯对拜占庭帝国的密切管控非常了不起，但也让人觉得窒息。在十字军东征前夕，国内对他这种统治风格的反对非常激烈。我们将在下文谈到，这也是阿莱克修斯向教皇求助的一大重要因素。对军事行动的异常强调让人感觉压抑，也耗尽了帝国的资源。在他当政期间，艺术、建筑和文学的发展趋于停滞。唯一让人眼前一亮的是一些视觉艺术作品，风格简朴而沉郁。布拉赫奈大皇宫的一幅壁画将皇帝的形象置于末日审判的场景中，扮演基督代言人的角色。[60]这非常能揭示阿莱克修斯的自我定位：他把自己看作上帝在黑暗时代中的忠实仆人。

除了当时的铸币外，我们只能看到阿莱克修斯的两幅肖像，但从安娜在《阿莱克修斯纪》里对他有些理想化的刻画中，我们能约略感受到他的形象。他是那种令人一见难忘的人物，虽然有些口齿不清。“当人们接收到他坐在帝国宝座上时扫过来的严厉一瞥，就会联想到一阵飓风，他的样貌和气质散发出巨大的压迫感。他的眉毛浓密清晰，其下双目的凝视威严中含着慈祥。只要匆匆一瞥……就能让人感觉到压迫和自信。他宽阔的肩膀、粗壮的臂膀和厚厚的胸膛，都如英雄一般，能激起人们的赞叹与欣慰。他周身散发的是力与美、优雅与尊贵，还有令人仰止的君王气质”。[61]

这就是将要激发第一次十字军东征这个历史上影响深远的事件和中世纪重大进展的人。此刻，在诺曼人被击退、佩切涅格人完败之时，拜占庭帝国的运道似乎正在回升。那么，为什么到1095年的时候，拜占庭帝国会向外求援以抗击突厥人呢？

第3章 东方的稳固

阿莱克修斯刚登基的时候，拜占庭帝国面临着极大的压力——咄咄逼人的邻人们屡屡入侵造成了威胁，经济崩溃削弱了国力，政治斗争催生出内部的裂痕。但如果透过第一次十字军东征来曲折回望的话，就会自然而然地认定，帝国面临的最严重威胁是突厥人在东方气势汹汹的扩张。这当然正是安娜·科穆宁娜想要制造的印象。她留下的记述甚至提出，在阿莱克修斯夺权之前，小亚细亚事实上已经落入突厥人之手。可实际上，小亚细亚的局势在11世纪80年代相对来说还是稳定的。在阿莱克修斯统治期的第一个阶段，拜占庭与突厥人之间的关系总体还是稳固、积极向好的。直到11世纪90年代初，第一次十字军东征前夕，拜占庭在东方的地位才出现了急剧的恶化。换句话说，与伊斯兰世界的冲突并不是完全不可避免的。11世纪时基督徒与穆斯林之间关系的破裂，似乎是一个曲折迂回的政治和军事过程，而不是两种相抗衡的文化之间必然发生的冲撞。但是，安娜·科穆宁娜有充分的理由来创造这种冲突对立的印象，而这种印象一直持续了数个世纪之久。

统治伊始，新皇帝阿莱克修斯的注意力主要集中在诺曼人和佩切涅格人身上。而另一方面，拜占庭在小亚细亚面临的形势还是比较有弹性的：在曼齐科尔特战役发生后的十年间，仍有不少地方在顽强抵抗着突厥人，而且一直坚持到了阿莱克修斯登基之后。这些抵抗大多是当地领导人有效组织的结果，而不是出于君士坦丁堡的组织筹划。比如，小亚细亚北部沿海一带的特拉比宗就是由城中一家大望族的子嗣特奥多尔·加布拉斯（Theodore Gabras）组织守卫的。由于加布拉斯对邻近区域的防护非常英勇得力，一百年后的一首追溯征服小亚细亚历程的突厥歌谣中还铭记了他的事迹和勇气。[1]与此同时，在11世纪70年代，阿玛西亚周围相当大的一片区域都得到了鲁塞尔·巴里奥尔的有力守护。他本是一名为帝国服务的诺曼人，后来恼恨于拜占庭帝国没有给他足够的支持，加之当地民众对他一直以来提供的保护感恩戴德，他也就自立为王了。[2]

这些地方长官在各地奋战着，远至安纳托利亚最东端，甚至在高加索一带都是如此。曼戴尔（Mandale，一名高加索编年史家称他是“罗马士绅”）家的三个儿子，在1080—1081年间占据了凯撒利亚地区的一些重要据点，他们可能是以帝国的名义这么做的，而不是为了自己冒险投机。[3]巴西尔·阿波卡佩斯（Basil Apokapes）在阿莱克修斯夺位之前占据着重镇埃德萨，而根据他铅印上的称号判断，阿莱克修斯登基后也仍然如此。[4]阿莱克修斯的前任在1078年任命了一名新的美索不达米亚总督，这也暗示着，在君士坦丁堡以东数百英里远的地方，拜占庭帝国仍然有着需要保护的重要领地。[5]

事实上，有些拜占庭的地方长官还发迹于东部诸行省，其中最值得注意的就是菲拉雷托斯·布拉卡米奥斯（Philaretos Braakhamios）。他是一名颇有才华的将军，但因1071年时拒绝支持罗曼努斯四世的继任者迈克尔七世·杜卡斯，事业受到了打击。11世纪70年代，帝国内叛乱蜂起，菲拉雷托斯趁机控制了多座城镇和要塞，攫取了大片领土，变得相当有实力。阿莱克修斯登上帝位后，菲拉雷托斯的势力仍然在扩展，到11世纪80年代初时，他已控制了重镇马拉什和梅里特那，以及西里西亚的大片区域。1083年，他又成为埃德萨的主人。[6]

《阿莱克修斯纪》里对东方形势千篇一律的悲观描述，塑造了现代对阿莱克修斯夺权时期小亚细亚形势的看法。人们形成了这样一种共识：11世纪80年代时，东部各行省都在被突厥人蹂躏。同样也是基于安娜·科穆宁娜的描述，人们还形成了另一种广泛的共识：拜占庭帝国在第一次十字军东征前夕收复了大批失地，这与1092年巴格达苏丹的去世一道，为帝国提供了绝佳的时机来征战小亚细亚。[7]可是《阿莱克修斯纪》里的叙述是需要谨慎分析的，因为作者的目的是要强调1081年时帝国的凶险处境，从而凸显阿莱克修斯的功绩，强调是他把拜占庭从崩溃的边缘挽救了回来。而且她还有更隐晦的一层私心：想要为阿莱克修斯皇帝洗清罪责，不必对他登基后（而不是登基前）发生的一系列祸事负责——这些事件发生的确切时间在安娜讲述的历史中被聪明地掩盖了起来。

可是就连《阿莱克修斯纪》也会不经意地揭示出1081年时，帝国在小亚细亚的地位仍然是稳固的。新皇准备应对诺曼人对伊庇鲁斯的入侵时，尽全力组织了一支规模较大的军队。他从帝国各地召回一些军队到君士坦丁堡集结，其中就包括撤回在小亚细亚多地的驻军。阿莱克修斯“意识到，他必须马上召回东方的所有高级官员（toparkhe），那些作为要塞或城镇的总督英勇抵抗着突厥人的人”。阿莱克修斯马上下令，帕普拉格尼亚和卡帕多契亚等行省的地方长官，为确保各自辖区的安全，“要留下足够的士兵，而其他人则要速速返回君士坦丁堡，尽可能带来身体强健的招募兵士”。[8]小亚细亚其他地方也有正与突厥人对抗的地方长官，他们也接到了同样的命令，要分兵回国都，帮助新皇集结起一支大军抵御诺曼人的进攻。[9]小亚细亚的人力能够抽调出来，实际上就说明拜占庭对这个地区的掌控还是比较牢靠的。

事实上，很难找到证据证明当时突厥人造成了很大的问题。确实有一些劫掠的匪帮为祸一方，攻击像凯基科斯这样疏于防守、抵抗不力的地方。[10]但就连这种劫掠游击的群体也并不一定就没有用处：一名贵族曾在阿莱克修斯和艾萨克兵变时期从小亚细亚前往相助，途中遇到一群这样的突厥人，但他没有与之交战，而是说服他们作为雇佣兵与他一道前往。[11]

其他一些证据也勾勒出了这样一幅画面，与拜占庭东部诸行省在阿莱克修斯兵变之时已经土崩瓦解的观念截然相反。例如，11世纪80年代早期，商业重镇和小亚细亚南部沿海的海军基地安塔雷亚（Attaleia）升格为大主教区，这表明该城不仅还在拜占庭手中，而且发展得越加重要了。[12]考古发现揭示出，在阿莱克修斯继位前后那段时期里，小亚细亚的很多行省和城镇里设有大量的主教、法官和官员职位，说明突厥人此时对行省管理造成的破坏并不算很广泛。[13]

事实是，在阿莱克修斯掌权后，东方的局势有了极大的改观。11世纪80年代前半段，小亚细亚的大部分地区就已经恢复了稳定。这是一项了不起的成就，尤其考虑到阿莱克修斯的统治最开始时是那么脆弱：1081年，他在进入君士坦丁堡时，对自己手下军队究竟忠诚几何都心存疑虑，而在政变之后没多久，一些最重要的支持者就已经打算要抛弃他了。他没让自己的妻子艾莲娜（Eirene）与他一道加冕为女皇，这让她实力强大的家族反应强烈，他们非常愤怒，并对他企图独立自为的举动表示鄙夷。他们恶狠狠的警告很快就达到了预期的效果：一星期后，艾莲娜加冕为女皇。[14]此外，君士坦丁堡的高层教士们一直在要求他公开道歉并赎罪，因为阿莱克修斯在兵变期间放任手下洗劫了帝都。[15]而且，我们也已经看到，拜占庭帝国的西部边陲在11世纪80年代早期正处在风雨飘摇之中，诺曼人正在大举进攻伊庇鲁斯，而佩切涅格人的劫掠正在蹂躏着巴尔干。

至于小亚细亚，阿莱克修斯皇帝担心的不是突厥人，而是前十年间这个地方浮现的另一个更为严重的问题：拜占庭贵族的反叛。东部诸行省是拜占庭国内大多数大地主的家园，自曼齐科尔特战役以来，始终叛乱不断。新皇非常担心在他离开君士坦丁堡出征讨伐诺曼人和佩切涅格人期间，这里会再次发生叛乱。因此，就在掌权后的最初几个星期里，阿莱克修斯集中关注了东方。据《阿莱克修斯纪》所言，他派遣了一支远征军进入比斯尼亚（Bithynia）驱赶突厥人，并亲自给出了十分详细的指导，包括如何悄无声息地划桨前行，如何保持神秘的突袭效果，如何判断敌人可能藏在哪块岩石峭壁后准备伏击。[16]

为了确保这个地区的安全，阿莱克修斯把目光投向了一个他之前就打过交道的人。皇帝本人对赋予某个拜占庭贵族太多的兵权心存顾虑，毕竟他自己就是利用类似机会，命令所率帝国军队回师帝都而成功夺权的。而阿莱克修斯寻找到的盟友拥有截然不同的背景。苏莱曼是一位突厥部落首领，他在11世纪70年代率部进入小亚细亚寻找机会和财富。很快他就两者兼收，受雇于君士坦丁堡，屡次对抗反叛的贵族，并因此获得了丰厚的奖赏。[17]阿莱克修斯和他的首次合作，是在自己夺权后不久，请他派人镇压了巴尔干西部蓄谋中的一次叛乱。这些突厥外援证明了自己的忠诚、勇敢和高效，为镇压这次针对皇帝的叛乱起了关键作用，甚至还抓住了叛乱的几名头目。[18]

对于阿莱克修斯这样一个地位还不稳固的新任皇帝来说，重用、依赖一名突厥人还是有其积极意义的。苏莱曼不是拜占庭精英阶层的一员，选择他成为小亚细亚军中的关键人物尽管并不寻常，但也并不是没有道理的。阿莱克修斯对待外来人可比自己的前任心态开放得多。总的来说，拜占庭人对外来人评价不高，不论他们来自何处，都认为他们只是有用的雇佣兵，很粗野，没有理想，只是为了钱。但阿莱克修斯·科穆宁却不这么看。正如他在自己统治期间无数次表现出来的那样，阿莱克修斯对将敏感的任务交付给在拜占庭生活的外来人，实在是乐意之至。有人甚至写道，皇帝最喜欢的就是被“被俘虏的野蛮人”簇拥着。[19]这种名声传遍了欧洲，甚至在远至诺曼底的地方也有人做了相关记述。[20]与这些和自己一样出身行伍来为君士坦丁堡效力的人相处，让阿莱克修斯觉得很自在。他毫不在意这些人的种族和宗教背景，这可能与他从小和塔提基奥斯（Tatikios）一起长大有关系。塔提基奥斯是他父亲俘虏的一名突厥人之子，后来成为他最信赖的心腹。[21]

在比斯尼亚稍微采取了一些行动后，阿莱克修斯在1081年夏天开始与苏莱曼接触，并与其达成了协议。苏莱曼同意，以德拉孔河（Drakon）为界，突厥人不得越界。皇帝为此慷慨地赠送给他大量礼物。事实上苏莱曼被任命为阿莱克修斯皇帝在小亚细亚西部的代表，不仅要约束自己的手下，还要约束此地区所有的突厥人。[22]此外，阿莱克修斯还得到承诺，不论何时何地，只要他需要，苏莱曼就会提供军事支持。1083年，阿莱克修斯皇帝率部试图解除诺曼人对拉里萨的围攻，但发现自己的部队战线拉得太长，“他送信（给苏莱曼），让他派一名经验丰富的将领率兵前来增援。他的要求很快就得到了回应：经验丰富的将领率领7000人前来相助”。[23]此外，11世纪80年代早期其他战事中与阿莱克修斯的军队并肩作战的突厥友军，可能也是苏莱曼派来的。[24]

阿莱克修斯从这项盟约中获益不少。这让他能腾出手来处理西部由诺曼人和佩切涅格人制造的麻烦。而且这也让他心里非常踏实，因为他避免了为野心勃勃的拜占庭贵族提供挑战自己统治的平台。但最为重要的一点是，事实证明，苏莱曼的确是一名非常棒的盟友。

首先，1081年达成的盟约取得了不少成果。突厥人对拜占庭领土的劫掠即刻终止，因为苏莱曼非常切实地履行了约定。巴格达苏丹送给皇帝的一封书信揭示出，阿莱克修斯和苏莱曼达成的盟约的效力至少持续到了1085年年中，可能还更久。[25]这为小亚细亚的稳定提供了基础，而当时帝国其他地方却形势危急。此外，这项约定给皇帝带来的好处似乎还不仅局限在小亚细亚西部。高加索地区留下的一份编年史指出，在盟约达成后不久，“西里西亚全境”都由“一名埃米尔，即库特鲁姆什之子苏莱曼”掌控。[26]根据另一位在叙利亚的写作者留下的记述判断，苏莱曼此番的势力扩张对拜占庭是有利的。“475年（公元1082年），”他写道，“苏莱曼离开隆马耶（Rhomaye，指拜占庭）的领土，占领了沿海的多座城镇，其中有安塔拉多斯（Antarados）和塔尔索斯（Tarsos）。”[27]千万不要疏忽了其中的暗示：苏莱曼并没有进攻拜占庭控制的城镇，而是收复了陷于突厥人之手的城镇。换句话说，通过1081年达成的协议，苏莱曼事实上成了阿莱克修斯的代理人，他以皇帝的代表身份去捍卫小亚细亚具有重要战略意义的地方。

虽然阿莱克修斯皇帝对突厥人的依赖堪称创举，但这在拜占庭的对外政策中也并不是全无先例。一本讨论外交策略的10世纪书卷明确指出，让邻人相攻伐，雇用地方割据力量攻击无法无天的敌人，是确立并维持与国外势力之间有利均势状态的可用之策。[28]阿莱克修斯对苏莱曼的利用非常大胆，但也算不上具有革命性。

但是，他还是要付出代价。尼西亚是小亚细亚最为重要的城镇之一。它的地理位置好得让人嫉妒，而且得到厚重高墙和要塞的防护，它的西面还有一个大湖，不但能进一步提供防护，还能保证其水源供应。这使它成为通往富饶的莱西亚（Lycia）河谷、弗里几亚，以及西部和南部的沿海地区，甚至安纳托利亚高原的门户。同时，它还是君士坦丁堡与拜占庭东方之间所有通信来往的中转枢纽。

突厥人是怎样占领尼西亚的，我们并不清楚。一般认为，这座城镇是在尼基弗鲁斯·梅里森诺斯未遂的叛乱期间失陷的，这大概和阿莱克修斯1081年起兵推翻前任皇帝处于同一时期。梅里森诺斯出身于小亚细亚最有名望的大家族之一，他起而反对君士坦丁堡的时候赢得了广泛的支持。“各个城镇的居民都视他为罗马人的皇帝，并臣服于他，”一位作者在数十年后写道，“而他将他们置于突厥人的保护下，其结果是，亚细亚、弗里几亚和加拉太的所有城镇很快就任突厥人摆布。（梅里森诺斯）随后率领一支大军夺取了比斯尼亚的尼西亚，试图以此为根据地拿下罗马人的帝国。”[29]看来似乎是梅里森诺斯把尼西亚（以及小亚细亚的众多其他城市）交到了突厥人手里，其实梅里森诺斯只是方便利用的替罪羊而已。他此后在阿莱克修斯统治期间将制造大麻烦，并被流放到一座修道院度过余生。[30]而加在他身上的罪名并不太具有说服力，基本上是由阿莱克修斯的女婿尼基弗鲁斯·比伦尼诺斯强加的，天衣无缝得反而让人怀疑，而且这部史书还是阿莱克修斯的妻子令其撰写的。[31]

事实上，关于为什么把尼西亚交给突厥人，更为合理的原因应该在于苏莱曼和阿莱克修斯于1081年达成的协议。阿莱克修斯夺权后，立刻委任了一名新地方长官前往基拉克利翁，而下一项重要举措就是，要委任一位值得信赖且不会威胁到其皇位的人，作为皇帝的代表来统治尼西亚。阿莱克修斯政变后并没有立刻派遣一个拜占庭人前往该城，这说明他应该已经做了其他的安排来保障其对尼西亚的统治，也就是说，他把它交到苏莱曼手中。所以，有些文献把这个突厥人称为尼西亚总督，也就不足为奇了。[32]

阿莱克修斯将尼西亚交给苏莱曼的决定成为一个敏感问题，

并非是因为这项政策在短期内就导致了适得其反的结果，而是因为11世纪90年代初，苏莱曼就去世了，而他的继承人阿布勒-卡西姆和苏莱曼完全不同。因此，含糊带过尼西亚是在何时、以何种方式被突厥人占领，就成了保护皇帝声誉的重要举措。但是，尼西亚失陷的原因就在于阿莱克修斯一世·科穆宁本人，这个事实就完全否定了《阿莱克修斯纪》精心斟酌并不断重复的论断：小亚细亚的所有地方都是在阿莱克修斯掌权之前丢失的。

虽然11世纪和12世纪拜占庭国内留下了众多历史著述，但除了两本外，其他不是终于阿莱克修斯夺权，就是起于阿莱克修斯之子兼继承人约翰二世登基，这就让掩盖事实变得更加容易。[33]甚至在阿莱克修斯死后，要就他写点儿什么也相当困难，而史学家们大多也没做尝试。这在很大程度上是因为，科穆宁家族一直在竭尽全力地维护阿莱克修斯皇帝作为王朝创始人的形象和声誉。[34]

虽则如此，阿莱克修斯在这件事中扮演的角色并不能完全被掩盖掉，至少对一些消息灵通的西方人不能。编年史家亚琛的阿尔伯特知道尼西亚是阿莱克修斯弄丢的，不过并不知道个中细节，他被引导着相信，是突厥人欺骗了皇帝才导致这样的结果。[35]奥拉的埃克哈德（Ekkehard of Aura）[1]听说皇帝把该城交给了突厥人，十分震惊，他指责阿莱克修斯把基督教的这颗明珠交给突厥

[1] 埃克哈德（？—1126）奥拉修道院院长，编年史家，曾参与1101年的十字军行动。他留下的记述对研究十字军在莱茵兰的犹太人屠杀活动，以及第一次十字军东征都有很高价值。——译者注

人，实在是犯下了最令人不耻的罪行。但埃克哈德误解了当时的形势，他以为阿莱克修斯是在1097年后把尼西亚交出去的，但事实上阿莱克修斯在1081年就把这座城镇交给了突厥人。[36]

可是，形势的真正恶化并不在尼西亚或小亚细亚西部，而是在更往东的地方——安条克。结果非常糟糕。与尼西亚一样，安条克是拜占庭东部至为关键的城镇：经济上非常重要，战略价值很高，这里的教会由一名牧首统领，总督则是帝国内层级最高的官员之一，声望也不容小觑。[37]同样类似于尼西亚的是，要让安条克处于值得信赖的地方代理人控制之下，这点非常重要，而且要保证此人不会趁阿莱克修斯集中关注其他地方之际起兵反叛。菲拉雷托斯·布拉卡米奥斯多次在东部边境的战斗中证明了自己的价值，他似乎是合适的人选。但菲拉雷托斯是个行事古怪的棘手人物。一名认识他的拜占庭史学家写道，他是一名杰出的将领，但难以听命于他人。[38]

统治伊始，阿莱克修斯就费了不少心思拉拢菲拉雷托斯，赐予他众多头衔和权力。[39]但皇帝并非唯一这么做的人，11世纪80年代早期，菲拉雷托斯也开始接受伊斯兰世界的示好。他有一些位于亚细亚东部的封地，这引起了突厥人的注意，菲拉雷托斯渐渐被他们说服。1084年前后，他背弃了拜占庭和基督教，决定“加入他们，自愿接受割礼，遵照他们的习俗。他的儿子强烈反对这种荒谬的决定，但他对这些好的建议弃之不顾”。[40]有人用非常强烈的语句表达了自己的愤怒：“邪恶不忠的首领菲拉雷托斯，他是撒旦的后裔……是可恶的基督反对者的犬牙，恶形恶状，性同魔鬼……他开始与虔诚的基督徒为战，因为他之前只是伪装成基督徒。”[41]

对阿莱克修斯来说，这无异于一场灾难。菲拉雷托斯可能会承认哈里发和苏丹的宗主权，这一点已经让人非常忧心了，而凭借他对梅里特那、埃德萨和安条克的控制，他还可能攻夺一些重要的城镇和省份交给突厥人。这就是非常严重的危机了。阿莱克修斯迅速做出回应，开始有针对性地采取反击措施，夺回这名无赖元帅控制的城镇和地区，确保它们的安全，并交还给当地忠于自己的人。一个叫托罗斯（T'oros）或特奥多尔（Theodore）的人（他的头衔kouropalates表明，他是皇帝的贴身近臣）控制了埃德萨。[42]他的岳父加布里埃尔控制了梅里特那，并被封为该城的总督。[43]这个地区的城堡、要塞和其他军事要地也都由忠于皇帝的将领们占领。

但阿莱克修斯选择依赖苏莱曼来保卫安条克。根据一份文献的记载，1085年，这个突厥人急速行军到安条克，他选取的是一条能躲避追踪的“秘密通道”，据说是由拜占庭向导们指给他的。到达城下后，他干脆利落地一举将它攻下，没有伤及任何一个人，而且非常和善地对待城中居民。“和平重临，众人都毫发无伤地各回各处去了。”[45]阿拉伯文献也这样谈及苏莱曼对安条克的居民们表现出的和善。[46]

安条克的和平攻占，与就在几年后西方骑士们攻城时的行径形成鲜明的对比。安条克依仗着天险，又有人造工事防护，几乎是固若金汤。但苏莱曼并不需要用武力来夺取，他是代表皇帝行事的，所以城中的居民们（大部分是讲希腊语的拜占庭人）很愿意让他进城。很明显，阿莱克修斯既没有派麾下部队去应对菲拉雷托斯的背叛，也没有试图阻止苏莱曼前往安条克。而这也是另一个有力的例证，表明这个突厥人和拜占庭帝国之间精诚合作取得了成果。

此后的阿拉伯作家们用充满荣耀的词汇来谈论苏莱曼占领安条克。一首诗这样写道："你征服了拜占庭的安条克，这座城曾让亚历山大举步维艰/你的坐骑无惧她的防护，让她臣服/苍白脸儿的小女子们流失了她们未出生的孩子。"[47]可是，这只不过是一种诗化的解读，意在表明安条克现在有了一名信伊斯兰教的领主。事实上，控制安条克后，苏莱曼就表明了他的意图和他的忠诚，他立刻搁置了菲拉雷托斯向当地一名突厥地头蛇呈纳的供奉。有人警告他，和苏丹对着干非常危险。苏莱曼却生气地回应说，他仍然遵从于巴格达的主人。但他同时也说，在臣服于苏丹的领土上，毫无疑问他是忠于苏丹的。这就等于在说，他在尼西亚和安条克这些属于拜占庭的城市所做的，与他对苏丹的尽忠并不冲突。[48]根据相同的逻辑，1085年夏，苏莱曼又从安条克出发前往阿勒颇。一个世纪前，拜占庭人把这座城镇夷为平地，而如今，苏莱曼来要求这里的突厥统治者把城镇交还给他。这是阿莱克修斯急切想要收复的另一座城镇。[49]

然而，阿莱克修斯皇帝对他的盟友实在寄望太高了。当地的突厥豪强们很快就发现，苏莱曼的战线太长了，他的资源不足以支持他新控制的各个地方，更别说再进行新的征服了。1085年年中，就在苏莱曼控制安条克后没多久，苏丹好战的同父异母兄弟图图什（Tutush）进军该城，迫使苏莱曼应战。苏莱曼到底是在发现自己的军队败局已定时自杀了呢，还是被流箭射中脸部身亡的，这个疑案至今还众说纷纭。但不管真相如何，安条克现在已经在图图什手上了。[50]

这是拜占庭遭遇的一大重挫，对阿莱克修斯来说也是一场严重灾祸。11世纪80年代初，他一直在集中精力应对西部省份所遭受的威胁，还没有在小亚细亚用过一次兵，他只是把希望寄托在当地两名举足轻重的人物身上：苏莱曼和菲拉雷托斯。可就在几个星期之内，这项政策就崩溃了，并带来了灾难性的后果。

形势只会变得越来越糟。君士坦丁堡收到消息：苏莱曼留下来管控尼西亚的将领阿布勒-卡西姆，对比斯尼亚的城镇和乡村发动了一波洗劫。其他突厥人也纷纷抓住机会在小亚细亚争抢地盘，占领了之前由苏莱曼控制的城镇和要塞。[51]拜占庭在东部的权威已经岌岌可危。

拜占庭皇帝并不是唯一关注着安条克和尼西亚剧变的人。在巴格达的苏丹马利克沙（Malik Shan）也对局势的发展产生了警惕：像阿布勒-卡西姆和图图什这样的地方豪强的崛起，既威胁到了拜占庭帝国，也威胁着突厥世界的稳定。[52]与其父阿勒卜·阿尔斯兰一样，马利克沙一直很谨慎地维持着对西部边境的控制，经常亲自率军到不服管束的地区重树自己的权威，即使这些地方对巴格达而言并不具有直接的战略重要性，但对于苏丹个人的权威来说，仍然是至关重要的。突厥人深知，时刻关注这些边境地区的动向非常重要。就在几十年前，在夺取哈里发帝国全境之前，他们还只是蜗居在帝国的东部边缘地带。

于是，大约在1086年年中，马利克沙派遣使节给阿莱克修斯带去一封信，谈到小亚细亚当前的问题。苏丹当年与苏莱曼订下的誓约，多年来都未曾被打破，但阿布勒-卡西姆却没能继续遵守："皇帝陛下，我听说了您面临的麻烦。我知晓，自践祚之始，您屡遭艰困。近来，方理毕拉丁人之挑衅（指诺曼人在1081年—1085年的进攻），又有（佩切涅格人）蠢蠢欲动。再加上埃米尔阿布勒-卡西姆撕毁您与苏莱曼所缔之约，劫掠远至大马士革城下……若将阿布勒-卡西姆驱离（他攻占的）诸地乃您之所愿，请将公主送来嫁与我的长子。自此之后，您万事无阻，有我相助，您成就诸事将易如反掌，不仅限于东部，甚至远至伊利里亚（Illyrikon）和整个西部。有我派来的军队，自此之后，没人敢反抗您。"[53]马利克沙还承诺，他将强令突厥人从沿海地区撤离，并全力支持皇帝收复帝国之前失去的领土。[54]安娜·科穆宁娜写道，皇帝听到联姻的提议感到很可笑，他大笑起来，然后嘟囔着说，一定是魔鬼亲自把这个主意塞进了马利克沙的脑子里。尽管如此，阿莱克修斯也没有完全置之不理，而是派了一个使团前往巴格达让联姻之举看起来“有点儿希望”。[55]

《阿莱克修斯纪》中的记述给人留下的印象是，双方的谈判没有任何结果。然而实际上，商谈在11世纪80年代中期达成了一项具体的协议。这一点安娜·科穆宁娜本人在稍后的文字里也提到了。在描述皇帝为与佩切涅格人的一场重要战役做准备时，安娜提到，前来相助的军队中，有来自东方的突厥人，这是苏丹根据双方之前达成的一项协议派来的。[56]

协议的大致内容可以从《阿莱克修斯纪》中零散地拼接出来。安娜说，她父亲很幸运地哄好了一名突厥使节，这人于是倒向拜占庭，把小亚细亚的很多城镇在11世纪80年代中期交还给了皇帝。但这个故事实在不可信。真相似乎是，马利克沙同意驱散占领小亚细亚沿海各地的突厥人，并下令将这些地方归还给拜占庭。比如，在突厥人撤离黑海沿岸的锡诺普（Sinope）时，他们甚至连城中的各种财宝都完好无损地留了下来。[57]其结果就是，整个小亚细亚的城镇都臣服于拜占庭。这是高层外交的结果，而并不是像安娜·科穆宁娜所说的那样，是皇帝要了点儿手腕和伎俩，收买了人心的结果。

马利克沙提供的如此重要的帮助也获得了丰厚的回报：11世纪80年代中期，希腊人的使节源源不断地把珍贵的礼物送到苏丹手中。[58]“拜占庭的统治者给他献上了贡品。”一位阿拉伯作者在苏丹去世后这样写道。他还提到，马利克沙的名号响彻“从中国边境到叙利亚边境、从北部伊斯兰势力的边地到也门内陆的广大地区”。[59]这其实勾勒出了明确的利益范围：小亚细亚是属于拜占庭的影响力圈，而再往东就要臣服于塞尔柱苏丹了。

苏丹在对安纳托利亚的埃米尔们发出警告之后，接下来就用武力直接来声明自己对这些处于塞尔柱突厥边地的领主的权威。阿布勒-卡西姆对拜占庭领土的劫掠曾让阿莱克修斯头疼不已，而苏丹则组织了一场深入小亚细亚腹地的针对尼西亚及其统治者卡西姆的远征。[60]马利克沙还亲自带兵作战，一路行进到高加索山脉一带，随后南下进入叙利亚，攻克了阿勒颇。收服安条克之后，苏丹又下行到地中海沿岸，下马步入海中，将佩剑三次浸入水中，说道：“瞧，主允我统治自波斯海直至这片海的所有地域。”[61]

苏丹获得安条克可能是他助力遏制阿布勒-卡西姆和收服小亚细亚诸地的报酬。令人感到震惊的是，他在这次远征中经过各地，都受到了当地基督徒们的欢迎。他们认为，苏丹的介入是维持当地局势稳定的必要条件。这会对那里的突厥领主们形成威慑。比如，苏丹在高加索一带没有遇到什么抵抗，他对待当地基督徒们的恩惠与“父亲般的关怀”，打消了人们对巴格达直接君临此地所带来后果的疑虑。[62]而马利克沙一向宽容对待基督教的名声对此也大有帮助。例如，1074年前后，在他继承父亲之位成为苏丹后不久，马利克沙就派了一个使团前往巴格达，详细询问了基督教的信条、信仰和实践活动。[63]此外，在1086—1087年的征战中，有一位观察者认为，他似乎只是统治自己的臣民，并没有君临于基督徒之上。[64]尽管他进入了埃德萨和梅里特那（Melitene），但并没有指派新总督，也没有罢黜代表拜占庭皇帝管理此地的官员。[65]

拜占庭皇帝也在1086—1087年采取了军事行动，以重新确立自己在没有按苏丹命令降服的地区的权威。在与阿布勒-卡西姆交战之后，以尼西亚为基地的劫掠活动停止了，安娜·科穆宁娜说："劫掠得到了遏制，（阿布勒-卡西姆）倍感压力，只得求和。"[66]他还派出帝国军队前往收复凯基科斯（Kyzikos）和阿波罗尼亚（Apollonias）及其他之前被当地突厥领主们收为己有的小亚细亚西部城镇。[67]凯基科斯是在阿莱克修斯发动政变前夕陷落的，大约1086年年中得以收复，并由皇帝的亲密拥趸之一康斯坦丁·亨伯托波罗斯（Constantine Humbertopoulos）接手管理，直至他受命加入对抗佩切涅格人的新一轮攻势。[68]

丰厚的赠礼也说服了一些突厥军事豪强臣服于皇帝并皈依基督教。[69]君士坦丁堡的教士们欢迎他们的皈依，并盛赞阿莱克修斯传播福音，推广了真正的信仰。[70]皇帝对这样的赞美很是消受，但他的行动与其说是出于宗教热情，还不如说是遵循了经典的外交套路：向突厥头目们提供帝国的封号和经济回报，是一种展示与帝国合作好处多多的有效方式，也是收复陷落城镇和地区的低成本方式。

于是，1088年1月6日主显节，当着皇帝及其幕僚们的面，一位高级教士，奥赫里德的提奥菲拉克特（Theophylact of Ohrid）

的讲话中丝毫没有提到东部的事情。与仍然遭受着佩切涅格人骚扰之苦的西部诸省形成对比的是，东部不再是需要重点关注的地区。谈论了一番草原游牧民族造成的威胁，并评论了一下阿莱克修斯不久前刚与这些游牧民族达成的和约之后，他没就小亚细亚说几句话。这位教士称，阿莱克修斯很幸运，与突厥人尤其是苏丹保持了相当好的关系。马利克沙相当尊敬皇帝，每次听人提及皇帝的名号都会举杯表示敬意。提奥菲拉克特赞赏地说道，关于皇帝的英勇和荣耀的传说已经响彻了整个世界。[71]

这种欢快的对1088年基调的评论，实在与1081年安娜·科穆宁娜提供的关于皇帝前景的凄凉判断形成了再鲜明不过的对比，而当今的评论者们长期以来接受的却是后者。尽管偶尔也会出现一些需要采取坚决回击的挑战，但东部诸省此时的状况依然是稳定的，并不至于会崩溃。拜占庭人已经牢牢掌控了局势——完全没必要向国外、向教皇求助。11世纪80年代末，十字军东征并无必要。

第4章 小亚细亚的崩溃

11世纪80年代末，除了仍由阿布勒-卡西姆掌权的尼西亚外，拜占庭保持了对东部诸省许多重要地区的控制，尤其是关键的沿海地区：肥沃的各个河谷地区以及爱琴海诸岛，也就是对帝国的贸易和交通网络异常关键的战略敏感地带。这一时期，这些地方大都在拜占庭的控制下繁荣发展着，证据是：1088年和1089年莱罗斯岛（Leros）和帕特摩斯岛（Patmos）等诸岛上的僧侣们多次接待了皇帝阿莱克修斯的母亲。他们当时正在筹划一项宏大的建造计划，希望得到可贵的免税权。[1]

但局势很快发生了急剧的转变。我们之前已经看到，1090年时，佩切涅格人对西部诸省的侵扰陡然加重。前些年还只是零星的游击骚扰，这时却整个部落都已移民到色雷斯腹地。这种压力给东部的突厥军事豪强们提供了绝佳的时机，起而反抗拜占庭帝国。阿布勒-卡西姆也真的这样做了。大约在1090年年中，他开始着手准备进攻尼科米底亚。这座城镇坐落在尼西亚以北，离君士坦丁堡只有50英里。[2]

阿莱克修斯一世竭尽全力想要保住这座城镇。佛兰德斯（Flanders）伯爵罗贝尔（Robert）在1089年底结束耶路撒冷朝圣之旅的返乡途中与阿莱克修斯一世见了一面，他答应派出500名佛兰德斯骑士来为拜占庭皇帝效劳。这批人马本来是打算用于对抗佩切涅格人的。[3]但当他们在次年年中来到拜占庭境内时，却很快被运送到博斯普鲁斯海峡对岸，以增援尼科米底亚。事实证明，他们的到来具有立竿见影的效果。但1091年春，骑士们又被召回来转去拉维尼欧对抗佩切涅格人。[4]尼科米底亚是小亚细亚最古老也是最著名的城市之一，这座曾在公元3世纪一度成为罗马帝国东部都城的城市，随即落入阿布勒-卡西姆之手。[5]对拜占庭而言，失去尼科米底亚是一场灾难，人们开始质疑帝国是否能长久保有东部所有省份。

还有其他势力也正虎视眈眈地想要趁火打劫，这让人们进一步加深了对拜占庭在小亚细亚前景的质疑。一位颇具个人魅力的突厥军事领主达尼什蒙德（Danishmend）从小亚细亚东部发动了令人生畏的攻袭，一直深入到卡帕多契亚，目标指向塞巴斯蒂亚（Sebasteia）和凯撒利亚等主要城镇。[6]还有察卡（Çaka），他是个野心勃勃的突厥人，以小亚细亚西海岸的士麦那为大本营，确立了自己的势力范围。他付钱让当地的造船商为自己建造了一支舰队，袭击了自己新基地周边的一系列目标，包括爱琴海诸岛。[7]其他暂且不谈，这些袭击的后果与丢掉尼科米底亚一样糟。察卡的舰队具有远程攻击的能力，可以骚扰沿海城镇和岛屿的船运，而船运对君士坦丁堡来说是至关重要的。由于佩切涅格人的威胁，此时首都的供给已经备感压力，海运受到的干扰更是加重了供给短缺、通货膨胀和社会动荡。更严重的是，1090年—1091年，人们经历了记忆中最为严酷的冬天，纷飞的大雪让许多人只能被困家中。[8]

一首大约写作于这个时期的诗作，描绘了一位来自小亚细亚某个省份的女性实在饥饿难耐，不得不去吃蛇肉的情景："你整吞或分食过蛇肉吗？你是把它们的头和尾巴切掉，还是所有部分都吃掉？你是怎么做到吃了这些充满毒液的肉却没有即刻丧命的呢？"严冬、大饥荒和野蛮人灾祸共同带来了如此惨痛的后果。[9]

对抗察卡的举措实在是一团糟。一位当地的总督毫无抵抗就弃城逃走，而皇帝派来保卫小亚细亚西部沿海地区的援兵则是匆匆拼凑起来的，最后毫无意外地大败而归。拜占庭的舰队不仅遭遇惨败，而且有好几艘舰船被察卡俘虏。这些舰船大大便利了他在别处的斩获。[10]

察卡的舰队逐步成了气候，这也给拜占庭带来了另一层隐忧。君士坦丁堡在陆地上有坚不可摧的城墙、壕沟和重装哨塔护卫，但拜占庭人一直对未来可能的海上攻击忧心忡忡。虽然有一根巨大的海上防卫链横亘在通往金角湾的入口处，让人多少有点儿宽慰，可它实际上往往不起作用。来自海上的进攻，哪怕只是一小股游击势力，也会让城中居民惶恐不安甚至歇斯底里。这样的情况在公元9世纪和10世纪都发生过，当时维京和罗斯的游击武装突袭了君士坦丁堡的近郊地区，结果造成了普遍的恐慌。至于察卡，人们担心，这个突厥人或许会与佩切涅格人达成合作，携手对都城发动进攻。1091年春，有这样的流言四处散播：佩切涅格游牧民族与察卡之间有所往来，而察卡将协助他们对抗拜占庭帝国。[11]

都城内气氛压抑，人心浮动。1091年春，当着皇帝阿莱克修斯一世及其随从们的面，安条克牧首奥克斯特的约翰（John the Oxite）七世回顾了帝国所处的困境，言语中颇多怨言。也不过就在三年前，奥赫里德的提奥菲拉克特的致辞还是积极乐观的，如今约翰的态度却截然相反了。牧首说，开俄斯（Khios）岛和米蒂利尼（Mitylene）已经失陷，爱琴海诸岛已经全部沦陷，而小亚细亚则完全陷入混乱之中，东部已经片土不存。[12]与此同时，佩切涅格人已经兵临君士坦丁堡城下，而事实证明，阿莱克修斯的应对方式根本就不奏效。[13]在思索为何威胁会变得如此严重时，约翰得出了一个直接而尖锐的结论：上帝已经不再守护拜占庭。军事上鲜有胜绩，严峻的困境却旷日持久，这一切都乃皇帝之过，牧首这样宣称。在登上帝位之前，阿莱克修斯一直是一名优秀的将领，但自此之后他却吃了一场又一场的败仗。1081年，他夺取帝位，触怒了上帝，上帝如今借异教徒之手来惩罚拜占庭。想要改变形势，亟须皇帝悔悟赎罪。[14]这种末世论式的裁决强有力地表明，11世纪90年代初困扰着拜占庭帝国的种种问题是多么严重。

生活在拜占庭帝国境内的西方人以惊恐的心情观察着小亚细亚局势的迅速恶化。“突厥人与多方结盟，入侵本应属君士坦丁堡的帝国领土，”一位来自法国中部的见证者写道，“他们洗劫了各地的城市、城堡及其殖民地，教堂被夷为平地。被他们抓住的教士和僧侣们，有些遭屠戮，其他人则怀着无法言表的罪恶感弃主而去，拜服于强权。而修女们（哦，真是惨啊）则在他们的兽欲下遭难。如同饥饿的狼群，他们无情地捕猎，而上帝在公正裁决之后，把某些基督徒交到他们手上听凭其处置。”[15]

小亚细亚局势已经失控，这类令人沮丧的消息很快传遍了整个欧洲。比如，法国各地都听说了各种有关突厥人在那里杀人放火、奸淫掳掠的故事，而僧侣们则在编年史中记述了大量充满暴力血腥的场景，如挖人内脏、斩首等等。[16]这类消息是由11世纪90年代初住在或到访过君士坦丁堡的西方人传播开来的，比如某个来自坎特伯雷但定居在这座都城的僧侣，或是对君士坦丁堡的壮观景象萌生敬意、赞叹地描述所见所闻，并记录下自己与城中居民交谈所得的某位旅人。[17]

阿莱克修斯本人也传播了拜占庭人在突厥人手中遭受暴行的消息。他在送给佛兰德斯伯爵罗贝尔的一封信中，就以令人沮丧的口吻描述了1090—1091年间小亚细亚的局势。[18]这份通信一直以来都被视为伪造的，数代学者都认为其内容并不可信，理由是拜占庭1081年就已经失去了东部诸行省，他们判断自那时起到第一次十字军东征前期，东部行省的局势并不可能发生重大变化。于是，他们普遍认为，信中所声称的拜占庭人与突厥人力量对比发生的大逆转，根本是毫无事实依据的。学者们振振有词地认定，这封信是伪造的，因为在12世纪初，当阿莱克修斯与第一次十字军东征的一些主要人物关系无可挽回地破裂之后，这封信曾被用来集聚起各方反对拜占庭的力量。[19]

不过，另一点人们却相当肯定，即考虑到两人之间关系的密切，11世纪90年代初阿莱克修斯的确有可能写了一封信给佛兰德斯伯爵。既然是这样，那么，这封流传下来的信确实是源自君士坦丁堡的一份原始文件——但经过了再诠释和不必要的添油加醋。[20]确实，这封信采用的辞令和书写语言毫无疑问是拉丁式的，而其中体现的外交和政治思想也显然是西方式而不是拜占庭式的。

虽然如此，这也并不意味着这份文本是伪造的。我们之前已经看到，11世纪末，君士坦丁堡住着许多西方人，其中有些人与皇帝的关系还很亲近。那么，信中的语气和观点很可能表明它出自某位客居帝都的人之手，这种可能性和它出自某位生活在第一次十字军东征之后的作者之手一样大。如果这么看的话，这封信最让人震惊的地方或许在于，它所说的一切与根据当时的其他文献构筑起来的小亚细亚新图景高度吻合。这封给佛兰德斯的罗贝尔的信也描述了11世纪90年代教堂纷纷遭亵渎的景象。这与我们从其他文献中了解到的一样：“圣所遭亵渎，遭损毁，种种情状难以胜数，而更糟的预期还在等着它们。此情此景，谁不忧伤？听闻此事，谁无同感？谁不会闻之骇然？谁不会禁不住祈祷求助？”[21]信中还描述了突厥人之凶狠残暴，这也同样印证了当时的其他文献记载，只是更加详细：“贵妇和她们的女儿被剥得精光，一个接一个遭到强暴，犹如兽类。有些（暴徒）还无耻地当着母亲的面，强迫处女们一边唱着淫荡不堪的歌曲，一边接受强暴……男人呢，不分年龄和身份地位——无论孩童、青年还是老人，贵族还是农民，更悲惨的是教士和僧侣，甚至包括主教们——都被逼进行鸡奸。有一位主教被迫屈从的消息已经传遍海外。”[22]

阿莱克修斯就在不久前刚得到500名骑士的支援力量，因此，他再向佛兰德斯伯爵求助也是很有可能的。阿莱克修斯希望能从气质性格（禁欲、虔诚、实干）与自己类似的这位伯爵那里求得更多的帮助。虽然很多人认为信中对东方局势的绝望描述并不可信，但很多迹象表明，它确实反映了拜占庭帝国当时的悲惨处境。甚至连其中那种悲观的自述“虽然贵为皇帝，我却找不到补救之方，也没有合适的人可商讨，只能不断从佩切涅格人和突厥人面前落荒而逃”也并不荒谬。毕竟当时帝国中最高级的那位教士竟能公开声称，上帝抛弃了阿莱克修斯。[23]君士坦丁堡中日益蔓延的四面楚歌的氛围，与这封信的基调高度切合。

从尼科米底亚召回佛兰德斯军团，或许并不是这座城镇落入突厥人之手的全部原因，但肯定也不会对守城有什么好处。1091

年，就在击败佩切涅格人后没多久，拜占庭方面组织了一次重要攻势，想要收复这座城镇，并希望将突厥人驱离紧临都城的那片区域。阿莱克修斯集结了大量兵力，收复了远至“圣乔治之臂”（the Arm of St George），即上溯至尼科米底亚湾一带的领土。尼科米底亚本身也最终得以收复，而收复者们立即着手重新修复它的防御工事，以防日后再次陷落。他们还建起了一座与尼科米底亚城相对而立的要塞，主要为了防护城镇，但同时，一旦城镇落入敌手，也可以作为反攻的大本营。此外，修筑一道宽阔壕沟的庞大工程也启动了，以设立更多的防御障碍来保护尼科米底亚。这表明了拜占庭帝国11世纪70年代[1]一种绝望的心态，以及有限的企图心：不是要重新收复广大失地，而是要重点保有帝国手中仅存的地盘。[24]

加强该城的防御花了整整六个月时间。与此同时，帝国政府劝说那些在阿布勒-卡西姆进攻时逃离的居民从“岩窟和地洞”里出来，重返尼科米底亚。结果逃跑的人们并不愿意返城，这表明很多人都认为拜占庭这次的收复应该也不会长久。[25]

尼科米底亚虽然被收复了，但西部沿海地带以及爱琴海诸岛的形势却在恶化。《阿莱克修斯纪》的相关纪年也是不可信的。一位名为圣克里斯托德洛斯（St Christodoulos）的僧侣留下了一系列文献，揭示出突厥人造成的威胁真实地加剧了。阿莱克修斯

[1] 原文如此，疑有误，似应为11世纪90年代。——译者注

的母亲安娜·达拉塞娜帮助这名僧侣确保了对爱琴海岛屿科斯（Kos）、莱洛斯（Leros）和利普索斯（Lipsos）上若干地产的所有权和免税权。圣克里斯托德洛斯野心勃勃地想要在这些地方建起多所修道院。安娜的支持非常有用，皇帝应允了1088年在帕特摩斯岛（Patmos）上修建圣约翰修道院的计划。[26]

可是，从11世纪90年代初开始，比起获得地产所有权和免税权，活下去已经成为圣克里斯托德洛斯及岛上僧众们的首要关注点。突厥海盗和游匪们的进攻迫使他们立即采取措施加强定居地的防御。在帕特摩斯、莱洛斯和利普索斯岛上，他们建起了小型城堡以保护当地的人们，但局势很快就明朗了：克里斯托德洛斯完全是在做徒劳的抗争。[27]因为害怕被突厥人抓走，僧侣们纷纷逃离。到1092年春季，克里斯托德洛斯自己也放弃了，逃亡尤卑亚岛，一年后在那里过世。他在临死前写了一份遗嘱，其中的附件表明，他是最后一个离开帕特摩斯岛的人，“阿格莱纳人[1]、海盗和突厥人”无休止的进攻已经让安稳的生活成为幻想。[28]

在随后的几年里，爱琴海或小亚细亚西部沿海的状况也没有什么好转。安娜·科穆宁娜很看不起察卡，讥讽他是装腔作势的小人，穿着御用的便鞋神气活现地在士麦那招摇。她还暗示收拾掉察卡是件轻而易举的事，但事实却与她的判断大相径庭。[29]1094年，

[1] Agarenes，又作Hagarenes，早期叙利亚、希腊、科普特和亚美尼亚文献中常出现的一个词，泛指最早征服美索不达米亚、叙利亚和埃及一带的阿拉伯人。在《圣经·旧约》和《圣经·新约》中均有出现。——译者注

在圣克里斯托德洛斯去世后，西奥多·卡斯特里西奥斯（Theodore Kastrisios）被任命为帕特摩斯岛圣约翰修道院的托管人。但他却感到自己别无选择，只能辞职。他说他之所以要辞职，是因为突厥人对爱琴海东部不断骚扰，他都没法儿登上帕特摩斯岛，更别说去管理岛上的修道院了。[30]

就这样，帝国对小亚细亚的掌控大规模且迅疾地全面崩塌了。佩切涅格人造成的威胁确实起了主要作用，让某些如阿布勒-卡西姆和察卡那样的突厥首领有机可乘，但造成这种结果的最主要原因还是阿莱克修斯之前采取了错误的策略。他扶持了当地的某些势力作为联盟，但现在，这些盟友却成了拜占庭面临的核心问题。此前，阿莱克修斯成功地争取到了突厥豪强们的结盟，而后盾是与巴格达的苏丹达成的强有力的互助协议。因为对巴格达的苏丹来说，有效控制这些处于塞尔柱世界边缘地带的埃米尔，也是有利于己的。

1091年春天，阿莱克修斯与马利克沙的同盟关系还存续并发挥着积极的作用，阿莱克修斯还抱怨说苏丹为他送来的援兵被察卡分化和争取过去了。[31]同时，这个地区权力的巨大动荡也让马利克沙感到困扰，于是1092年夏，他派出了一支大规模的远征军深入小亚细亚，想要教训一下阿布勒-卡西姆。带兵的布赞（Buzan）是他麾下最为忠诚的官员之一。虽然布赞强势推进到了尼西亚，但在这座城市坚不可摧的防御面前，他一筹莫展，最后也只能退兵了事。[32]不过，那年秋天，君士坦丁堡和巴格达之间仍然进行着外交来往，双方在持续探讨如何能更好地合作对抗阿布勒-卡西姆以及其他的背叛者。[33]

1092年11月，马利克沙死了，这对阿莱克修斯的东方政策实在是沉重的打击。就在他死前的几个月里，马利克沙发现自己的权力在被削弱，因为巴格达的各方派系开始了争权夺利。为了巩固自己的权威，马利克沙降了一批高级官员的职位，但这种举措也只是增加了离心力。[34]反对势力的核心人物是苏丹的维齐尔——博学多才的尼扎姆-穆尔克（Nizam al-Mulk）。他权倾朝野，极大地影响了11世纪后半叶塞尔柱帝国的样貌。但1092年底的时候，他却被一个叫阿萨辛派的狂热教派所暗杀。据一位知情人透露，这场暗杀就算不是马利克沙指使的，他也肯定早就知道。[35]几个星期后，马利克沙也因误食了变质的肉而死，这让突厥世界陷入混乱之中，谁也不能确定苏丹的亲属中到底谁会继位。这场混乱的结果就是长达两年几乎无休无止的内战。[36]

很多学者认为，伊斯兰世界的这场动荡给阿莱克修斯提供了绝佳的机会来巩固拜占庭在小亚细亚的地位。可事实却恰好相反，马利克沙的死使阿莱克修斯失去了一位在最困难的时刻可以依仗的珍贵盟友。此外，继承问题悬而未决，这意味着安纳托利亚出现了权力真空，而地方的突厥豪强们很快就会趁机蜂起，这让阿莱克修斯的处境更加艰难。这些地方霸主充分利用了自己突然拥有的自由和拜占庭的虚弱无力，大肆争抢地盘，而阿莱克修斯哪怕竭尽全力也只能勉强加以遏制。

1094年，局势变得非常微妙而关键。在君士坦丁堡举行的一次宗教会议上，来自帝国各地的主教们聚集一堂，话题突然转向了东部教区的主教们。他们很多人来到都城并不是自己愿意的，而是突厥人的军事行动让他们根本无法返回各自的教区。阿莱克修斯承认帝国东部的问题，但是他也认为西部地区的主教们并没有这样的借口继续留在都城，于是命令他们离开君士坦丁堡回各地履职。[37]人们都同意，安纳托利亚的主教们不应该再待在君士坦丁堡了，况且因为他们已经和自己的教区断了联系，帝国还要负担他们在都城的用度。会上通过了执行遣返西部主教的教令。[38]

拜占庭在小亚细亚的溃败是全面的：内陆沦陷，再加上沿海地区的领土损失，意味着拜占庭已经被切断了和像安条克这样的要塞之间的联系，无论是从水路还是陆路，安条克牧首奥克斯特的约翰已经有好多年都不能返回自己的驻地了。[39]11世纪90年代初，一座座城池先后落入突厥人之手。叙利亚的迈克尔（Michael the Syrian）在12世纪留下的一份编年史，是极少数集中关注这段时期的文献。据他记载，塔尔索斯（Tarsos）、莫朴素埃提亚（Mopsuetia）、安娜扎尔波斯（Anazarbos）和西里西亚的其他所有城池都在1094年到1095年前后被夺走。[40]这与西方的骑士们不久之后在穿越亚细亚时发现的情形相吻合。他们到达普拉斯滕西亚（Plastencia）这座“雄伟而富有的城镇”时，发现它正被突厥人围困，城中居民们还在苦苦支撑，[41]而它附近的城镇格克孙（Coxon）还在基督徒的手中。[42]

对拜占庭帝国而言，小亚细亚西部沿海地带及其内陆丰饶河谷区域的丧失，不啻一场大灾难。到了要采取点儿措施来扭转败局的时候了，如果不这么做的话，帝国就很有可能永远失去东部诸省份。阿莱克修斯把关注点放在了尼西亚这座城镇上，它防护严密，扼守着通往内陆以及沿海地区的陆上通道。夺取这座城市将成为帝国恢复东部控制权的关键，因此，收复这座城镇在当时就成了拜占庭皇帝策略中首要的一环。

但要进攻这座城市并不容易：它是一件防御技术的杰作，几乎无懈可击。正如一名拉丁编年史家所说："尼西亚的地理位置优越：地处平原，又离山脉不远，而且几乎四面环山……一个又宽又深的湖泊紧临着城池，一直向西延伸……一座城镇所能拥有的最佳防御条件都在它身上体现出来了。在其他几面，有壕沟环绕着城墙，沟中的水由于泉水和溪流汇入，始终非常充足。"[43]

阿莱克修斯知道，想要武力夺取这座城镇几乎没什么指望。[44]别的不谈，光是拜占庭军队的战线就已经被布置得过长了。正如奥克斯特的约翰所指出的，帝国十年来几乎不停顿地与诺曼人和佩切涅格人作战，军队已然疲惫不堪，不少惨剧因此产生。[45]此外，君士坦丁堡以北的局势仍然很紧张。库曼草原（Cuman steppe）[1]的游牧部落很可能马上就要从多瑙河地区向帝国领土发

[1] 古代中亚地区有一个被称为钦察的土厥语部落，其部落联盟一度占据黑海北滨的草原地带，这一带因此也叫"钦察草原"，而库曼人是其中最著名的部落，所以也有欧洲人用"库曼"来泛指"钦察人"，也就把其领地称为"库曼草原"。——译者注

动攻击，而塞族人（Serbs）越过西北边境发动的攻势也变得越来越让人头疼。[46]

对于拜占庭来说，问题不仅仅在于如何组建一支规模够大的军队前往尼西亚，更在于要如何瓦解其防御。西方的围城战术在11世纪中发展迅猛，相比之下拜占庭的战术却落后很多。而另一个疑问是，由谁来率军攻城呢？考虑到阿莱克修斯在小亚细亚的政策已经失败，而帝国又在面临极大的压力，所以，一旦有谁被派为统领，掌握了庞大的资源，谁就很有可能抓住机会问鼎帝位。

考虑到统帅要绝对忠诚，阿莱克修斯最后选择了自己儿时的伙伴塔提基奥斯。1094年年中，塔提基奥斯抵达尼西亚，他得到的命令是，只要有守军胆敢出击，就与之交战。虽然不久后他就把一支约200人的出击守军打得七零八落，但这也是他此次出征的全部成就了。这次战斗虽然对士气有所提振，但没有什么实际的价值。得知一支突厥远征大军正在接近尼西亚，塔提基奥斯便匆匆率军撤退，再也无所作为。[47]这支远征军是马利克沙的儿子巴尔基雅鲁克（Barkyaruq）派出的。在马利克沙死后的王位之争中，巴尔基雅鲁克最终胜出，于1094年2月正式成为新的统治者。[48]

巴尔基雅鲁克对尼西亚的干预让阿莱克修斯非常苦恼。很明显，巴尔基雅鲁克出兵的目的并不只是为了向小亚细亚的埃米尔们昭示新任苏丹的权威，更重要的是夺取尼西亚。率军前来的是一个非常嗜血的统帅——博苏克。阿莱克修斯皇帝并不是唯一关注这支大军动向的人，“（尼西亚的）居民们，其实还包括阿布勒-卡西姆本人都认为他们在这种局势下毫无希望——尼西亚根本没法儿抵挡住博苏克的大军”。据《阿莱克修斯纪》所载，尼西亚的居民们做了一个大胆的决定，“他们传送了一份消息给（阿莱克修斯）皇帝请求帮助，并在消息中称：做他的奴隶也好过向博苏克投降。（皇帝）毫不犹豫地派出了最好的军队前往尼西亚相助，还让军队带去了王旗和权杖”。[49]

虽然尼西亚的总督多年来给拜占庭制造了不少麻烦，但经过深思熟虑，阿莱克修斯还是向他伸出了援手。“他估计，帝国驰援能让阿布勒-卡西姆倒台，”安娜·科穆宁娜称，“因为当罗马帝国的两个敌人互相争斗时，扶助弱者能让它获益——这种益处不在于能让皇帝的权势增长，而是能驱赶走一方，同时从另一方手中夺取城镇。尼西亚当时还不归帝国管辖，但通过这种方式，这座城池将会并入罗马帝国域内。”[50]虽然博苏克慑于城池防守之严密而选择撤军，但尼西亚所获得的喘息是短暂的。很快，另一则消息便传到城中：还有一支“来自塞尔柱帝国深处”的大规模远征军正在前来。[51]阿布勒-卡西姆意识到，自己被迫投降只是时间问题了。他决定听听皇帝给出的关于移交尼西亚的提议。

君士坦丁堡经常都会接待异国来的外交使团和高级访客。10世纪时，一份叫作《典礼之书》的文献提供了关于接待事宜的准则，其中包括：要根据来访国的重要性来决定接待的奢华程度。[52]其宗旨在于向他们展示都城的雄伟壮观，强调帝国文化、政治和精神层面的优越。现在，阿莱克修斯要利用这个来引诱和试探阿布勒-卡西姆了。1094年，这个突厥人受邀来到君士坦丁堡，皇帝专门为这位埃米尔量身定制了一套接待流程，旨在给他留下深刻的印象，让其体会到与帝国合作的好处。

阿莱克修斯亲自监管了准备工作。他要求手下确保都城中的重要景观都让阿布勒-卡西姆看到，特别指出了那些具有非凡象征意义的纪念物，比如那些为赢得过伟大军事胜利的罗马皇帝树立的雕像。阿布勒-卡西姆进行了骑马巡行，近距离观看了拜占庭战车手们的非凡技艺。这时为了让这个自马上民族而来的突厥人更加折服，阿莱克修斯还安排了他和自己一起去打猎。他们还去了最有罗马特色的场所——浴场。总之，阿布勒-卡西姆得到了盛情款待，享受了极高规格的礼遇。[53]

阿莱克修斯希望缔结一份关于尼西亚的协议，而他采取的手段正是往常应对棘手的邻人时所常用的：赏赐封号和赐予他们丰厚的年金。这样做的目的是要让敌人承认，哪怕只是默认皇帝的宗主权，同时这也是一种收买他的方式。因此，在阿布勒-卡西姆返回尼西亚之前，“阿莱克修斯又赠送了更多礼物给这个突厥人，并授予他塞巴斯托斯（*sebastos*）的封号。拜占庭非常详细地确认了双方的协议条款，然后以极高的礼遇送他渡海归去”。[54] 塞巴斯托斯这个封号是帝国中的至高头衔之一，通常只授予皇族和他们的近臣。这个头衔的授予再次表明，阿莱克修斯希望能通过这次双方在都城达成的协议获得相当多的好处。如果皇帝赌对了，这将帮他收复小亚细亚西部的一处要塞，从而进一步创造在该地区收复失地的可能性；反之，如果没有成功，阿莱克修斯的名誉也将受到极大损害，因为他将希望完全寄托在一个帝国多年来的敌人身上。

阿布勒-卡西姆返回尼西亚没多久，灾难就发生了。埃米尔与皇帝商讨的结果没有得到城中其他权贵人物的热烈响应。当博苏克率领一支更为庞大的军队来袭的消息传开后，阿布勒-卡西姆遭到200名突厥权贵们的围攻。为了给新任苏丹留下好印象，他们抓住阿布勒-卡西姆，还用弓绞死了他。[55]

这场谋杀对阿莱克修斯皇帝造成了沉重的打击。阿布勒-卡西姆的兄弟布尔达吉（Buldagi）此时控制了城市。皇帝不死心地再次进行了努力，他直接联系到了布尔达吉，直截了当地给出了自己的条件。这一次，虽然新的突厥统治者不用再来君士坦丁堡，没有骑马巡游，没有头衔的授予，但他从拜占庭那里获得了一样的交换条件。阿莱克修斯简单直率地开出了自己的条件——赎买尼西亚。[56]

可是，事情的发展再次不利于阿莱克修斯。尼西亚的突厥人已经乱成一团，一名新的人物也登场了。1094年末或1095年初，乞力赤·阿尔斯兰（Kilidj Arslan）[1]结束了他在巴格达的囚犯生涯，重获自由后，他就直接表明有意夺取尼西亚。他刚率军抵达

[1] 1079年—1107年。罗姆苏丹国开国统治者苏莱曼之子，其父死后，自1086年起成为马利克沙的人质，被囚巴格达，1092年马利克沙死后才得释返国。1092年—1107年为罗姆苏丹国的苏丹。——译者注

尼西亚，城中的突厥人“就狂喜躁动起来”，把城市的控制权拱手让给了他。这其实也不令人感到意外，毕竟他是已逝的苏莱曼之子，[57]而他能重返本家族的势力似乎正是由巴尔基雅鲁克操纵的。很显然，巴尔基雅鲁克及他的新政权对乞力赤·阿尔斯兰相当有信心，而1097年夏，乞力赤·阿尔斯兰就将指挥集结起来的大军直面穿越小亚细亚而来的十字军。[58]他被巴尔基雅鲁克任命为尼西亚的统治者，虽然这不失为一个精明的选择，但对阿莱克修斯皇帝来说，这却剥夺了他重新夺回这座关键城市的机会，更在之后引发了东部诸省的瓦解。

拜占庭对其东部诸省的控制力瓦解得相当迅疾。1097年来到小亚细亚的人们已经很难相信自己所看到的，他们无法掩饰在抵达尼科米底亚时的恐惧之情：“哦，在尼科米底亚附近向海边延伸的平原上，我们看到了那么多那么多逝者腐烂的头颅和残余的骨骼！就在前一年，突厥人消灭了那些根本不会或刚学会用弓箭的人。有感于这样的惨状，我们在那儿流下了不少眼泪。”[59]尼科米底亚以东的道路此时已经完全无法通行，这种情况证明了形势已恶化到何种程度，也揭示了拜占庭的雄心已萎缩到何种程度。之后到达的十字军不得不派出一支由三千人组成的配有刀斧的先遣队在前面开路，才一点点清理出一条能通往尼西亚的道路。[60]

与尼西亚的毫无进展遥相呼应的，是帝国在沿海地区的连遭挫败。察卡还在不断引发恐慌情绪。虽然安娜·科穆宁娜的讲述曾让大多数历史学家都相信，这个突厥人造成的威胁已经在1092年时得到遏制，但事实却正好相反。[61]11世纪90年代中期，阿莱克修斯震怒于帝国军队与察卡对抗不力，从迪拉基翁（Dyrrakhion）[1]召回了自己的大舅子约翰·都卡斯（John Doukas），因为在此前的十多年，他曾在迪拉基翁成功地阻遏了塞族人的侵扰。据推论，约翰被派去对抗察卡的时间应该不会早于1094年。[62]因为其他地方留下的记录也称那时察卡不断被突厥人进攻，商旅行路都无法进行。[63]

《阿莱克修斯纪》中全面而详尽地记述了对察卡的征讨和对沿海地区的收复，不过其记述散见于各卷。这些记载让人觉得远征军进行了多次战役并取得了多次胜利。[64]但事实上，针对察卡的总攻只有一次，它开始于1097年夏天，约翰·都卡斯率陆军主攻，皇帝的另一名近亲君士坦丁·达拉森诺斯（Constantine Dalassenos）[2]率舰队辅助。

这场征讨的目的非常清楚，即捍卫沿海地区并重申帝国在这一区域的权威。都卡斯接到的命令是毫无商量余地的：夺回突厥人之前接二连三攻取的沿海岛屿，收复陷落的城镇和要塞。所有人都清楚，都卡斯的首要目标是士麦那及其令人头疼的统治者察卡。[65]与安娜·科穆宁娜的记述截然相反的是，1097年，察卡的势力仍然很强。正如一份拉丁语文献准确指出的那样，几年后，当

[1] 今阿尔巴尼亚最大的港口城市都拉斯。——译者注

[2] 生卒年不详，其事迹仅能通过《阿莱克修斯纪》隐约得知。目前只知道他是阿莱克修斯的母系亲属，但具体关系不详。——译者注

十字军战士们来到这里时，小亚细亚的所有沿海地带都处于突厥人的控制之下。[66]尼西亚仍然可望而不可即，收复沿海地区的努力也徒劳无功。11世纪90年代中期，拜占庭帝国所面临的一切都悲惨又绝望。

第5章 山雨欲来

小亚细亚日趋恶化的局势并不是阿莱克修斯·科穆宁唯一必须处理的问题。就在第一次十字军东征前夕，君士坦丁堡内部炸开了锅。与突厥人的对抗毫无斩获，这导致人们开始严重质疑皇帝的判断力和行事能力。随着更严重的威胁来临（诺曼人再次攻入巴尔干半岛内陆，塞族人则在西北边境频频骚扰），阿莱克修斯的统治逐渐瘫痪。1095年，在他遣送使节向教皇求救之时，危机已经变得一触即发。皇帝面临的是一场几乎得到拜占庭所有精英支持的叛乱，高级官员、译员、贵族，乃至阿莱克修斯的一些至亲都起来反抗他，其中还包括许多曾帮他获得权力的人。一条导致阿莱克修斯向西方寻求帮助的衰亡曲线就这样要命地延续着。

一旦小亚细亚的局势开始恶化，君士坦丁堡内部给皇帝施加的压力也就随之增大。在突厥人于1090年至1091年间取得第一波进展后，阿莱克修斯就已经在都城内受到各方的猛烈抨击。在安条克牧首奥克斯特的约翰看来，皇帝已经不值得信赖了。牧首的指责基于无可辩驳的事实：11世纪90年代无休止的战争没取得任何成效，而军事上的挫败更是带来了深重的苦难。[1]阿莱克修斯在统治之初就建立起了一个金色统治圈，被排除在外的人们早已有诸多不满。一位拜占庭人称，他总是急切地想要提升本家族的地位，还赐予他们大量财富："对他的亲戚和为他服务的人们，（阿莱克修斯）分配的公共财富车载斗量。他们得到丰厚的年俸，拥有惊人的财富，他们的随从、仪仗根本不是普通人能享有的，而是为帝王准备的；他们的宅邸豪阔如一座城池，在奢华程度上完全不逊色于皇宫殿宇。"而对其他的贵族，他却没有表现出这样的慷慨。[2]

皇帝对其家族成员的青睐表现在很多方面。阿莱克修斯的二姐夫尼基弗鲁斯·梅里森诺斯（Nikephoros Melissennos）享有重要城市塞萨洛尼基（Thessaloniki）的税收作为俸金，而皇帝的弟弟阿德里安则在1084年开始拥有卡桑德拉半岛的财政收入。[3]在这段时期里，皇族家庭的成员们建造或供养了大量修道院，比如皇太后安娜·达拉塞娜建造了救世主全见教堂（Saviour Pantepoptes Church）和修道院，阿莱克修斯之子艾萨克·科穆宁建造了圣母修道院（Kosmoteira monastery of the mother of God）。这些都表明，虽然当时经济状况非常紧张，但与皇帝亲近的人们手中却都掌握着相当庞大的可支配财富。[4]

拜占庭帝国中许多最为重要而敏感的位置都交给了皇帝的近

亲们。迪拉基翁是帝国西部领土上最为重要的城镇之一，而这个总督区先后交给了皇帝的两位姻亲，先是他的连襟乔治·帕莱奥罗格斯（George Palaiologos），然后是他的大舅子约翰·都卡斯，最后又交到了他最年长的外甥手中。[5]皇帝的两个弟弟阿德里安·科穆宁和尼基弗鲁斯·科穆宁（Nikephoros Komnenos）分别被任命为陆军统帅和海军统帅。他们的哥哥艾萨克则成为拜占庭的主要政策推行者，并负有压制君士坦丁堡内异见分子的特别使命。皇帝母系的一个表兄弟，君士坦丁·达拉森诺斯，则在11世纪80年代被委以从突厥人手中收复锡诺普城的重任，之后又担任对抗察卡和负责小亚细亚沿海地区军事行动的海军总指挥。[6]其他亲友也同样在阿莱克修斯当政时期的拜占庭帝国中拥有极高的封号和地位。[7]

皇帝对家族的倚重影响了后世对他的评价。后来的人们认为，这种权力的集中在拜占庭帝国内培育出了一种新的统治体系，由皇帝的核心亲友组成的小规模利益集团代替了有广泛基础的公共治理系统。[8]不过，虽然这些迹象让我们很容易就认为阿莱克修斯只把自己的统治权威托付于血亲和姻亲们，但事实上他所得到的支持来自比通常设想的广泛得多的群体。

例如，在阿莱克修斯统治的前15年中，也有众多他的表兄弟、侄子、侄女和姻亲们并没有获得重用，也没有享有很高的地位或级别。[9]而很多新政权的获益者与皇帝并没有什么亲戚关系。比如格里高利·帕蔻里昂诺斯（Gregory Pakourianos）出身于格鲁吉亚一个显贵家庭，1081年时被任命为帝国军队统帅。[10]11世纪80

年代中期在军中备受重用的君士坦丁·奥博斯（Constantine Opos）也同样与科穆宁家族没什么血缘关系。[11]最为显著的例子当属利奥·科法拉斯（Leo Kephalas）。1083年，重镇拉里萨（Larissa）[1]遭诺曼人围城，战况惨烈，据说城中居民不得不相食为生。而当时拉里萨的总督就是利奥·科法拉斯。[12]此后，在突厥人肆虐时期，他又被任命为小亚细亚西部城镇阿拜多斯（Abydos）[2]的指挥官。他的能力和忠诚使得他的地位在科穆宁统治时期迅速上升。11世纪80年代，他先后获得一系列村庄和其他领土作为封地，还获得了多项免税权，并最终获准可由子孙后代继承他所积累的身家。[13]

为皇帝服务而飞黄腾达的“半蛮族”（*Mixobarbaroi*）[3]，如莫纳斯特拉斯（Monastras）[4]和奎扎斯（Quzas），也都得到了阿莱克修斯的信赖。一些西方人也是如此。就比如皇帝的死敌罗贝尔·吉斯卡尔的外甥君士坦丁·于贝托波洛（Constantine Humbertopoulos）[5]，还有彼得·阿里法斯（Peter Aliphas）。在诺曼人于1081年至1083年对帝国领土发动的进攻中，彼得虽然起了

[1] 希腊中部城市，塞萨利大区首府。——译者注

[2] 小亚细亚古代城市，当时位于密西亚（Mysia）域内，赫勒斯滂海峡（今达达尼尔海峡）沿岸。——译者注

[3] 指其他民族（主要是拜占庭希腊人）与游牧野蛮民族的混血儿。——译者注

[4] 阿莱克修斯一世手下一员大将，生平不详，曾出任拜占庭帝国的东部兵马大元帅（Stratopedarches，希腊语直译为“营帐总管”，此官衔的高低根据时期不同有所差别，但在10—13世纪的拜占庭帝国中是军中最高等级的官职之一）。——译者注

[5] 曾支持阿莱克修斯夺取皇位，但1092年却联合他人谋叛。——译者注

很大作用，甚至在作战中差点儿杀了阿莱克修斯，但最后却成为备受皇帝信赖的左右手。[14]此外，皇帝还亲自安排为他的突厥盟友受洗，并让他们进入元老院任职。[15]

因此，在科穆宁统治时期受益的不仅是皇族成员。总有人源源不断地前来君士坦丁堡，以各种方式向阿莱克修斯寻求赦免、免税权、封赏或青睐——比如曼努埃尔·斯特拉波罗马诺斯（Manuel Straboromanos）就写了好多篇天花乱坠的颂文献上，目的是拿回之前家族被罚没的土地。[16]但是，并不是所有这些请求都会得到礼貌的对待，有时候，虔诚的皇帝甚至对来到君士坦丁堡请愿的僧侣们也会失去耐心。“我真想撕烂他们的鼻孔，”他在给牧首尼古拉三世的信中写道，“然后把他们都赶回家，这样其他的僧侣就该知道帝国是怎么看待他们那些事情的了。”[17]

阿莱克修斯统治拜占庭的关键手段，并不是把权力集中在科穆宁家族及其支持者手中，而是皇帝个人从统治之初便开始对国家机器进行牢固的掌控。阿莱克修斯坚持亲自制定政策、任免人事、决定赏罚。他的这种对军事、民事甚至神权事务的密切掌控，与其众多前任的统治风格形成了鲜明对比，而正是这种掌控使得他能够按照自己的意愿来塑造拜占庭帝国。

无论是家族成员或其他人，皇帝只提升那些让自己觉得舒服的人，而其他的拜占庭贵族则发现自己被排除在有影响力的权势圈之外。被排斥而引发的问题比单纯的失去地位更加尖锐。帝国社会的基础是向在君士坦丁堡和各行省中享有地位的人分配年俸，大量的资金从中央分发到管理民事和军事的一众官员手中。所以一旦这个体系有所改变，对既得利益者造成的影响不只是失去地位，还有更加实际的经济损失。事实上，阿莱克修斯的前任尼基弗鲁斯三世·伯塔奈亚迪斯（Nikephoros III Botaneiates）就曾为了节省开支而首开削减俸金的先例。但阿莱克修斯的力度更大，为了减少支出，提振危机重重的经济，他减少或干脆就延迟支付俸金，这样的举措注定是不受欢迎的。对于被控谋反的高级官员，他们的财产被没收，这也引起了很大的反弹。皇帝还用纯度降低的货币支付政府费用，却只收取高纯度货币作为赋税，这些政策进一步恶化了局势。[18]

阿莱克修斯之所以采取以上种种措施，实在是因为对抗各路恶邻所需的军费开支太过庞大。自1081年后的十几年间，军队几乎无休止地处于战斗状态，薪金、军备和给养的花费实在不菲。战争的成本也是高昂的，由于人力都被调走，从事农业生产的人减少，造成农业产出下降，帝国税收减少，农产品价格上升。然而，付给佩切涅格人和苏丹的贡赋还需要募资，皇帝采取的其他改善自身处境的举措同样要花钱。另外，与德意志亨利四世为对抗诺曼人而搞的结盟代价更是巨大：拜占庭方面答应支付高达36万金币的巨资，而且还注明不能用新铸（纯度被大量稀释的）货币支付，而只能用纯度极高的旧币来支付。[19]

为了增加国库收入，阿莱克修斯无所不用其极。1082年，他发誓绝不会再拿教堂的财物，因为他之前曾用这种方式来筹集军费，用以对抗攻克了迪拉基翁的诺曼人。可是三年后，他又故技重施。阿莱克修斯因为毁约遭到了严厉的批评，以演说家迦克墩主教为首的一批人大肆贬低他的人品，就连安娜·科穆宁娜也对自己的父亲流露出微词，说他“不能精确地表达自己的观点，因为他完全没有受过任何逻辑学的训练”。[20]尽管阿莱克修斯成功地压下了这场争论，但11世纪90年代初，当他第三次试图从教堂榨取资金时，安条克牧首狠狠地训斥了他一番。[21]

面对国库收入与支出之间严重失衡，阿莱克修斯的弥补措施是大量增加税负。据一名拜占庭的评论家称，朝廷会任命一些官员负责收税。他们的手段是编造一些债务，再要求人们偿清。如果付不起这些莫须有的债务，那他们就有借口没收财产，然后充入国库。[22]税负的大量增加带来了极为糟糕的后果，如死亡、饥荒、人口流失和无家可归。据安条克牧首所言，在某些情况下，这还会导致人们前往加入“谋害基督徒的野蛮人的行列，因为觉得跟野蛮人生活在一起还比跟我们生活在一起更加容易”。[23]

就连阿索斯山上的僧侣们也都逃不过这个急需资金的皇帝的算计。阿索斯山上住着好几个修道院团体，僧侣们累积了数目惊人的田地和财产，而且还很善于争取免税权。他们拥有的土地集中在帝国境内极少几个没有受到诺曼人、佩切涅格人或突厥人威胁的地区，而且这些地区也是极少的几个在11世纪末生产力没有下滑的地区。1089年，阿莱克修斯开始向他们募集资金。三份文书记录了一种新税赋的引入——外包税（epibole），这对土地所有者提出了新的税收要求，不能或不愿及时支付者将受到惩罚。因此而受罚的就包括阿索斯山上的依维龙修道院（monastery of Iviron），院属的近2万英亩[1]土地都被皇帝罚没。24

11世纪90年代初，小亚细亚的局势开始恶化，而此时的阿莱克修斯已经一筹莫展了。货币的稀释已经到了极限，而中央政府搜刮税收的范围已经覆盖到最穷的人了。更糟糕的是，1091年初前后，在克里特和塞浦路斯这两个东地中海最大也最重要的岛屿，也发生了反抗皇帝的起义，起义者宣布在事实上脱离君士坦丁堡而独立。这场背叛的原因就在于过重的税负。而西北边境地区不停顿的骚扰活动又给已经焦头烂额的皇帝增加了一重压力，拜占庭的资源也因此被分散消耗得更严重。26

1092年初，阿莱克修斯做出了一项决策，这将对东地中海的历史产生重要影响。11世纪80年代在诺曼人不断袭击期间，皇帝与威尼斯进行了密切合作：威尼斯的舰船在亚得里亚海巡行，防止诺曼人的给养从意大利南部运送给入侵者，而他们的回报则是一笔可观的预付金。271081—1085年诺曼人进攻期间，为了确保双方进一步合作，阿莱克修斯进行了一系列授权，其中包括授予一个尊贵的头衔给威尼斯总督，以及把威尼斯的主权范围从亚得里亚海延伸至达尔马提亚。28

阿莱克修斯急切地想要提振帝国的经济，他得出的结论是，

[1] 约等于8093平方米。——译者注

这只能通过大量注入外来资本才能实现。于是1092年春，皇帝颁布了一项授权令，赐予威尼斯大量特权和优待。[29]11世纪80年代，威尼斯的统治者用的是威尼斯与达尔马提亚总督的头衔，但1092年后，他的实际统治范围再次扩大到克罗地亚——这是君士坦丁堡给出的一个重要让步。更进一步的优待则是，威尼斯总督获准将这些权力和荣誉传给自己的继承人。[30]此外，威尼斯的多所教堂都收到了赞助金，尤其是圣马可，更是得到了一大笔赞助，用于在11世纪90年代初的祝圣仪式到来之前对其进行大修。君士坦丁堡的部分码头区域，从希伯来门（Gate of the Hebrews）一直到瞭望塔（Vigla tower），都专门辟出来给威尼斯商人；帝国的其他众多港口也有类似的安排，如安条克、老底嘉（Laodikeia）[1]、塔尔索斯、马密斯特拉（Mamistra）[2]、安塔雷亚（Attaleia）[3]、雅典、科林斯、底比斯、塞萨洛尼基和迪拉基翁。[31]这使得威尼斯在东地中海获得了相对于其他意大利城邦更大的竞争优势。

不过阿莱克修斯的赠予远比这些慷慨，他还为威尼斯商人到拜占庭投资提供了前所未有的推动力。例如，如果有人对他们的财产产生争议，他们享有免诉权。[32]所有威尼斯船运和进出口货物

[1] 小亚细亚弗里吉亚地区的古代城市，位于今土耳其代尼兹利市以北约6公里处。从其城市河港可直接航行入地中海。——译者注

[2] 英文通常写作Mopsuestia。古代城市，位于今土耳其阿达纳以东约20公里处。从其城市河港可直接航行入地中海。——译者注

[3] 今土耳其安塔利亚，位于安纳托利亚海岸，邻陶鲁斯山脉，是土耳其在地中海沿岸的最大港口城市。——译者注

应征收的税费全部被免去，[33]而其他那些同样与帝国有着重要商贸往来的意大利城邦，如阿马尔菲、比萨和热那亚并没有被给予类似的特权。事实上，皇帝这样做的目的就是为了让威尼斯拥有极大的竞争优势和动力，以便于增加他们在拜占庭的投资。这项举措幅度是如此之大，就连威尼斯的教会首领格拉多牧首（patriarch of Grado）也在1092年春亲自来到君士坦丁堡，见证了贸易特许权的签字仪式。[34]

阿莱克修斯在这方面的举措又是他做的一场赌博。其实这样做存在很多问题：如果其他意大利城邦也要求获得同样的权利呢？将来要怎样去取消或者修订如此慷慨的授权呢？可1092年时，皇帝似乎根本没想过这些。更为重要的是，从短期来看，赋予威尼斯的种种特权让拜占庭的商人们压力更沉重了，因为威尼斯人如今拥有了极大的竞争优势，这种优势对当地商人来说实在是太危险了。

想要量化这些授权的影响非常困难，但在做出上述授权后没多久，阿莱克修斯就对拜占庭的货币体系进行了一次彻底的改革，这并非巧合。1092年夏，一种新的高纯度硬币海佩伦（hyperpyron，字面意思是“精炼的金子”）与几种纯度更低的硬币一道发行，彼此之间有固定的兑换比率。尽管一开始这种新硬币的流通数量有限，但重新铸币却是开展国际贸易的必要条件，因为在对外贸易中需要有稳定的中间货币。改革已经摇摇欲坠的货币体系对经济的恢复来说也至关重要，因为货币纯度的不断稀释导致人们已经搞不清楚某种货币到底有多少价值，而这不利于经济发展。那这项改革能不能振兴帝国已经衰败不堪的贵族阶层呢？这就是另一回事了。

阿莱克修斯一世·科穆宁在统治的最初十年里遭遇到的阻力很小。尽管拜占庭的四邻以及恶化的经济形势给他制造了不少麻烦，但在君士坦丁堡内部，皇帝却并没有承受多大的压力。1082年，迪拉基翁陷落后，舆论对阿莱克修斯的批评，最后并没有转化成反抗他统治的实际行动，而1083年冬，虽然都城内不断有流言称有人在密谋反叛皇帝，但最后什么也没发生。[35]几年后，对多瑙河流域的远征以灾难收场，皇帝本人也受了伤，为了防止帝国最珍贵的圣物——圣马利亚的斗篷落入佩切涅格人手中，他只好把它藏到一丛野花里。但即使情况这样狼狈，也依然没有引发叛乱。[36]

让我们稍微回想一下阿莱克修斯登基之前十年的动荡争斗，当时，几位大权贵轮番争夺皇位，帝国被内战撕裂。对比之下，11世纪80年代统治阶层的消极无为就更加令人吃惊了。这种一潭死水的状况，一定程度上是因为这一时期贵族们的财富锐减。俸金被削减甚至取消，封地的收入因为拜占庭邻人的骚扰而丧失，再加上不稳定的财政体系，这些都极大地削弱了帝国精英们的经济实力。另外，贵族们之所以无法挑战阿莱克修斯的权威，也是新皇帝强化自己对帝国控制力的结果。他在登基之初就谨慎地挑出一批人，罚没了他们的财产，这个行动很明确地告诉潜在的叛乱分子，想要捣乱的话，他们付出的代价会很大。皇帝认为对自己有威胁的人物都遭到了无情的处置。正如阿莱克修斯在登基头三年里罢免两位牧首的命令所表明的那样：新任皇帝不会容忍任何叛乱或不忠的表现。

然而，到了11世纪90年代初，阿莱克修斯已经没有办法阻止自己的地位被动摇了。阿莱克修斯在让帝国倒退，这一点已经变得越来越明显。珍贵的资源已经全部枯竭，因为税收负担太沉重，像克里特和塞浦路斯这样有能力逃离君士坦丁堡掌控的地方纷纷选择了公开叛乱。授予威尼斯的特权让很多人感到愤怒，因为给予意大利商人们的财物是从私人和教堂那里夺来的，而这些受害者不但没有因此获得补偿，甚至连上诉的权利都被剥夺了。[37]

不过，最让阿莱克修斯感到鞭长莫及的还是小亚细亚，他试图阻止突厥人前进，却徒劳无功。收复沿海地区的努力完全失败了，针对尼西亚进行的尝试也以毫无效果的尴尬结局收场。阿莱克修斯的统治看起来越来越像一场灾难，人心思变自然也是无可避免的了。

值得注意的是，推翻皇帝、取而代之的阴谋并不是出自那些最有动机的人之手——那些因科穆宁家族1081年的兵变而丧失身份地位的人，或财产被突厥人夺走或威胁的小亚细亚的领主们，甚至也不是来自那些因皇帝提拔外来新人而丧失高位的人。本来最后这一点是皇帝当时的一位幕僚很担心的，他曾经写道：“每一次您将一个出身贫寒（或异乡）的人提到元帅将军这样的高位，那您又能给另一个值得身处高位的罗马人什么位置呢？”[38]事实上，对皇帝最为激烈的反对恰恰来源于他原本最强劲的支持者：他自己的家族。

1094年夏天，塞族人不断攻入拜占庭境内，阿莱克修斯准备发动一场大规模征讨来巩固西北边境，就在这时，冲突爆发了。最后一根稻草终于落下。小亚细亚正处在风雨飘摇之中，皇帝却在此时决定要集中关注一块战略意义实在有限的边远地区，这看起来实在太缺乏判断力了。这种失误为更换皇帝的迫切性提供了确凿的证据（如果真的需要证据的话）。

对阿莱克修斯的各种不满传到了他的侄子约翰·科穆宁耳中。约翰不久前刚接替被召回的约翰·都卡斯，继任为迪拉基翁总督。然而约翰并没有警告自己的叔叔传言正在发酵，而是开始表现出自己是继承者的可靠人选。11世纪80年代时，约翰·科穆宁骑士本来是很安于继承者这个位置的，当时阿莱克修斯正在讨论与德意志的亨利四世结盟对抗诺曼人，提出让约翰娶亨利四世的女儿为妻以巩固盟约。[39]但是，当阿莱克修斯的长子约翰二世·科穆宁1092年被加冕为共治皇帝时，约翰明白自己的继位成了泡影。[40]保加利亚大主教提奥菲拉科特（Theophylact）告知皇帝，他的侄子打算对他不利，于是约翰被召入宫中并立即被管束起来。虽然此事迅速得到解决，但却揭示出，连皇族内部的某些成员也开始相信，阿莱克修斯当政的时日已经不多了。[41]

约翰的野心只是拜占庭内部涌动着的巨大暗流中的一部分，

除了他，还有大量其他的候选人正跃跃欲试地要挑战皇帝。其中之一就是米哈伊尔七世之子君士坦丁·都卡斯。这个年轻人的家世虽然无懈可击，可惜人品却遭人诟病，而且还疾病缠身。阿莱克修斯掌权之后就一直密切注意着他，担心他可能会成为皇位的潜在竞争对手。为了保证他效忠自己，阿莱克修斯在长女安娜·科穆宁娜于1083年12月刚一降生时，就安排君士坦丁与其订婚。[42]如果传遍整个帝国内外的消息可信的话，那这两人的结合是注定不会有子嗣的：早在1078年的时候，君士坦丁就已被尼基弗鲁斯三世·伯塔奈亚迪斯阉割了。[43]

君士坦丁被证明没有谋反之意后，人们的注意力又落在了另一个男人尼基弗鲁斯·第欧根尼身上。他的出身和人品都很不错。他的父亲是罗曼努斯四世，即曾于1071年在曼齐科尔特受辱的皇帝。尼基弗鲁斯和他的弟弟一直是在阿莱克修斯的密切关注下长大的。安娜·科穆宁娜写道，这两个男孩犹如两头幼狮，而皇帝对两人视同己出，一点点将他们抚养长大。他从来不对他们说重话，总是尽可能关心爱护他们。安娜还说，虽然其他人总是带着怀疑的目光看待第欧根尼家这两兄弟，但阿莱克修斯却选择用尊重和爱护来对待他们。至少皇帝的女儿是这么认为的。[44]

尼基弗鲁斯如今成了皇位最强有力的争夺者。与阿莱克修斯不同，尼基弗鲁斯乃“出身帝王家”（porphyrogennetos，字面意思是“出身于紫色之中”，因为皇宫里的卧室都是紫色的，因此在位皇帝的孩子都是出生在紫色的环境之中）。他的性格也很坚毅强势：具有天然的魅力，富有吸引力，长相英俊。就连安娜·科穆宁娜也对此印象深刻："他身体强壮，号称能与巨人抗衡；肩膀宽阔，金发碧眼，比同辈人都要高出一个头。人们要是看见他在马背上打马球、射箭或一边疾驰一边挥舞长矛，准会惊得目瞪口呆，觉得自己一定是看到了不世出的天才。"[45]

1094年，皇帝准备出征巴尔干，而尼基弗鲁斯也决定趁机起兵。他不打算假手他人，而是要亲自动手杀掉皇帝。一天傍晚时分，尼基弗鲁斯臂下藏着一把剑，接近了皇帝的营帐。但据说他并没有找到下手的时机，因为帐中有个年轻女仆在为睡着的皇帝扇扇子驱赶蚊虫，还有随同皇帝出征的皇后也在场。不久之后，尼基弗鲁斯再次失败，这一回是去洗澡的路上，一名侍卫发现他携带了武器。[46]

得知尼基弗鲁斯的这些可疑行为之后，阿莱克修斯请自己的弟弟阿德里安（时任西部军队统帅）悄悄进行干预，以免发生公开的冲突反而威胁到自己的皇位。可是其实阿德里安对第欧根尼两兄弟的计划知道得比皇帝还多，他佯装查了一番，然后复命说在所谓的嫌疑人那里什么也没找到。[47]皇帝此时只能采取更粗暴的手段了，他逮捕了尼基弗鲁斯，还对其用了刑，最终尼基弗鲁斯招供了一切。

当阿莱克修斯确切地知道了有哪些人参与过这场阴谋后，他震惊了。[48]其中既包括前皇后玛丽亚（米哈伊尔七世和尼基弗鲁斯三世·伯塔奈亚迪斯的妻子，她曾与阿莱克修斯关系亲密），也包括他姐姐玛丽亚·科穆宁娜的丈夫米哈伊尔·塔荣尼特斯（Michael Taronites）。[49]此外，尼基弗鲁斯还赢得了元老院中的主要人物、军中高级将领，以及有影响力的贵族们的支持。[50]提供了关于这一时期主要相关记录的《阿莱克修斯纪》当中没有指明这场叛乱具体涉及了哪些人，为了避免直接叙述令人尴尬的叛乱情节，书中只在一份外交文书中大概勾勒了密谋者的名单。不过，我们依然能够确定这场密谋的主要支持者，而其中最重要的就是阿莱克修斯的弟弟阿德里安。

这位帝国的西部军事统帅对尼基弗鲁斯来说是一个相当有价值的筹码。两人有姻亲关系，阿德里安娶了尼基弗鲁斯同父异母的妹妹。而阿德里安似乎也知道前一次谋反活动的细节，说明那次谋反他可能也参与了。[51]还有一个证据也表明他曾参与其中：密谋暴露后，他就消失了。

阿德里安在第一次十字军东征中没有起到任何作用，他既没有指挥卫队，引导十字军穿越拜占庭领土，前往君士坦丁堡，也没有在他们抵达都城时予以接待。当皇帝一方与十字军一方发生争执而暴力相向时，皇帝别无选择，只能动用军队来对付骑士们，此时也同样没见到阿德里安的踪影，受命带兵反击的是其他人。1097年，无论在尼西亚围攻战之前、之中还是之后，他都没有出现。尽管他是帝国军队中级别最高的将领，但率领帝国军队渡海前往小亚细亚，并引导十字军去安条克的人，并不是阿德里安。众多关于十字军的原始文献当中，没有一份记录过他的名字，抑或隐约提及他的存在。事实上，他此时已经失宠。这就是他之所以在修道院度过余生，帝国各种昭告文书都不再出现他的名字，12世纪时他的子孙也被排除在权力圈之外的原因。[52]

除他之外，还有一些重要人物从我们的视野当中消失了，这是因为他们也参与了谋反，其中就有尼基弗鲁斯·梅里森诺。他曾与阿莱克修斯公开争夺皇位，失败后就变成了一个满腹抱怨的人，经常挑皇帝的刺，是个公开的反动分子。[53]这时他也同样被悄悄处理掉了。[54]尼基弗鲁斯·科穆宁（Nikephoros Komenenos）的情况也类似。此人生平不详，我们只知道1094年之前的某段时间里，他曾是帝国海军统帅。[55]而到十字军东征时，他已经不在那个职位上了，取而代之的是尤斯塔西奥斯·基米内阿诺斯（Eustathios Kymineianos）。[56]所以，反对阿莱克修斯的不仅是拜占庭的精英阶层，就连他自己的家族成员也在抛弃他。

阿莱克修斯的统治此时受到了严重威胁。他很快采取行动控制了这场阴谋实际牵涉的范围。一份流传甚广的报告称，这场阴谋是君士坦丁·都卡斯告诉皇帝的，而这根本不可能是真的。[57]这场阴谋很有力地告诉了皇帝，他的人望已经跌到多么惨的地步，以致他要被迫依靠谎言来让大家相信他仍然拥有拜占庭内某些重要人物的支持。前任皇后玛丽亚参与的消息也被封锁，没让公众得知。[58]《阿莱克修斯纪》表明，有许多重要人物以及军中要员都参与了这场阴谋。[59]而此时皇帝的支持者“已经仅限于很少几个人，他的生命受到威胁”。[60]

皇帝召集自己的血亲和姻亲们——也就是安娜·科穆宁娜所说的“那些真正忠诚于他的人”——开了一次危机应对会议。为了掌控局面，阿莱克修斯铤而走险：他宣布第二天要召开一次大集会，向所有跟随自己出征的人讲话。第二天黎明时分，一行人跟随阿莱克修斯来到他的营帐前，面向集结等待的军队。气氛紧张肃穆得让人受不了。[61]

忠于阿莱克修斯的人站在他旁边，手持刀剑。瓦兰吉卫队围成一个半圆，肩扛他们的武器重斧，从后面护卫着皇帝。阿莱克修斯没有穿着帝王的长袍，而是身着普通士兵的衣服。这么做是充满了象征意义的。如果他在这场集会中被乱刀砍死，那也是作为一名战斗的士兵倒下的。皇帝的统治和拜占庭帝国的命运此时似乎都已经到了生死攸关的转折点。

“你们都知道，第欧根尼在我的手上没有遭受什么苦难，”阿莱克修斯说道，“把帝国从他父亲手中夺走的不是我，而完全是其他人。我也不是他遭遇的任何苦痛和邪恶的源头。”皇帝说，虽然他一直在照顾着尼基弗鲁斯，尼基弗鲁斯却总不知感恩，全然自私自利。阿莱克修斯继续说道，虽然自己不断原谅他们诋毁皇帝甚至阴谋推翻皇帝的行为，可第欧根尼却完全以怨报德。“然而，我这些好意却完全无法扭转他的叛逆之心。相反，他的感恩方式就是要置我于死地。”[62]

让皇帝感到欣慰的是，他的演讲立刻引发了听众的激越反应。有人大呼，他们不希望任何人取代阿莱克修斯称帝。但这种反应并不是人们迎合他才说的，而是因为他们感到恐慌，害怕皇帝的卫队要对聚集起来的众人展开一场大屠杀。等阿莱克修斯说，只要人们能供出首犯们，让他们得到应有的处置，就将宽恕和赦免在场的众人，人群中才爆发出一阵乱哄哄的声响。“声浪轰然，在场的人从未听闻过这样七嘴八舌的场面。有人赞扬皇帝，叹服于他的善意和宽容，其他人则在诅咒（谋逆的主犯们），坚称要把他们处死”。[63]

最终，主谋们虽然罪孽深重，却还是被免去了死刑，只是被剥夺了富贵恩宠，遭到流放。尼基弗鲁斯·第欧根尼和他的头号帮凶卡塔卡隆·恺考梅诺思（Katakalon Kekaumenos）被刺瞎。[64]但是，此次谋逆显露出的反对力量如此之强，还是让阿莱克修斯感到震惊。据安娜·科穆宁娜所说，这场叛乱对他的身心健康都产生了极大的影响。[65]安娜称，在她父亲其后的统治期里，焦虑始终挥之不去，有时竟令他无法呼吸。[66]

虽然11世纪90年代初拜占庭在小亚细亚的种种挫败是人们想罢黜阿莱克修斯的主要动因，但点燃帝国精英们怒意的导火索，却是阿莱克修斯皇帝做出的大规模征讨西北部边界的决定。这个决定让精英们觉得自己在帝国心脏区域的利益被有意忽视了。阿莱克修斯1081年夺取皇位后能顺利执政的核心要素，就在于他巩固了权力，创建了一个每项人事任命、每次军事行动以及每项政策都出自他自己的政治体系。而这也意味着贵族的权威和影响力被削弱，这是间接地通过强化皇帝居于中央的角色，以及直接地通过削减甚至取消俸禄而形成的。沉重的赋税、官方的利润盘剥，以及出于政治目的的财产充公，也起到了削弱拜占庭统治阶级的作用。

这样对待帝国的贵族们，已经将阿莱克修斯的统治逼到了崩溃的边缘。1094年发现并处理了第欧根尼的谋逆事件之后，阿莱克修斯一回到君士坦丁堡，就马上开始了对统治阶层的肃清。在他统治前半期曾位居高位的那批人如今全被一批新人取代。新官员的选取标准不是家世、政治背景抑或自身的政治重要性，而是更加直接明确的标准：完全忠于阿莱克修斯。这次肃清主要的受益人就包括来自西部行省的一些人。这其实也是帝国本身的一次重塑，标志着权力分配上的决定性转移：从旧的拜占庭王朝的安纳托利亚贵族手中，转移到了一批来自色雷斯的新崛起的家族手中。

也有其他人飞黄腾达。第欧根尼谋逆之后，曼努埃尔·伯托米特斯（Manuel Boutoumites）首次出现在了历史记录中，从一个籍籍无名之辈，一跃成为掌管拜占庭帝国若干最重要职责的人。他将在第一次十字军东征中扮演重要角色。尤迈西奥斯·费罗卡勒斯（Eumathios Philokales）为人粗鲁顽固，以致有位圣人曾觉得连祈祷也无法拯救他。但他却从伯罗奔尼撒的边缘地方被提拔了上来，阿莱克修斯对塞浦路斯的权威一确立，就任命他为该岛总督。[67]还有像尼科塔斯·卡里克斯（Niketas Karykes）和尤斯塔提奥斯·基米涅阿诺斯（Eustatios Kymineianos）等人，也在这次反叛发生之后得到了提拔。[68]而尼基弗鲁斯·比伦尼奥斯则由皇帝亲自指定，代替君士坦丁·都卡斯，成了安娜·科穆宁娜的未婚夫。[69]

1094年的巨变使得更多的异邦人升到了高位。十年前开始为皇帝服务的诺曼人彼得·阿里法斯，此时更加受到皇帝的倚重。[70]帝国海军则交给了兰道夫（Landulph）指挥。他的名字显示出他的伦巴第出身，而他也成为第一个指挥帝国舰队的非拜占庭人。[71]与此同时，一向备受器重的塔提基奥斯这时已经被推到了军中顶峰，他也将在第一次十字军东征期间承担一项极为敏感和重要的任务。[72]

只有极少数的高层官员在这次清洗中幸免。乔治·帕莱奥罗格斯和约翰·都卡斯没有退出历史舞台，前者将在与十字军的谈判中极力为皇帝争取权益，后者则与君士坦丁·达拉森诺斯一道，[74]率军收复了小亚细亚西部。[73]要知道将旧的一批帝国护卫全部清理掉是有风险的。不分青红皂白把所有曾经支持过第欧根尼或曾表示出不满的人都清理掉，会造成真正的危险状况。因此，在某些情况下，清理是分阶段进行的。比如尼基弗鲁斯·梅里森诺在这次叛逆之后的好几个月，都还活跃在1095年春对库曼草原游牧民族的征战中，只是受到了新提拔的高级将领们的监视，此后，就慢慢地消失在了历史舞台上。[75]

尽管做出了种种努力，阿莱克修斯对权力的控制仍然有些不太牢靠。1095年伊始，这种状况变得更加明显。当时有消息传来，称一个凶猛的库曼部落托戈塔克（Togortak）已经越过了多瑙河，正在进攻帝国领土。据说与库曼人一道前来的一人自称列奥·第欧根尼（Leo Diogenes），是皇帝罗曼努斯四世之子，他想趁拜占庭国中人心浮动及他“兄弟”尼基弗鲁斯·第欧根尼的叛乱刚被平息之际，寻机挑事。此人一路引领库曼人来到色雷斯的阿德里安堡（Adrianopole），将这个重要城镇重重围困了好一段时日，而库曼游牧民又在巴尔干半岛的别处制造了恐慌气氛。[76]尽管库曼人最终回到了多瑙河对岸，但拜占庭的危机却仍然在持续发酵。

然而，最紧迫的问题还是重新征服小亚细亚，尤其是收复尼西亚。阿莱克修斯之前本想用计收复该城，但收买或骚扰其守军的方法都没有奏效。[77]剩下的解决方案就只有一种了：艰难的围城战。但这需要有相当的军力，最好是有一支擅长攻坚战的军队。而阿莱克修斯需要的这种人力和技术来源，显然只有一个。

第6章 东方的召唤

十字军东征开始之前的那十年，人们见证了基督徒大团结：基督教历史被一再强调，东西方之间的那种命运共享的情感被大大强化。这在很大程度上是跨欧洲的人口流动和观念传播的结果，但这也是拜占庭官方刻意宣传培育的结果。

当然，东方和西方之间一直不乏交流互动，但11世纪，在拜占庭帝国急切地想吸引西方骑士前来君士坦丁堡的情况下，这种交流更多由官方推动并日益变得制度化起来。拜占庭帝国甚至在伦敦设立了一个招募署，用来激发追名逐利的人东进的愿望。派驻那里的拜占庭官员向想要东进的人们保证，他们在君士坦丁堡会得到很好的照顾。[1]帝国都城君士坦丁堡一直雇用了一批各种语言的翻译，随时准备迎候前来为皇帝服务的人们。[2]

有时候情况看起来似乎是西方在努力制止想要冒险的年轻

人离家远行。安瑟伦（Anselm）是诺曼底极具影响力的贝克修道院的院长，之后又成为坎特伯雷大主教。11世纪末，他写给一位名叫威廉的年轻诺曼骑士的信件表明，拜占庭帝国提供了诱人的奖赏召唤人们前往东方，这在当时是尽人皆知的事情。安瑟伦建议，不要被充满诱惑的承诺打动，而要遵循上帝为你构想的真正命运，即成为一名僧侣。威廉或许遵循了安瑟伦的建议，但也可能并没有：同一封信还揭示出，他的兄弟已经前往君士坦丁堡，而威廉很可能步其后尘。[3]

骑士们源源不断前来，受到拜占庭上下的欢迎，甚至在阿莱克修斯登基之前就已是如此。与主要由步兵武装的拜占庭帝国军队不同，西方军队的战术已经进化到更强调骑兵的阶段。西方在武器装备上的进步意味着重装骑兵在战场上将更令人生畏，而他们在战术策略上的进步又加强了这种优势：骑兵们如果列队直线挺进或防守，就能发挥其最大战力，[4]他们训练有素，纪律严明，这在对阵佩切涅格人和突厥人这样的快速移动型敌人时威力很大，功效显著。因为快速移动战术的目的是冲散敌人，然后将从主力中散落出来的零散力量各个击破。

但君士坦丁堡内也不是所有人都很欢迎这些来自西方的野心家们。“法兰克人之子”埃尔维（Hervé Frangopoulos）于11世纪50年代在小亚细亚非常成功地抗击了突厥人的游袭，得到皇帝慷慨的封地赏赐和极高的头衔。但帝国内对他的憎恶情绪日益发酵，最终，他被大石绕颈，沉尸地中海海底。[5]罗伯特·克里斯平

（Robert Crispin）是另一位在拜占庭获得非凡成就的西方人，同样也招致帝国贵族们的妒恨：他最终没有战死在与突厥人对抗的沙场上，而是死于君士坦丁堡敌对者的毒药。至少当时欧洲的流言是这么说的。[6]

随着小亚细亚的局势在11世纪末期日益恶化，阿莱克修斯越发渴求来自帝国外的帮助。与他同时代的欧洲各地的人们都开始注意到，11世纪90年代君士坦丁堡越来越多地发出了焦急的呼救声。奥拉的埃克哈德（Ekkehard of Aura）记录道，阿莱克修斯派发出来的使节和信件"甚至连我们都能看到"，信中呼吁人们相助，应对"卡帕多契亚和横贯罗马尼亚及叙利亚"的严重纷扰。[7]据另一位知晓实情的编年史家所言："最终，君士坦丁堡的一位皇帝，名为阿莱克修斯的，因异教徒的频繁侵扰和他的王国领土大半沦陷而颤抖，他派出使节来到法兰西，带着鼓动王公们的信件，希望他们能前往相助……危机重重的希腊。"[8]

佛兰德斯伯爵罗贝尔也收到了这样的信件。拜占庭皇帝几乎每天不间断地送出东方的消息，称不计其数的基督徒遭到杀害，孩子与老人、贵族与农民、神父与僧侣们都在突厥人手上惨遭鸡奸的深重苦难。很多人被迫行割礼，而贵族女士和她们的女儿们遭到无情的蹂躏。阿莱克修斯说，希腊基督徒们最为神圣的帝国，正在遭受着异教徒从四面八方发动的围攻。[9]

这些有关突厥人耸人听闻的暴行和基督徒受难的新闻在西方激起了人们的熊熊怒火。11世纪90年代初，当尼科米底亚遭受攻击之时，阿莱克修斯的呼救变得更为急迫。皇帝“派出使节带着信件前往四方，信中满是哀悼与悲泣，流着泪祈求所有基督徒们”相助，对抗那些拆毁洗礼池、把教堂夷为平地的野蛮人。正如我们之前已经看到的，佛兰德斯的罗贝尔因此募集了一支西方援军，这支军队也帮助收复了远至“圣乔治之臂”，即上溯至尼科米底亚湾一带的城镇和领土。[10]

由“圣人”组成的使节团带来的关于拜占庭帝国崩溃的消息，传遍了欧洲。[11]据一位编年史家所言，东方的基督徒，“也就是希腊人和亚美尼亚人”，正面临着“突厥人造成的普遍而严重的迫害，遍及卡帕多契亚、罗马尼亚（拜占庭）和叙利亚”。[12]其他的记述更为具体：突厥人已经“侵入巴勒斯坦、耶路撒冷和圣墓，占领了亚美尼亚、叙利亚和希腊远至被称为‘圣乔治之臂’的那片海域”，一位当时的人这样写道。[13]西方人还知道，有地士绅们遭受了惨重的地产损失。[14]

有关拜占庭身处困境的实时且精确的消息传播得如此广泛，以致1095年冬当乌尔班二世在克莱蒙站在众人面前开讲时，他几乎都不必再就这个主题多说什么。“你们须速往驰援你们居住在东方的兄弟，”一份此次宣讲的记录稿这样记录道，“他们一直在向你们请求这份帮助。因为正如你们大多数人已经知晓的，突厥人——波斯人的一支——正在袭击他们，且已经进犯到被称为‘圣乔治之臂’的那片地中海海域周边的罗马领土。他们侵占了越来越多基督徒的土地，七次交锋，七次取胜，屠杀或俘虏了大批民众，摧毁了教堂，蹂躏着上帝的王国。”[15]东方衰颓消息的广泛传播，在很大程度上有赖于阿莱克修斯11世纪90年代发出的一批批信件，以及做出的种种为自己的帝国争取支持的努力。

但消息也不仅通过官方渠道传到西方。有些关于小亚细亚的消息是旅行者和朝圣者们带回来的，他们在11世纪末前往君士坦丁堡或耶路撒冷。比如佛兰德斯的罗贝尔，就在1089年从圣地返乡的途中，目睹了拜占庭帝国的状况。还有阿普利亚的威廉（William of Apulia），他于11世纪末在意大利南部写下了自己的记录，他也听说突厥人在袭击教堂，迫害基督徒，但他却认为，这场危机的原因在于拜占庭皇帝与突厥人走得太近，企图利用他们来巩固自己的地位。[16]想到阿莱克修斯确实和苏莱曼以及他更重视的马利克沙结盟过，那么这类观点也不属于空穴来风。不过，既然会出现皇帝应该对这种严峻形势负责的论断，那就说明，从东方传来的消息是无法完全由拜占庭帝国朝廷来操控。

可是，虽然前往君士坦丁堡和圣地的访客们带回了自己的经历和看法，但他们的说法大都比较一致，这也表明总体而言，由帝国中心组织的信息传播是非常有效的。它们的内容、语气和传递的信息几乎完全一致：东方的教堂遭毁；基督徒们，尤其是神职人员，遭严重迫害；小亚细亚全面崩溃，突厥人长驱直入竟已深入到“圣乔治之臂”；拜占庭急需军事援助。对消息的叙述如此一致，正是因为大多数细节都是由皇帝示意散播出去的。

这些报道中大都包含一个最重要的信息：耶路撒冷自身的

状况在恶化。到11世纪末时，巴勒斯坦和圣城的情况似乎正变得越来越危急。尽管突厥人起初对这个地区的非穆斯林社群表现出了相当程度的宽容，但11世纪70年代，开罗法蒂玛王朝夺取了耶路撒冷，这让逊尼派突厥人与什叶派法蒂玛王朝之间的关系变得更加紧张。1089年，法蒂玛王朝对沿海地区进行了一次大规模征伐，斩获颇丰。1091年，一名突厥主要军事领导人战死沙场，让紧张情绪更甚，而这些压力都被转嫁到了当地居民身上。[17]有确切消息称，安条克有强迫希腊和亚美尼亚基督徒改宗的情况，耶路撒冷的基督徒要承担的税赋也大大增加，各种迫害伴随而来。[18]犹太人同样成了迫害对象。1077年，耶路撒冷的一座重要犹太会堂被烧毁，这是当时留下记录的迫害案例之一。[19]

尽管最近有些研究开始质疑11世纪70年代和80年代这个地区非穆斯林居民生存的艰难程度，但阿拉伯文献也记载了耶路撒冷、安条克和圣地在十字军东征即将开始前那段时间里的紧张态势。[20]一位12世纪来自阿勒颇的阿拉伯评论者指出："叙利亚各港口的人们都在阻止法兰克和拜占庭的朝圣者经由本地前往耶路撒冷。幸存下来的人把这个消息带回了家乡，于是朝圣者们打算武装突进。"[21]另一位作者认为，安条克新任总督亚吉-西延对基督徒的虐待肯定会引发反抗。[22]

因此，西方的朝圣者要到访圣城变得越来越困难。耶路撒冷在10世纪和11世纪时迎来了大幅增加的朝圣人流。这是因为物质财富增加、学术探索精神以及更加开放的流动环境交织在一起，让人们觉得中世纪早期的世界似乎变小了，这推动着人们外出朝圣。[23]但到了11世纪末，随着小亚细亚和黎凡特的暴力活动频繁发生，朝圣人流开始大幅萎缩。关于各处圣所发生的令人惊骇的逸事在四处流传，有人声称，朝圣者们遭到了折磨和暴力袭击，还不得不向压迫他们的突厥人支付赎金。[24]颇具个人魅力的传道者“隐修者”彼得就曾当着一大群听众的面，讲述他在一次前往耶路撒冷的旅行中经历过的悲惨虐待，把听众都吓坏了。[25]不过，并不是所有人都就此放弃了。富瓦的罗杰（Roger of Foix）在1095年春天坚持做好各种准备，出发去了圣城，并于一年后返乡，赎回了自己在法兰西南部的土地。[26]另一位来自诺曼底的骑士也在不久之后完成了朝圣之旅，还捐赠了大笔财物给瑞米耶日修道院，以庆祝自己平安归来。[27]但他们都属于少数派。正如一位编年史家所说，11世纪90年代的环境是如此严峻，以致极少有人敢出发踏上这段旅程。[28]

阿莱克修斯利用了西欧对耶路撒冷日益增长的关注。11世纪末，君士坦丁堡住着许多西方人，其中有些还在帝国中身居高位。通过这些人，皇帝非常清楚地了解到圣城对他们的重要性和在情感上的吸引力。正是出于这样的原因，1083年，在诺曼人对拜占庭的第一次进攻终于被化解后，他召来耶路撒冷牧首尤塞米奥斯（Euthymios），来见证自己与“那个糟糕的法兰克人”博希蒙德签订和平协议。牧首的出席意在表明，入侵帝国这件事会引起基督教世界中重要人物的关注。[29]

另一个例子来自对当时的斯拉夫文本的改写。1091年初，阿莱克修斯皇帝和教皇乌尔班二世在拉丁和希腊教会的联盟缔结不久之后（18个月前刚在君士坦丁堡实现）派出了使节，来到克罗地亚国王兹沃尼米尔[1]的宫廷里。使节们向宫廷上下的人描述了耶路撒冷和各处圣所如何落入异教徒之手，如何被毁坏和消灭。“我们要求和恳请您，我们的兄弟兹沃尼米尔，基督徒们最为虔诚的国王，”使节们这样请求道，“出于对基督和神圣教会的爱，帮助我们。”30

对于阿莱克修斯在11世纪90年代早期写给佛兰德斯的罗贝尔的信，其真假仍有争议，但信中似乎同样刻意提到耶路撒冷来激起西方人的回应。皇帝警告说，如果基督徒们的王国落入突厥人之手，主的墓地将永远丧失。31将拜占庭帝国都城的命运与圣城的命运交织在一起的说法，开始在12世纪早期欧洲的编年史中出现。“耶路撒冷和君士坦丁堡传来了令人忧心的消息，”僧侣兰斯的罗贝尔写道，“波斯人，一个异族和被上帝抛弃的人群……侵入了基督徒的土地，用烧杀抢掠的方式削减了这里的人口，还绑架了部分基督徒，将他们带离他们的故土。”32这种表达方式可以追溯到君士坦丁堡的皇帝那里。

阿莱克修斯对耶路撒冷的推崇是非常精明的一招，意在激

[1] 兹沃尼米尔（？—1089）1075年至去世为克罗地亚和达尔马提亚国王。中世纪传说中称他是被刺身亡，但具体死因和他的继承问题在克罗地亚历史上都充满争议。一般认为他是最后一位来自克罗地亚本土的国王，他死后该国经历了一段内乱和权力真空期。——译者注

发欧洲基督徒骑士们的愤怒。当时这个阶层正开始日益重视忠诚与服务的观念。教会颁布了星期日、节庆日和圣日不能争斗的禁令，这有助于向西方骑士们灌输一种超越单纯的争斗和军事征服的基督教伦理道德。[33]尽管理论和实践之间总是存在显著差异——比如沙特尔的伊沃（Ivo of Chartres）[1]就曾提出，任何人如若在星期三日落后与星期一日出前参与了暴力活动，就必须遭受绝罚，这样的提议显然太不现实了——但由此可以看出，当时教会介入世俗生活的尝试之深广，达到了惊人的程度，而且也显然对社会产生了极大的影响。[34]

在这样的背景下，东方传来的苦难音讯就特别能引起反响。11世纪末西方对耶路撒冷的兴趣本来就已近似迷狂，而基督徒与圣地受难的消息就刚好与当时对末世将临的忧惧切合了起来。洪水、饥荒、彗星现身和月食出现，所有这些现象似乎都指向同一个结论：世界末日近在眼前。[35]于是，教皇发出的守护教会的呼声就为西方的骑士们提供了一种新的生存目的（raison d' être）。前往救助东方虔信者的人就能获得精神上的奖赏，这样的承诺是非常具有诱惑力的。阿莱克修斯的求救，在欧洲点燃了一根引线。

阿莱克修斯将君士坦丁堡与耶路撒冷绑定在一起，将自己塑造成既是自己帝国利益的捍卫者，又是圣城利益的捍卫者，这

[1] 沙特尔的伊沃（约1040—1115），沙特尔主教，叙任权之争时期重要的教会法学家。著有多部教会法著作，且与当时许多重要的教俗人物有通信，成为研究叙任权之争及当时社会状况非常有价值的资料。——译者注

一切都对当时意大利南部的人们产生了影响。一本据说由卢普斯·普罗托斯帕萨利乌斯（Lupus Protospatharius）[1]所著的编年史记述道，西欧骑士们在11世纪90年代中期出发东进的原因是“帮助阿莱克修斯皇帝抗击异教徒，以此或许就能到达耶路撒冷的圣墓”。[36]蒙斯的吉尔贝（Gilbert of Mons）[2]也提到，君士坦丁堡派出的使节会不断把人们的注意力吸引到圣城所遭的灾祸上。[37]后世的一位作者则以确定无疑的语气说，阿莱克修斯利用了耶路撒冷面临的问题来为自己的利益服务。“他意识到必须号召意大利人成为自己的盟友，而且要以相当的巧思才能做到这一点。”13世纪的特奥多尔·斯库塔里奥特斯（Theodore Skutariotes）如是写道。阿莱克修斯皇帝意识到，他可以利用耶路撒冷在西欧的受欢迎程度达到自己的目的，“那就是他们有成千上万的人会渡过爱奥尼亚海，迅速抵达君士坦丁堡的原因”。[38]

简而言之，阿莱克修斯知道如何在感情上激发西方的基督徒们。他也抓住了人们日益增长的对神圣遗物的迷恋：不管多么陈

[1] 卢普斯·普罗托斯帕萨利乌斯（Lupus Protospatharius）（1030—1102），其所著编年史记录了意大利南部地区（相当于西西里王国的治域）从公元805年至1102年的历史，其中参考和应用了一些已经失传的古代巴里年鉴资料，而且采用了一种每年从9月开始计算的独特纪年法。——译者注

[2] 蒙斯的吉尔贝（Gilbert of Mons）（约1150—1225），服务于海因瑙地区的神职人员，编年史家，其所著的《海因瑙纪年》（*Chronicon Hanoniense*）记录了影响其保护人海因瑙伯爵鲍德温五世的各种事件，时间跨度为1050年至1095年前后，实际涉及了12世纪下半叶法兰西及德意志的诸多重要人物、事件，其中就包括十字军东征。——译者注

腐或不切实际的东西，只要跟基督的生平有些许联系，比如他的乳牙或他还是婴儿时吃过的面包，都具有了精神上的重要性。[39]于是皇帝在第一次十字军东征之前的那段时期，不断积极地刺激起这种对圣物的渴望。有关图尔的皮伯主教生平的一份文献，本来也没什么价值，但是其中却提到，这位主教在1086年朝圣归来后把圣十字架的局部带回了德意志。他当然不是碰巧发现了它——是皇帝亲自把此物赠予了他。于是，他将阿莱克修斯描述为“希腊人最为荣耀的皇帝，他们显然最钟爱他”，也就丝毫不让人觉得奇怪了。[40]

阿莱克修斯圣物外交的受益者还包括德意志的亨利四世。11世纪80年代初，为了赢得后者的帮助，阿莱克修斯送给他一批宗教珍宝，包括“一个镶嵌着珍珠的纯金胸佩十字架，和一个装着多位圣人遗骨的嵌金遗骨匣，其中每位圣人的遗骨都分别用小标签标明”。[41]据两位德意志作者所言，其他的赠品还有一些花瓶和罐子。这些很有可能都是阿莱克修斯不久前从拜占庭帝国各处教堂征收的。[42]

“可敬者”彼得（Peter the Venerable）[1]曾写道，阿莱克修斯皇帝充实了阿尔卑斯山以北的大量礼拜堂和教堂。此处他所指的只可能是阿莱克修斯着人分派到各个边远地区的那些圣骨和圣物。尽管

[1] “可敬者”彼得（Peter the Venerable）（约1092—1156），又称为蒙特布瓦谢的彼得。本笃会克吕尼修道院院长，曾被封圣，但没有得到正式认可。——译者注

克吕尼修道院的这位伟大的院长并没有明确说明他本人从阿莱克修斯那里得到了什么馈赠，以及是何时获得的，但他热情洋溢的赞赏就已经说明，阿莱克修斯必定送来了真正具有价值的物件，因此他“从名号与行迹上都堪称伟大”。[43]

因此，毫不意外的是，阿莱克修斯写给佛兰德斯的罗贝尔的信中要特意提到君士坦丁堡圣物众多，其中还包括与基督生平相关的最为神圣和重要的物件，比如基督在上十字架之前被绑住鞭打的柱子、行刑的鞭子、捆绑基督的血绳、荆棘王冠、被钉上十字架时穿的长袍、真十字架的大部分和钉住他的钉子、从墓地收集的亚麻衣服，以及盛有喂饱了5000人的五片面包和两条鱼剩余部分的十二只篮子，此外还有属于各位使徒、圣人和先知的遗物及遗骨。[44]诺让的吉贝尔（Guibert of Nogent）[1]读过这封信并记录下了信的大概内容。他特别注意到这么一条：“施洗约翰的头颅，包括头发和胡须，就在君士坦丁堡。”这让他很吃惊，因为在他印象当中，约翰的头颅应该保存在昂热的教堂宝库中。“我们现在可以确定的是，”他语带嘲讽地写道，“不可能同时存在两位施洗约翰，一个人也不可能有两个头颅，这实在太荒唐了。”[45]他承诺自己会进一步调查此事。

11世纪90年代中期，随着阿莱克修斯求助的呼声日益急迫，

[1] 诺让的吉贝尔（Guibert of Nogent）（约1055—1124），本笃会修士，历史学家，神学家。他在当时名气并不大，但因著有大量自传性质的回忆录，近年来引起不少研究中世纪生活的学者的关注。——译者注

他在利用真十字架各残片的方式上也做出了不少创举。4世纪君士坦丁大帝在位时，把真十字架带到了帝都君士坦丁堡，从此它就成为与这座都城联系最紧密的一件圣物。1095年—1096年间教皇乌尔班二世在法兰西中部为一大批圣坛和教堂举行了祝圣礼，可能说明阿莱克修斯将真十字架的残片作为笼络西方的工具，以此激励西方人发动军事远征。[46]

前往君士坦丁堡的有影响力的西方访客要经过仔细筛选后，才有机会瞻仰收藏在城中的真十字架残片。一名来自肯特的僧侣在11世纪90年代初到访，偶然遇见了在阿莱克修斯的卫队里任职的一位同乡好友，于是获准进入皇帝的私人礼拜堂。通常情况下，这种机会是被严格控制的。这名僧侣最后得以进入，而且还获赠圣安德烈的遗物（他将其带回了罗切斯特大教堂），说明皇帝正在利用外交渠道来赢得西方人的好感。[47]

阿莱克修斯很精明地抓住了西方人关心的东西，这种能力也体现在他与欧洲的重要人物沟通时使用的语言上。比如，11世纪80年代初他与亨利四世通信，其中最主要的内容就是基督教的团结和宗教义务。这位拜占庭皇帝写道，亨利和自己应该携起手来对抗诺曼人的领袖罗贝尔·吉斯卡尔，“那样的话，上帝和基督教的这个敌人所犯下的邪恶——谋杀和犯罪将会得到惩罚……您与我同为基督徒，我们是朋友，又有亲缘关系，因此更加亲密。只要彼此支持，我们就将让我们的敌人望而生畏，并在主的帮助下所向披靡”。[48]

他与意大利卡西诺山上伟大的本笃会修道院之间的沟通也同样经过了精心设计。阿莱克修斯在一封回信中，感谢院长的来信所表达的温暖祝愿，还祈愿全能的上帝能护佑拜占庭，并说“仰赖他的庇佑与恩赐，我的帝国荣耀繁盛。然而，我不仅能力平平，而且罪孽深重，于是我每天祈祷，主的庇佑与恩赐能持久，并努力克服我的缺陷。但您是如此充满善意与美德，面对罪人如我，仍认定我为好人一名”。[49]阿莱克修斯迫切地想要表达自己谦卑的态度，并贬低自己的虔诚与奉献：这都是刻意为之的，毕竟这位院长是以顺从和自律为严格准则统领修道院的，皇帝只有用这样的态度才能让他印象深刻。

因此，很明显，阿莱克修斯深知怎样打动西方人。这当然有赖于他与一批西方近臣的交往经验，如11世纪80年代时为帝国服役的彼得·阿里法斯，以及在第一次十字军东征前夕来自马尔穆捷（Marmoutier）[1]的皇帝心腹僧侣格瓦贝尔（Goibert）。阿莱克修斯皇帝刻意利用了耶路撒冷的吸引力来赢得西方人对拜占庭的军事支持，还竭尽所能让人们认为解救帝国的困境是身为基督徒的责任。

阿莱克修斯以这种方式呼救，灵感应该是来自他之前成功的求救经验。例如，11世纪90年代初阿布勒-卡西姆攻克尼科米底亚后，阿莱克修斯发出的那批求助信件就产生了立竿见影的效果，

[1] 法国东部下莱茵省的一个市镇。——译者注

西方的骑士们前来相助，共同“在上帝的帮助下”击退了突厥人。[50]可是随着拜占庭的形势日益恶化，阿莱克修斯皇帝需要更多更强有力的支持，所以他精心选择了求助对象：那些过去曾积极回应过他的人。其中最有可能的就是佛兰德斯的罗贝尔。阿莱克修斯1089年曾经亲自与罗贝尔伯爵见过面，而伯爵不久后派往君士坦丁堡的500名骑士也帮了他的大忙。因此，皇帝在11世纪90年代持续游说佛兰德斯对他进行驰援（甚至在1093年罗贝尔伯爵过世之后也还在继续）。教皇乌尔班二世1095年写信给这个地区“所有信众”时道，他们已经无须再听有关东方问题的介绍了，“我们相信，诸位兄弟长期以来已然通过多种渠道了解到，一股野蛮人的狂潮正在如灾祸一般进攻着上帝的教会和东方的土地，把那里变为不毛之地”。[51]教皇这么说是有道理的——佛兰德斯的人们，包括罗贝尔伯爵的继承人佛兰德斯的罗贝尔二世及其妻子克莱门提亚（Clementia），都对东方的形势相当了解。1097年，罗贝尔二世发布了一份文书，以悲痛的语气谈道，波斯人已占领了耶路撒冷的教堂，正从四面八方摧毁着基督教。[52]

阿莱克修斯皇帝还期望借助自己与罗贝尔一世伯爵的关系招来其他贵族相助。[53]他发往佛兰德斯的信有意扩展了自己求助的范围，不仅是向伯爵，也向“域内所有的王公和所有热爱基督教的信仰者，无论俗众还是教士”。[54]正如诺让的吉贝尔以嘲讽的语气谈到的，皇帝“没有太加限制，因为他认为罗贝尔非常富有，能募集起一支庞大的军队……他认识到，如果一个有如此权势的人要踏上这样一场征途，那他将吸引众多我们的民众跟随，他们会支持他，哪怕仅出于累积新经验的目的”。[55]

但阿莱克修斯最为关注的人还是教皇乌尔班二世。他与教皇之间也有私人交情可以仰赖，而且教廷曾经施以援手，也能鼓舞他继续游说。大约1090年底，阿莱克修斯派出一个使团前往觐见乌尔班二世，请求帮助抗击佩切涅格人和突厥人。“教皇大人在坎帕尼亚，所有天主教徒都以应有的尊贵之礼求见，也就是说，君士坦丁堡的皇帝也是如此。”一位当时的历史学者写道。[56]尽管当时乌尔班二世自己的地位也非常弱势——这也是他为什么会在坎帕尼亚而不是在罗马的原因，但他还是答应派遣一支军队前往东方。[57]阿莱克修斯知道自己送给教皇的音讯将会得到更加广泛的传播，因此阿莱克修斯向乌尔班二世保证，他会竭尽所能为前来相助的人们（无论是从海路还是陆路）提供所需。[58]当时教皇自己的地位也很微妙，无法更多地帮到阿莱克修斯。可是，随着11世纪90年代中期意大利和德意志的局势开始发生变化，乌尔班二世也开始利用西方的形势变化和东方所受到的威胁（这是阿莱克修斯不断告诉他的）作为其语言和政治上的资本。[59]

何况还有更加有力的先例。事实上，在传达给教皇的求助音讯中，阿莱克修斯特意仿效了自己的一位前任与之前的一位教皇达成的类似协议。1073年夏天，拜占庭在意大利南部的势力崩溃，又在小亚细亚面临突厥人越来越强的威胁，当时的拜占庭皇帝迈克尔七世（Michael VII）便派遣一个小型使团带着一份书面提议前往罗马，欲与教皇格列高利七世结成同盟。格列高利七世教皇也对诺曼人的崛起感到忧虑，于是做出了积极回应，对皇帝的来信表示感谢，称信中“充满了您友爱之愉悦，以及您对罗马教会表现出的虔敬之情”。[60]格列高利七世认识到，迈克尔七世的提议不仅提供了修补与东正教会之间的裂痕的机会，而且还能够强化自己在意大利的地位，于是欣然接受。

格列高利七世被派兵前往君士坦丁堡这个念头所吸引，因为他能够借此将自己树立为所有基督徒的守护者，这样的话，也能吸引来支持力量用以对付罗贝尔·吉斯卡尔和诺曼人。在接下来的几个月里，格列高利七世教皇送信给欧洲的各位重要人物，把这个音讯散播了出去。比如，1074年2月，他写信给勃艮第伯爵威廉，请他派人前往君士坦丁堡“相助那里遭受着萨拉森人频繁劫掠之苦的基督徒们，他们正翘首企盼我们伸出援手”——不过首先他们必须先帮助教皇的领地免受诺曼人的攻击。[61]

3月，格列高利七世又发出一封信件，致“所有愿捍卫基督信仰之人”，信中包含了非常严厉的警告。“异教徒正放肆地威胁着基督的帝国，”格列高利写道，“见之动容的残酷之举已漫至君士坦丁堡的城墙之外，四野已芜，野蛮暴行已攫住万物，斩杀成千上万基督徒一如屠牛。”仅为遭难的众人哀悼是不够的，这位教皇宣称：“我们请求您，以圣彼得之名敦促您，前往驰援您的兄弟。”[62]

这一年，格列高利七世持续游说人们开展一场军事远征，前往增援拜占庭抗击突厥人。他又在1074年送出去的一批信件中指出，“我致力于动员各处的基督徒们，鼓舞他们为此目的而行动，他们应该努力……为自己的兄弟们献身”，捍卫那些“成日被屠牛般宰杀的”基督徒们。[63]他说，这场受难的幕后主使正是魔鬼本人，意欲“捍卫基督信仰，为天国之王效力”者，应现在就表明自己是上帝之子，准备向君士坦丁堡进发。[64]

然而事实证明，格列高利七世的计划最终落空——但并不是因为人们不感兴趣。教皇送出的铿锵有力的音讯让西方诸多权贵为之一震。例如，阿基坦公爵兼普瓦图伯爵威廉就表示，自己准备为圣彼得效力，踏上征途抗击基督的敌人。[65]其他一些人，如托斯卡纳女伯爵贝特丽丝，以及布永的戈弗雷也都准备应召效力。[66]但问题是，就在与格列高利七世商谈的同时，拜占庭人也在试探接触罗贝尔·吉斯卡尔，并于1074年中与这位诺曼领袖达成了协议。[67]这样一来，教皇在意大利就孤立无援，东西方教会之间的联盟前景也大打折扣，而这恰恰是格列高利七世的倡议对西方骑士们具有吸引力的根基所在。他被迫以很尴尬的方式给自己找了台阶下。他写道：普瓦图的威廉已经不需要再关注之前提议的东方远征了，“因为据传言，在海那边的地域，凭着上帝的怜悯，基督徒们已经将异教徒的野蛮暴行清除了，我们仍须等待神圣的旨意，它将告诉我们还需要做些什么”。[68]但事实上，1074年的小亚细亚并没有发生什么重大的军事战役，也没有什么证据能够支持教皇宣称的局势已大幅好转。格列高利七世只是想要以尽可能温和委婉的外交辞令给自己找条退路。

而到了1095年，当阿莱克修斯派遣使节前往觐见教皇乌尔班二世，再次提出与其前任相同的合作方式时，局势中两个关键的因素已经发生了改变。第一，君士坦丁堡自身的局势已经恶化到了人们意料之外的程度。迈克尔七世给格列高利七世的提议只是试探性的，部分出于拜占庭想要在意大利政治上保有一席之地的需要，但阿莱克修斯向教皇乌尔班二世的呼救却完全是出于绝望。使团于1095年3月在皮亚琴察的小镇上见到了正在主持一场宗教会议的乌尔班二世，他们明确无误地传达了这样的消息。“君士坦丁堡皇帝派遣的使节来到会场，请求尊贵的教皇以及所有虔诚的基督徒前去抗击异教徒，保卫在那里几乎已经被异教徒铲除殆尽的神圣教会。这些异教徒的征服范围几乎已经到了君士坦丁堡城下。”[69]与20年前不同的是，这一次突厥人在小亚细亚的长驱直入，以及拜占庭帝国将要做出的应对都是确有其事。而事实上，局势可能要比阿莱克修斯的使节们所说的更为危急：他们似乎没有提及1094年第欧根尼谋逆事件后，阿莱克修斯的地位已经岌岌可危。如今，拜占庭真是大难临头了。

第二点不同是，格列高利七世能通过标榜自己为基督徒的守护者而获益良多，而乌尔班二世在11世纪90年代中期这么做的话更是收获不少。乌尔班二世面对着若干强敌和一名敌对教皇，因此比起前任有更强大的动机来促进教会联合并将自己树立为结束分裂的功臣。当时的时机也非常完美。正当拜占庭出现分裂、阿莱克修斯前来求助之时，亨利四世的妻子和儿子这么高级别的人也开始倒向乌尔班二世，意大利的政治局势发生了急剧的变化。这大大鼓舞了乌尔班二世，他积极行动起来，也给阿莱克修斯皇帝扔去了一根急需的救命绳索。

教皇很快就确定了开场仪式。他本来就打算要出巡法兰西，以享受自己地位大大改善带来的利益。于是，在皮亚琴察，他对皇帝使节们提出的请求做出了迅速而明确的回应，有人记录道："我们尊敬的教皇号召众人前来为此服务，他们许下誓愿将要按照上帝的意愿（前往耶路撒冷），向皇帝提供最忠诚的帮助，竭尽所能抗击异教徒。"[70]乌尔班二世没有选择发出一封泛泛而谈的信件，不谈论远征的原则，不提供细节、组织或目的，相反，乌尔班二世决定亲自组织并启动一场远征，去改变东地中海的形势。他的目标清晰明确，正如一名编年史家所说："当听说罗马帝国的腹地已被突厥人占领，基督徒们正遭受着猛烈的毁灭性入侵，乌尔班二世秉持着虔诚的同情心以及对上帝的爱，翻越阿尔卑斯山脉，进入高卢，决定在克莱蒙召集一场大公会议。"[71]

那将是教皇伟大的计划公之于众的时刻。此时，要动员起一支队伍前往帮助拜占庭，就要全部依赖教皇打动各位权贵的魅力和他在法兰西各地宣道动员的能力了。

第7章 西方的回应

十字军东征依赖的是激情、宗教狂热和对冒险的渴望。乌尔班二世以强有力的方式强调和宣扬了基督徒的责任和被救赎的前景，众多参与者显然都深受鼓动。十字军启动势头之迅速与猛烈，很容易被解读为一场自发的大规模运动。但实际上十字军运动也经过了精心设计：为了激起西方的回应，乌尔班二世采用的叙事手法是经过仔细权衡的，意在吸引他最需要的那类十字军战士（既指军事战力方面，也指社会影响力方面），他也尽可能安排为一波波前往圣地的战士们提供持续的鼓励和引导。因此，想要理解十字军东征这股基督徒力量的集中释放，我们必须去探究其背后铤而走险的设计和安排。乌尔班二世的措辞字斟句酌，专门针对他的西方听众，但他的演讲所具有的吸引力又脱胎于一个更大的谋划，正是身在君士坦丁堡的阿莱克修斯一手打造了这个计划。乌尔班二世走的是一条艰难的路：激发大众的热情，募集起一支战力可观、纪律可控的军队，来满足拜占庭非常具体的军事目标。这场西方大动员是一个充满了异常精巧的政治和后勤准备的故事——其中的权衡计量是如此复杂，以致最终根本无法控制。

乌尔班二世于1095年抵达法兰西南部，他接下来的几个月都花在了为这场远征奠定基础的工作上。教皇在各地游走，会见有影响力的大人物，不断着力宣扬他的目标：击退突厥人，一举解放东方的基督徒和圣城耶路撒冷。但所有这些会谈都很少涉及远征的结构设计、具体目标抑或组织方式——更不用说"解放"东方具体而言可分解成什么步骤了。[1]

在某种程度上，恰恰是因为乌尔班二世在克莱蒙会议之前、之中和之后的呼吁都非常模糊，才使得人们的回应这么有力。加入前往耶路撒冷的武装朝圣被表述为关乎信仰的行为，而不是在规划一场军事运动。云集而来的骑士们是被为上帝服务的热情所驱动，或者在很多情况下，是被赎清自己罪责的愿望所驱使。但是，把后勤安排等丢在一边也有很强的政治原因：这些理应由君士坦丁堡的皇帝来处理。既然是阿莱克修斯要求得到军事力量的帮助，抗击突厥人，那他当然就应该负责对远征做出规划，并筹划各种具体事宜。

意识到自己在意大利的地位提升后，乌尔班二世大受鼓舞，开始精神满满地着手确认和招募有影响力的大人物，以期他们的加入能带动更多人参与。1095年夏天，他四处旅行，亲自去与这些人物一个个会面。他去见了影响力颇大、关系网广泛的勒皮主教蒙泰的阿代马尔。后者很快表示要抓住这个机会前往耶路撒冷。乌尔班二世还会见了勃艮第的尤德（Eudes of Burgundy）和势力强大的里昂大主教于格。他马不停蹄地在法兰西南部穿梭，先后造访了瓦朗斯（Valence）、勒皮、圣吉尔和尼姆，之后又开始北上。[2]

乌尔班二世随后与图卢兹伯爵雷蒙进行了接触。雷蒙在法国南部和普罗旺斯控制着广大的领土。他出身于一个与教廷联系密切的家族，同时与耶路撒冷也有千丝万缕的联系。雷蒙的兄长威廉曾前往耶路撒冷朝圣，并于11世纪90年代早期在那里去世。威廉这么做可能是觉得自己已经没法回家，又或者早就打定主意要在圣城度过自己最后的时日。[3]而雷蒙的虔诚也毫不逊色，他招募了一批神父，每日为他举行弥撒，行祝祷仪式，并坚持在自己的有生之年在勒皮教堂中的圣母玛利亚像前长明一根蜡烛。[4]1080年，布里克森会议选举出敌教皇而让教会陷入分裂危机之时，格列高利七世最先求助的人就包括雷蒙。[5]

乌尔班二世知道，雷蒙的参与非常关键。这将表明，这场运动得到了一位重要赞助者的支持，这能够推动其他大人物投身其中。阿莱克修斯与佛兰德斯伯爵罗贝尔联系，也是出于相同的考虑，希望他的帮助能够给其他人做个榜样。因此，图卢兹伯爵的积极回应对乌尔班二世来说是非常重要的激励。同时，从另一方面来说，乌尔班二世如果能把自己树立成信仰守护者的形象，并建立起以自己为中心的联盟，那么他在整个教会的领袖地位就会更加稳固。

1095年10月中旬，教皇乌尔班二世来到强大的克吕尼修道院。他曾在这里担任过副院长。他在这里逗留了一个星期，为修道院大教堂正在新建的主祭坛祝圣。[6]此时，消息已经传开，人们对耶路撒冷远征的兴奋情绪正在发酵。[7]就在这时，教皇宣布，他将在克莱蒙会议上向信众宣布一个重要消息。他鼓励前来参加会议的康布雷主教和兰斯大主教将“本教区所有最有名望的人和最有权势的王公”都带来。[8]

克莱蒙会议在1095年11月召开，为会议画上句点的是乌尔班二世的那场把小亚细亚描绘成修罗场的演说。虽然教皇报道的场景骇人听闻，但却又要命地精确。这一点，他的听众们也可以通过由其他渠道得到的东方消息来印证。教皇说得很对，希腊人的帝国正在变得四分五裂，突厥人已经征服了要花整整两个月时间才能穿越的广大地域。乌尔班二世敦请他的听众们行动起来：“终止你们之间的所有世仇，平息所有的争吵，结束所有的战争，让所有不谐导致的冲突走到和解。出发踏上前往圣墓的道路，从一个邪恶的种族手中拯救那片土地。”[9]所有愿意如此行动的人们，都受命在衣服上戴上一枚十字架，可用丝绸、黄金或更加简单的材料制成，以表示他们是上帝的战士，在行使他的意愿。[10]

教皇话音刚落，“一位至为高贵之人，走向（乌尔班），微笑着跪下，请求他的准允和祝福可以让自己踏上这段光辉的路途”。[11]这个人就是勒皮主教，他的重要性可见于教皇在不久后写给佛兰德斯教徒们的信中。他写道，他“已任命了代表自己领导这次辛劳旅途的人，那正是我们最亲爱的子嗣——勒皮主教阿代马尔”。[12]乌尔班二世演讲后的第二天，图卢兹伯爵派来的使节抵达，称雷蒙愿意参加这次远征。[13]这位权贵的支持早在演讲之前就已经精心设计好了，意在给启动仪式推波助澜。

乌尔班二世在克莱蒙的演讲也确实在欧洲掀起了波浪。前往耶路撒冷的武装朝圣即将开启的消息迅速传开。一批精力充沛的教士被派往各地宣道，激起了人们强烈的兴趣。比如阿尔贝赛勒的罗贝尔（Robert of Arbrissel）[1]被派往卢瓦河谷，那里的贵族早就对此事关注多时，跃跃欲试；还有第戎的圣贝尼涅修道院院长雅伦托（Jarento），也被派去招募合适的人选。他先去了诺曼底，之后转往英格兰。[15]法国的利穆赞（Limousin）[2]等地区积极响应，十字军启动的消息被人们以极大的热情和极快的速度加以传扬。[16]

各地的教士都在传播教皇发布的音讯，并接受了严格的指令：只许精确传达，不要妄加渲染。但是吸引大众支持的主要动力还是来自乌尔班二世本人。[17]在克莱蒙首次发出号召后的几个月里，教皇一直待在法兰西，从一个市镇去往另一个市镇。1095至1096年间他一直都在奔波，到处说服、劝诱和敦促信众加入十字军。圣诞节前后他在利摩日（Limoges）[3]传道，1096年春又先后

[1] 阿尔贝赛勒的罗贝尔（Robert of Arbrissel）（约1045—1116），一名游方传道士，出生于阿尔贝赛勒，创立了丰特夫罗修道院。——译者注

[2] 今法国27个大区之一，位于西北部。——译者注

[3] 法国中部内陆城市，是利穆赞大区的首府。——译者注

到了昂热（Angers）[1]和勒芒（Le Mans）[2]，之后南下前往波尔多（Bordeaux）、图卢兹和蒙彼利埃（Montpellier），7月，又在尼姆（Nîme）的另一场会议上讲话。随着教皇从一座城镇辗转到另一座城镇，从一座重要教堂来到另一座教堂，地方上的编年史家们已经对教皇来访的意图再无疑问了。正如一位史家所写的，乌尔班二世来到勒芒是为了“宣扬前往耶路撒冷的征途，他来到这些地方都是为了这个目的”。[18]对马尔西尼（Marcigny）[3]一座教堂的建造许可也被追溯到那一年，“当教皇乌尔班来到阿基坦，动员基督徒的军队前往遏制东方猖獗的异教徒”，[19]整个世界都被搅动起来，被敦促着出征耶路撒冷。[20]

不能亲自前往的地方，乌尔班二世就送去了信件。比如，他没有去佛兰德斯，这无疑是因为阿莱克修斯与这个地区在11世纪90年代就一直保持着较好的联系。不过，他还是送了一封信给佛兰德斯的王公、教士和人民，解释他正在努力确保东方遭迫害的基督徒们能够得到帮助。正如他们已经清楚了解的那样，东方的野蛮人正在造成巨大的破坏。“悲痛于灾害之巨，感动于虔诚的关怀，”乌尔班二世写道，“我们遍访高卢各地，全力敦促这片土地上的王公及其臣民前往解放东方的教会。我们郑重地在奥弗涅会议上将这项事业的重要性告知他们，预备消除他们的罪责。”[21]

---

[1] 法国西部城市，法国大革命前为旧省安茹的首府，今为曼恩-卢瓦尔省省会。——译者注

[2] 法国西北部城市，为卢瓦尔河大区萨尔特省省会。——译者注

[3] 法国东部城市，位于索恩-卢瓦尔省。——译者注

参与远征就能得到赎罪的奖赏，这个想法的提出旨在更进一步扩大十字军运动的吸引力。之前格列高利七世以及阿莱克修斯一世也曾号召人们武装救援拜占庭，但那时他们谈论的都是基督徒彼此之间的义务，以及在危急关头应该表现出的团结。但教皇乌尔班二世显然技高一筹，他所提出的理由更加有力：参加远征的人不仅是在尽义务，更是在为自己赢得救赎。

乌尔班二世也经常强调远征能够赢得的精神奖励。在写给自己在博洛尼亚的支持者们的信中，教皇指出，他非常高兴地得知，有很多人想要参加前往耶路撒冷的远征。“你们还应知晓，”他继续写道，“若你们中有谁踏上了征途，不为对尘世诸物的欲望，而是为自己灵魂之救赎与教会之解放，你们将赎清自己的所有罪责，成为一场彻底而完美的告解。”[22]加入前往耶路撒冷的远征对那些确实有具体罪责待赎清的人也是有好处的。据一位编年史家所言，乌尔班二世曾建议那些“无法找到合适方式来赎清对自己人民犯下的无数罪孽的法兰西王公”宣誓并踏上东征路途，这会是最恰当的悔悟之举，还能带来丰厚的精神回报。[23]

“如果有谁因对上帝和对自己兄弟们之爱而在征途中丧生，”乌尔班二世在一封写给贝萨卢（Besalú）、安普利亚斯（Empurias）、鲁西永（Roussillon）和塞尔达尼亚（Cerdana）[1]等几位伯爵的信中说道，“他大可不必怀疑，他必定能见到自己

[1] 这几个地方均属于西班牙的加泰罗尼亚地区。

的罪责得到赦免，因我主的仁慈大爱，他将归入永生。”[24]但要让十字军战士们完全接受这种殉道与救赎的观念，还需要时间。似乎一直到这场运动已经开展一段时间后，这个观念才确立下来。这可能是因为十字军在途中确实经历了深重的苦难，尤其是1098年在安条克。这就加强了一种信念：为捍卫信仰而付出终极代价者，将获得精神奖赏。[25]然而，虽然这种推动力非常重要，但在概述某人决定参加远征的文献中，它却极少被提及。来自普罗旺斯的两兄弟——西格的居伊与戈弗雷只是说，他们准备前往东方，“去扫荡邪恶和疯狂的异教徒，因为他们导致不计其数的基督徒遭受压迫，在野蛮的暴力下被囚或被屠戮”。[26]

乌尔班二世将基督徒受难、精神奖赏和耶路撒冷这三个因素混合在一起，这种叙事方法非常有吸引力。而他还有另一个非常有用的工具。这位教皇在法兰西各地巡游时，曾为多座教堂的圣坛祝圣，如旺多姆的圣三一教堂，以及马尔穆捷和穆瓦萨克的修道院教堂。其中大部分教堂都获赠了真十字架的碎片。[27]没有比这个圣物在情感上更能与耶路撒冷的解放紧密相连的了，这也是参与远征者要高举十字架（因此叫作“十字军”），并在衣服上以此为标志的原因。[28]

更为深层的意义是，众所周知，真十字架的碎片保存在君士坦丁堡，从公元4世纪以来——当时君士坦丁大帝将珍贵的碎片赠予了罗马的赛索利安宫（Sessorian Palace）——就一直被用作帝国外交政策的一项重要工具。真十字架是拜占庭外交政策中最高等的馈赠。[29]因此，虽然乌尔班二世所分发的碎片有可能是教廷宝库中本来就有的，但更可能的是，这些与君士坦丁堡紧密相关的碎片是由阿莱克修斯一世提供的。

重要圣物的大量分发更加激发了法兰西各地狂热情绪的蔓延。与此同时，教皇还在不知疲倦地“敦促我们的人民前往耶路撒冷，猎杀占据了这座城市的异教徒，还有那些占领了基督教徒在君士坦丁堡所有土地的异教徒也不容宽恕”。[30]还有其他一些资源也被用于获取支持，比如11世纪初一份记录了圣墓教堂被毁的文献，其意图不仅是要让人们对耶路撒冷的局势感到愤怒，更是要故意将基督徒所受的苦难与穆斯林联系起来。[31]至于这场远征的真实目的（即向拜占庭提供军事援助）教皇却一般不会明说。比起讲述远征的细节，耶路撒冷的名字和它的吸引力更能让听众们心情激动。

骑士们纷纷开始为远征做必要的准备，蒙梅勒的阿沙尔（Achard of Montmerle）就是其中之一。他与克吕尼修道院达成一项协议，用自己的土地做抵押，换取了“总共2000（金币）加4头骡子”。考虑到自己前往耶路撒冷的漫长旅途肯定还需要钱，阿沙尔称，如果他死了或不打算回来了，“永久的正当财产继承权”就将转给克吕尼修道院及其“杰出的信徒”。双方的协议中写道，之所以要募得这笔钱，“是因为我希望能全副武装地参加这场为上帝而前往耶路撒冷的伟大远征”。[32]

其他许多人也在1095年和1096年间采取了类似的措施，用自己的土地和财产做抵押来获得贷款。各种文献都清楚表明，耶路撒冷就是最大的吸引力，在这段时期，几乎每个签署过类似协议的人都会说他们的愿望是要前往基督曾在尘世中行走过的那个地方。[33]通过踏上征途来换取救赎的说辞显然也很有说服力，勃艮第两兄弟的例子能说明这一点，他们“将与其他人一道踏上前往耶路撒冷的征途，以赎清自己的罪责”。[34]

有些人希望在出发之前就进行告解。一位来自勃艮第地区图尔尼（Tournus）的骑士于格·布洛沙尔（Hugh Brochard）希望自己做下的诸多错事能够得到宽恕，特别是他曾经侵占过圣菲利贝尔教堂的土地，现在他承认这是有罪的。[35]他的告解其实是基于一种担忧：自己作为一个曾经冒犯过教会的罪人，现在想要参与捍卫它的远征，还想要在披风上镶嵌或在额头上佩戴十字架，这实在不太妥当。[36]

不过，在某些情况下，人们也把力气花在了阻止某些不合格的骑士进行东征的努力上。梅岑科（Mézenc）的三名骑士庞斯、彼得和贝尔纳曾一直迫害奥弗涅地区勒沙福乐修道院管理下的教区居民。起初，他们三个妄想加入远征的请求遭到了拒绝，于是他们公开悔悟自己从前的过错，但这并没能说服当地的僧侣们接纳他们。修道院把这桩事情提交给芒德和勒皮两位主教来裁断，到底这三人应不应该获准参加东征。主教们聆听了对这三人的指控，“震惊于他们的残忍，但最终还是赦免了他们，理由是他们踏上去耶路撒冷的征途就已经是一种悔悟了”。[37]没有人会因为他们的离开而感到伤心。但教会试图控制远征参加者的资格正是其权威和野心逐步增长的证据。

教权巩固的另一项证据是它为东征的人们提供了必要的资金。无论是否以武装形式进行，朝圣这件事都非常昂贵。长途旅行在食品、运输、装备和武器上的花费都相当不菲，而当需要做准备的是一大群人时，耗费就更是成倍增长。如同我们在蒙梅勒的阿沙尔的例子中所看到的，教会显然是可求助的对象，因为修道院、主教区和下级教区通常都拥有大量捐赠，它们有能力提供所需的流动资金和物品。作为一个非常殷实的地主，教会就是现成的借钱对象，也是很明确的买主。以布永的戈弗雷为例，他后来在1099年耶路撒冷被攻克后成为新建王国的首任国王，当他开始为旅途募集资金的时候，就选择了向教会求助。他把莫塞（Mosay）、斯勒奈（Srenay）和蒙特福孔达尔贡（Montfaucon-en-Argonne）的城堡，和自己对凡尔登国的继承权通通卖给了凡尔登主教里希耶（Richier）。其他一些地产和财物则卖给了尼维尔修道院（convent of Nivelles）。列日主教给了戈弗雷一笔1500马克的贷款。通过把土地等不动产变卖为流动资金，戈弗雷成功地筹集到了一大笔钱。[38]“征服者”威廉之子、诺曼底公爵罗贝尔从自己的弟弟——英格兰国王威廉·鲁福斯（William Rufus）那里借到了一笔一万马克的巨款，“这就意味着罗贝尔无须变卖公爵领地或从第三方那里借款就能筹得十字军东征所必需的现金”。[39]

尽管花费不菲、路途危险，需要做的准备也复杂琐碎，但民众对教皇乌尔班二世发出的号召依然报以了空前热烈的响应。法兰西各地的人们都准备踏上东征的路途，他们纷纷聚集到了诺曼底的罗贝尔及其妹夫布卢瓦的史蒂芬[1]还有图卢兹的雷蒙的麾下。布永的戈弗雷和他弟弟鲍德温，以及佛兰德斯伯爵罗贝尔二世（他在1093年接替父亲继位）也都召集起了相当数量的人马。

还有其他一些重要人物也决心参加这场远征。其中就有法兰西国王菲利普一世的兄弟韦芒杜瓦的于格。他参加远征显然受到了1096年初那场月食现象的触动。当时月亮变成了血红色，于格认为这表示他应该参加远征。[40]但菲利普一世本人的加入却并不受欢迎，因为他曾以自己的妻子太胖为理由抛弃了她。后来他和蒙福特的贝特拉达（Bertrada of Montfort）搞在了一起，但这个女人除了长得好看以外，风评真是一无是处。[41]1095年，克莱蒙大公会议以通奸罪对菲利普一世处以绝罚。随着人们对远征的热情日益高涨，菲利普一世的臣民们也呼吁他参加远征赎罪，以撤销绝罚。国王召集贵族们开了一次会议，专门讨论他该怎么做。1096年夏，他得出了一个结论：只有放弃贝特拉达，才能重新赢得乌尔班二世的青睐。这很清楚地表明，乌尔班二世争取西欧权威领袖的努力成功了。[42]尽管菲利普一世最终没有参加十字军东征，但他的兄弟于格自愿参与，成为法国王室在远征军中的代表——这进一步鼓舞了教皇的计划。

[1] 史蒂芬娶了罗贝尔的妹妹诺曼底的阿黛拉（圣阿黛拉）。——译者注

罗贝尔·吉斯卡尔之子博希蒙德是另一名主要的应募者。据匿名作者所著的《法兰克人事迹》称，在1096年围攻阿马尔菲的时候，博希蒙德才第一次听说东征的事情。他注意到过路前往意大利南部港口的人们都高喊着“上帝所愿！上帝所愿”。这位作者称：“博希蒙德受圣灵鼓舞，下令将自己最为贵重的斗篷撕碎，做成十字架。追随他一同围攻（阿马尔菲）的骑士们大多马上响应了他。”[43]博希蒙德和他的手下组成了一支让人印象深刻的队伍：“他们的护胸甲、头盔、盾牌或长枪在灿烂的阳光下闪闪放光，谁能直视这样一支耀眼的队伍呢？”[44]

可是博希蒙德的举动并不像这份文献所述的那样完全出于自发，更没有书中描写的那么绚丽。博希蒙德给他留在巴里的心腹威廉·弗莱蒙古（William Flammengus）发了一个指令，让他在1096年春出售一批土地。这说明和其他人一样，博希蒙德已经在着手准备盘活资金参加远征了。[45]他迅速放弃围攻阿马尔菲，集结部下，出发东进。这同样说明，这个诺曼人之前已经做过准备，绝不是仓促做出的远征决定。

博希蒙德是个强势的人物，相貌堂堂，意志坚强，不论是对战术还是对自己的发型，他都自有主张。他不像其他西欧人那样把头发蓄到肩膀，而是坚持只留到耳际。[46]他是个卓越的指挥官，但他在1082—1083年对拜占庭的进攻却显示出自私和慵懒——他的部下们正在拉里萨进攻帝国军队之时，他却和朋友坐在河岸边逍遥地吃葡萄。[47]但从教皇的角度来看，重要的是至少有一名来自意大利南部的诺曼人领袖参加了远征。其他领袖很难招募到，西西里的罗杰很精明，他知道前往东方与穆斯林作战可能会让自己的领地出现麻烦，毕竟那里也住着相当数量的穆斯林。[48]1085年，罗杰·博尔萨（Roger Borsa）继承了阿普利亚公爵领，所以他显然没有兴趣参加东征。而相反的是，他同父异母的哥哥博希蒙德曾在他们父亲去世的时候争权失利，所以此时的他当然要跳出来抓住这次前往东方冒险的机会。

乌尔班二世的计划从很多方面来看实施得都堪称极佳：早就锁定好愿意参加远征的关键人物，这样的话他们的参与就能成为推动其他人参加的催化剂。因此教皇激发起了一场大规模的骑士运动。教廷投入了大量精力散播号召人们武装东征的消息，并做了必要的安排，推动热烈的反应转化为实际行动。但他的计划当中有些部分依然很含糊。比如，远征领导权的问题一直让人困惑，有好几个人都觉得自己是十字军大部队的总指挥。至少在最开始的时候，乌尔班二世是想让勒皮主教作为自己的代表来领导这次远征的，[49]但其他人也觉得自己扮演的是这个角色。比如，图卢兹的雷蒙就自称是前往耶路撒冷的基督教骑士们的领袖。[50]韦芒杜瓦的于格对自己在军中的地位也自视甚高，随身携带了一面教皇的旗帜，表明自己是乌尔班二世在远征军中的代表。[51]还有些人把布卢瓦的史蒂芬视为“全军议事会的首脑和领导人”，[52]他自己肯定也是这么想的，所以会在写给妻子（“征服者”威廉之女）的信中说，同行的王公们推选他为全军的统帅。[53]

而实际上，随着这场艰难征途的展开，领导权也不断在发生变化。乌尔班二世不明确指定东征的领导人是有原因的，这些欧洲最有权势的人都自认为是教皇代表，所以教皇只有这么做才能避免伤害他们的自尊。他们彼此竞争，而谁都不好被看轻。这种说法当然有一定道理，但教皇不明说领导权还有另一个原因：这样，西欧人到了拜占庭境内后就要听从阿莱克修斯一世·科穆宁的指挥。出于技巧和策略上的考虑，乌尔班二世可能会很谨慎地避免明说这件事，但真相还在于，拜占庭的皇帝也在操控着事情的进展。

同样，虽然十字军的终极目标是很清楚的——捍卫东方的基督教会，击退突厥异教徒，最终抵达耶路撒冷，但详细的军事目标却很不清晰。人们不怎么谈论如何征服或占领圣城，更别说将来怎么保住它了。关于他们到耶路撒冷之后具体要怎么做，也完全没有明确的计划。至于在与突厥人作战的过程中，到底要瞄准哪几座城镇、哪几个地区和省份，这些细节全都没有规划。对这些问题的解释又有赖于君士坦丁堡，真正制定战略目标的其实是阿莱克修斯一世：尼西亚、塔尔索斯、安条克以及其他一些被突厥人夺走的重要城镇才是拜占庭进攻的首要目标。而至少在十字军刚抵达君士坦丁堡的时候，他们是接受这些目标的。另外，对于主要考虑政治问题的教皇来说，军事计划是次要的，相对没那么重要。

对十字军的人员招募过程，阿莱克修斯皇帝的筹划也起到了根本性的作用。阿莱克修斯需要的是军事帮助，而不仅是空洞的好意。他需要吸引具有战斗经验的人来抗击突厥人，因此，教皇乌尔班二世也相应地反复强调了这一点。正如当时的一位教士所说："我所处的位置让我能够亲耳听到教皇乌尔班大人的言语，听到他即刻开始敦促俗世的人们前往耶路撒冷（武装）朝圣，但与此同时，又禁止僧侣前往。"[54]对于禁止"不适合战斗者"参加远征，另一位编年史家称："因为这样的朝圣举动与其说是帮助，不如说更像是在拉后腿，没有任何实际用处，反而徒增负担。"[55]

一份文献称，在"基督徒普遍和狂热的响应潮"中，教皇必须付出艰苦的努力才能阻止那些造成阻碍者参与。[56]1096年秋他在写信给托斯卡纳的瓦隆布罗萨修道院时，就很明确地谈到了这一点："我们听说，你们有些人想要与前往耶路撒冷的骑士们一道出发，怀揣着解放基督教的良善好意。这是一种极好的牺牲，但准备如此行事的人却错了。因为我们是在鼓舞骑士们踏上征途，只有他们或许才能遏制住萨拉森人的蛮行，让基督徒们重获往日的自由。"[57]而他在之前写给博洛尼亚居民的信中所说的也基本相同。[58]

高级教士们强化了这样的信息，但也实在遭遇了不少困难。图卢兹主教花费了不少力气，才让一位富有的女士阿尔泰亚的艾美利亚（Emerias of Alteias）打消了亲自参加远征的念头。之前她可是决心坚定，甚至已经"在右肩佩上了十字架"，还发誓要抵达耶路撒冷。主教大费周章地劝说她，或许成立一所济贫院可能会更受欢迎，她才很不情愿地同意不亲自前去。[59]

对阿莱克修斯来说，一支有战斗力的军队才是最重要的，而这支军队的规模也相当关键。君士坦丁堡方面必须提前作好后勤准备，这样才能在很短的时间内接待大批人马。中央还必须作好必要的计划，指明在西方人抵达拜占庭境内后如何迎接、引导并为他们提供补给。这可能也是教皇为什么在最开始就坚持让所有想要参加远征者必须许下特定誓言的原因之一。在皮亚琴察，听取了拜占庭使节们的倾诉后，“我们的教皇大人号召众人起而担责，发誓以上帝所愿前往那里，为皇帝提供最忠诚的帮助，竭尽所能抗击异教徒”。[60]克莱蒙会议上乌尔班二世又重申了这一点，强调必须正式公开宣誓自己是以这样的意愿来参加的。[61]另一方面，人们也受到威胁说，如果退缩反悔，后果将极其严重。他们被警告道，他们是在背弃上帝，“不背着他的十字架跟从我的……也不配做我的门徒”（《马太福音 10:38》）。

没有任何正式的记录表明，到底有多少人准备高举十字架前往东征。而且我们也不清楚当时的条件下是否有可能做这样一份记录。不过，有一点却是显而易见的：确实有相当多的人热情地投身其间。十字军运动能形成这样的规模，很重要的一点要归功于乌尔班二世在招募法兰西骑士时起到的核心作用。很多次，教皇都亲自聆听了即将东征者的宣誓。[63]而且每次他都会亲自与重要人物会面，并在利摩日、安茹、勒芒、图尔、尼姆等地方为十字军东征宣道。他当时就能感觉到，尽管具体数量很难确定，但确实有庞大的人群都呐喊着要参与东征。

野心勃勃且对前景乐观的教皇，还有远在君士坦丁堡四面受敌的皇帝，都希望能有数量可观的人响应他们武装东征的号召，但他们谁也没有估计到最终会形成这样的宏大规模。教皇一直密切关注着西班牙11世纪80年代末90年代初的局势变化，他也用类似的方式鼓励可能前往西班牙作战的十字军战士们，但骑士们却并没有因此而纷纷前往伊比利亚半岛。[64]与此相反，让第一次十字军东征得以开始，同时也让欧洲为之狂热的原因，一方面是耶路撒冷，另一方面则是人们一直密切关注着东方局势，其中，以小亚细亚的极速崩溃最能刺激人们的神经。

虽然只是粗略的估计，但准备参与远征者的人数确实以某种方式传回到阿莱克修斯那里，因为皇帝据此开始做起了准备。十字军战士们分成多个规模较大的团队穿越拜占庭领土时，都得到了皇帝提供的补给，这可以充分说明一个事实：皇帝已经事先做了周密的安排，在进入帝国的边境地带以及通往君士坦丁堡的主要路线沿线都做了必要的准备。

这些准备工作之所以成为可能，在一定程度上是因为关于远征的明确时间表在一开始就被确定了下来。教皇将出发日期定在了8月15日——夏季最为重要的神圣节日，圣母升天节。这一方面是想要对即将展开的旅程做一些时间规划，另一方面也是意在给拜占庭方面足够的协调时间。如果在夏天，也就是在乌尔班二世于克莱蒙发表演说9个月后出发的话，那么，阿莱克修斯就有足够的时间可以储备西方人到达后所需的粮草。

这件事在基伯托斯（Kibotos）[1]表现得最为紧迫。这个地点事先就被阿莱克修斯确立为集合点，西方各路骑士们将在此整编为一队，准备攻打尼西亚。届时预计将有成千上万人来临，因此阿莱克修斯在这里做了大量的后勤准备：食物储备、日常供应、商户引入都是按照会有大批人马涌入的标准预备的。[65]甚至他还迅速建造起一所拉丁修道院，以满足西方来客的精神需求，同时也能表明阿莱克修斯对罗马天主教礼仪所持的开放态度。[66]

东征的其他方面也需要仔细谋划。对于怎样更好地监管这一大批来到东方的西方人，君士坦丁堡也预先做了准备。“皇帝召来了罗马军队的一些将领，派他们前往迪拉基翁和阿夫隆纳周边区域，指示他们妥善地接待从海路前来的人，并为这些人供应充足的补给。他们将密切监视并尾随这些人，万一来者沿路抢劫或偏离路线洗劫周边地区，他们就会小规模地与之交火加以制止。这些官员都带有懂拉丁语的翻译，其职责是防患于未然，将事故平息于萌芽之中”。[67]

为保证十字军能在帝国领土上顺利行进，拜占庭方面还采取了一系列有效措施。布永的戈弗雷到达帝国边境后，获得了一份特别许可证，可以从一些不对当地居民开放的市场上获取补给。[68]这就意味着十字军在沿路是很容易获得食物的，避免了这样一支规模庞大的武装力量因为给养不足而变得躁动惹事。同时，这也

[1] 今土耳其的阿帕梅亚。——译者注

能让中央可以预先确定食品价格，把一定会出现的价格飙升控制在可接受的范围内，防止当地的商人利用供不应求的态势大肆抬高价格。

阿莱克修斯还下令，等西方人一来到拜占庭境内，就慷慨地赠予他们大量金钱。这个举动一定程度上是为了给那些初次与帝国有接触的人留下好印象。但正如一位评论家敏锐指出的，这还是一种非常聪明的经济学行为：皇帝分发出去的所有钱财都被花在了购买皇室代理人提供的商品上，最后这些钱又回到了帝国国库。[69]

封闭的专营市场加帝国赠礼，这种模式在拜占庭西部各个省份中执行，也在前往君士坦丁堡的两条主要干道沿线不断复制。1096年秋，布永的戈弗雷来到巴尔干半岛的城镇奈索斯（Naissos）[1]，他很高兴地收到了谷物、大麦、葡萄酒和橄榄油，以及皇帝送给他作为私人赠礼的大批野味。他的人马再次得到特许证，能够到市场上购买补给，而且能出售自己的任何东西。戈弗雷一行人在这里待了好几天，“物资丰富，人欢马畅”。[70]博希蒙德在穿越了伊庇鲁斯、马其顿和色雷斯的贫瘠区域后，军中储存的葡萄酒和谷物竟然还增加了，这再次说明，阿莱克修斯预备的后勤体系是多么有效。[71]

还有一个需要考虑的重要事项就是十字军们的行进路线。十字军的主要领导者们是分多路、多支队伍来到君士坦丁堡的。有

[1] 今塞尔维亚城市尼什。——译者注

些人，如布永的戈弗雷，横穿德意志和欧洲中部，从陆路前往拜占庭帝国，其间一路穿越了巴尔干半岛，最后来到帝国的首都。而其他人则沿意大利一路南下，在阿普利亚登船，渡海来到伊庇鲁斯，然后沿着连接新罗马和旧罗马的艾格纳提亚大道（Via Egnatia）行进。佛兰德斯的罗贝尔、韦芒杜瓦的于格、布卢瓦的史蒂芬和诺曼底的罗贝尔都选择了这条路线，来自意大利南部的博希蒙德和他的诺曼人小分队也是如此。尽管没有直接证据表明这些权贵人物选择这条路线与阿莱克修斯有关，但各支人马行进的间隔似乎都有条不紊，简直称得上完美，那就不太可能是巧合。他们的分批抵达，减轻了对拜占庭的资源和后勤造成的压力，因此有理由假定他们是特意做过协调安排的。

有一个事例突出表明皇帝参与了东征初期阶段的规划，甚至在十字军抵达帝国边境之前，皇帝就已经发挥了很重要的作用。我们已经看到，图卢兹的雷蒙是教皇最先接洽的权贵之一。他的财富、地位和之前曾给予教廷的支持都使他成为教皇的强大盟友。这位伯爵挑选了一条艰难的路线，穿越了斯拉沃尼亚（Slavonia）[1]。“一块被废弃的土地，山峦重叠，难于通行，有三个星期，我们既没看到一头野兽，也没看到一只飞鸟。”他的一名随从这样记录道。这片领土危机四伏，雷蒙一行经常受到攻击，不时有人被杀。浓雾、密林和陡峭的山地都让这支队伍在南

[1] 历史上的一个地区，位于今克罗地亚东部，北临德拉瓦河，南临萨瓦河，东临多瑙河。——译者注

下的路途上难以自保。而伯爵的回应是对当地人施以报复，他弄瞎了一些人，砍掉了一些人的脚，黥了一些人的脸作为严厉警告。[72]这段旅途实在太艰难了，以致雷蒙的随军牧师只能宣称上帝是在借助十字军的苦难和力量来敦促“野蛮的异教徒们”背弃罪恶，与末日告别。[73]

事实上，图卢兹伯爵选择这条路线是有理由的，他是为了乌尔班二世而要去征服康斯坦丁·博丹（Constantine Bodin），原因是这位塞尔维亚统治者在十字军东征前夕对拜占庭实施了侵扰，还和敌教皇有接触，这些都激怒了乌尔班二世。雷蒙这样重要的人物居然会途经泽塔（Zeta）这样偏远的沿海地区，这就表明第一次十字军东征曾经历过多么精细的预先谋划。雷蒙沿达尔马提亚海岸南下的事实就再清楚不过了，明显是阿莱克修斯皇帝和教皇携手谋划的结果。按照设计，十字军人马到来后的第一步是进攻尼西亚，驱逐小亚细亚西部的突厥人，之后阿莱克修斯再对其他地区示警，借机有所突破。而图卢兹伯爵这样与教皇关系密切的人，因为值得信赖而被选中走一条不寻常又艰难的路，从而给博丹施压，让他认识到自己的错误。因此，毫不奇怪，博丹对图卢兹伯爵一行表现出了敌意，将他作为皇帝的代表和塞尔维亚独立的威胁加以攻击。[74]但是，此后数十年里，帝国的西北边境再无军情。这显示出，阿莱克修斯能从对耶路撒冷的远征中获益良多。

1096年下半年，有大批人马正在路上行进，去东征路上的第一站君士坦丁堡。有人估计，可能有多达8万人参加了第一次十字军东征。[75]在此之前，还从来没有在这么短的时间内出现过这样大规模的、有组织的、长距离的人员流动。这给来自西欧各地的参加者们带来了种种问题。“由于如此多人从西方各国前来，”沙特尔的富歇写道，“每一天，在行军的路上，这支队伍都在一点点壮大，从为数不多的小群体演变为一队队的骑士。你可以看到来自各个地方的数不清的人，操着各种语言。”[76]随后他又罗列了远征队伍中人员的多样性：“谁曾经在一支军队中听到过这么多种语言糅杂在一起呢？这里有法兰克人、弗拉芒人、弗里斯兰人、高卢人、阿罗布鲁日人[1]、洛林人、阿勒曼尼人、巴伐利亚人、诺曼人、英格兰人、苏格兰人、阿基坦人、意大利人、达契亚人、阿普利亚人、伊比利亚人、不列吞人、希腊人和亚美尼亚人。如果有不列吞人或条顿人要问我问题，我还真是听不明白也回答不了。”[77]

这场远征号称是基督教大团结的展示，是教会分裂、地区认同、世俗与神学争端都被忽略的特别时刻。但它首先是罗马与君士坦丁堡达成合作的时刻，是彰显乐观主义伟大事业的时刻。1098年的巴里大会议及次年的罗马会议试图解决几十年来东西方教会间关系破裂的问题，这让教会联合显得已经触手可及。如果事情进展顺利的话，在西方人的帮助下，拜占庭人将最终能在小

[1] 法国南部高卢人的一支，以善战闻名。——译者注

亚细亚与突厥人一较高下。而参加远征的人们热切地渴望抵达圣城。随着第一次十字军东征开始，一种乐观的情绪在四下蔓延。

但是，虽然十字军东征能够带来巨大的好处，阿莱克修斯和乌尔班二世也承担了极大的风险。一旦启用了十字军，他们也就创生了一场自己都未必能控制得住的运动。在对十字军初始阶段的描述中，安娜·科穆宁娜就提出了关于这种矛盾的警示。她写道，众多报告称，不计其数的来自西方的队伍正在来拜占庭的路上，这让皇帝深感不安[78]。“他们热情满满，激情万丈，拥塞了每一条交通要道，伴随这些战士而来的还有大批平民，数量比海滩上的沙子或天空的星星还要多。他们身披棕榈叶，肩佩十字架。如同从四面八方汇入大河的支流一样，正全速向我们涌来”。[79]这可不是拜占庭皇帝曾期待的纪律严明、战力高效的部队。可是，到底是哪里出错了呢？

第8章 去往帝都

阿莱克修斯和乌尔班二世玩了一场危险的游戏。宣扬十字军的动员活动所激发起的粗暴的热狂不是那么容易控制的：尽管也有合情合理的规划和娴熟的政治考量，但十字军激起的那股热情确实令人吃惊。随着穆斯林压迫基督徒和要发动远征的消息传播开来，再想要把它们压下去几乎是不可能的：乌尔班二世并不是唯一在1095—1096年间宣扬十字军的领袖人物。来自法兰西北部亚眠的传道士“隐修者”彼得，也借着东方基督徒受难消息所激起的热情与怒气，发起了民众的十字军——安娜·科穆宁娜将其描述为“危险的乌合之众”。当西方的远征军一支支接近帝都君士坦丁堡时，阿莱克修斯需要向他们申明自己的权威。他对待“民众十字军”的态度，以及与远征队伍的先头部队形成的效忠模式与关系网络，将会塑造十字军运动的未来。

同代人将彼得描述为“一位著名的隐修者，得到俗民们的极大尊敬。事实上，由于他宗教上的自我约束，他得到的尊敬比神父和修士还多，他不吃面包也不吃肉——不过这并没有妨碍他享受葡萄酒和其他各种食物，并在各种欢享中追求苦修的好名声”。[1]彼得赤脚行走在莱茵兰一带，是一名极具说服力的导师。这个地区一直被教皇忽视，因为他不会试图在臣服于亨利四世的土地上寻求支持。[2]彼得散播在东方发生的那些骇人的传闻，有时候还告诉惊恐的听众，自己在最近一次前往耶路撒冷的朝圣路途上，就曾在突厥人手中遭受磨难。尽管他似乎不太可能到过圣地，但他却宣称自己在回乡的路途上遇到了教皇，并带回了耶路撒冷牧首委托他传回的呼救音讯。与乌尔班二世一样，他发现自己对远征的呼吁获得了坚实的回应。[3]

然而，与教皇不同的是，他的呼吁并不成体系。乌尔班二世对各种事项是经过仔细筹划的——寻找并接洽势力强大的权贵，他们能够自行组织起相当力量的队伍，并让参加者仅为有战斗经验者，还能坚持让参加者按要求发誓参与远征。而彼得却没做任何这样的事情。他没有设定出发日期，也没有筛选什么样的人应该或不应该参加远征。其结果就是大家随意参与。正如一位评论者所说：“作为对（彼得的）不断敦促和呼吁的回应，首先是主教、修道院院长、神职人员、僧侣，然后是大多数的俗世贵族、各个领地的王公，以及所有的普通民众，还有与虔诚者一样多的罪人，如通奸者、杀人犯、小偷、作伪证者和强盗。也就是说，怀着基督教信仰的各色人等，甚至包括女性，在赎罪之情的感召下，都愉悦地聚集来参加这场远征。”[4]

1096年初，一群群骑士开始从莱茵兰出发，随行的还有教士、老人、女人和小孩。正是这第一波浪潮，后来被称为“民众十字军”。近期有学者为了纠正人们认为其混乱不堪的印象，强调其中一些人还是很有能力的，并指出，“隐修者”彼得聚集起的这支杂牌军里其实也包括一些小贵族和独立骑士。[5]尽管如此，这波启程前往圣地的人群不仅没有得到教会的赞同，而且也与乌尔班二世和阿莱克修斯经过详细规划的组织明显不同。

因为没有明确的领导，混乱不断滋生。被彼得激发而踏上征途的人们自行安排行程节奏，全然罔顾教皇定下的正式出发日期。他们只是抱着对征途的一腔狂热，满心满耳都是关于东方的种种惨剧，而末日启示的故事又在恐吓和推动着他们，在这样一种状态下，他们很快就找到了第一批替罪羊。“不论是出于主的审判，还是思想出了问题，他们兴起了残忍的念头，屠杀散布在这些城市中的犹太人，毫无怜悯之情……还强调说这是他们征途的开端，是他们行使对抗基督教信仰之敌的职责”。[6]

民众十字军穿越德意志的路途始终伴随着骇人的大屠杀。科隆和美因茨的犹太人都变成了令人震惊的暴力举动的受害者。由于面对的恐惧太过强烈，人们有时候情愿自杀，“犹太人看到这些基督徒军队是怎样对待他们和他们幼小的孩子，老幼妇孺全不放过，他们甚至情愿自杀或杀死同伴，情愿亲自结束自己的孩子、女人、父母和兄弟姐妹的生命。怀抱孩子的母亲——想想都可怕——用匕首杀死自己的孩子，又刺死其他人，因为她知道他们情愿死在自己的手上，而不是死在那些未行割礼者的刀枪之下”。在其他地方，比如雷根斯堡，犹太人至少还能保住性命，但他们被赶到多瑙河里，强行接受洗礼。[7]

反犹主义还在蔓延。1096年夏天，当布永的戈弗雷出发时，他发誓要消灭犹太人。但他最终没有这么做，这是因为亨利四世警告他，不得在自己的领土内不经自己授权擅自对任何人动武。而犹太人对戈弗雷怨恨极深，当时就有一名犹太人祈祷称，希望戈弗雷被挫骨扬灰。[8]随十字军启动而爆发的反犹主义并不仅局限在莱茵兰。法兰西境内也有一些暴力行动，几乎就要变成对犹太社群的全面屠杀。[9]

当时众多人因此而深感震惊。一位作者写道，参与迫害犹太人者会被绝罚，甚至会遭到大领主们的严厉惩罚的警告——但这些似乎都没什么效果。[10]诺让的吉贝尔写道，这些德意志混球代表了社会中最差劲的部分，他们是欧洲人中的渣滓。[11]

这一观点也得到了君士坦丁堡的响应。阿莱克修斯需要和期待的，是经验丰富的战士在1096年末抵达拜占庭，与教皇设定的时间表保持一致。而第一波浪潮却提早几个月就到达帝国境内，这实在让他有些吃惊。不仅如此，其中许多人显然根本没有与突厥人作战的能力，更不用说去围攻小亚细亚的重镇了。用安娜·科穆宁娜的话来说，“他对他们的到来深感忧心”[12]，也就不足为奇了。

随着民众十字军的各支队伍逼近君士坦丁堡，忧虑情绪日益增长。1096年春，在第一批武装朝圣队伍接近拜占庭帝国边境时，令人震惊的暴力行动发生了。有一位匈牙利军队的指挥官，他原本是被匈牙利国王派去，护送这支朝圣队伍安全通过匈牙利领土的。可悲的是，这位有一头迷人的雪白头发、备受大家尊敬的人物，最后却被他要护送的朝圣者斩首示众。[13]空有狂热的宗教激情但缺乏纪律的第一批朝圣者，在到达贝尔格莱德的时候就惹出了更大的乱子。贝尔格莱德是拜占庭帝国最西边的入口要塞，位于多瑙河边。在猝不及防的情况下来了这么一批人，拜占庭当局匆忙试图应对。帝国官员为了稳定商品供应，禁止来人购买补给。而这立刻就让西方人炸开了锅，他们愤怒地洗劫了贝尔格莱德周边一带。在拜占庭守军用武力镇压骚乱者之后，人们才渐渐平静下来。等到足够的补给运到后，帝国开设了专门市场，这才安抚了随时可能闹事的十字军。[14]

当“隐修者”彼得本人于1096年3月来到拜占庭边境地区时，帝国已经能够组织起更有效的应对方式了。在第欧根尼谋逆事件后被提拔起来的列奥·尼克里特斯（Leo Nikerites）谨慎而细致地接待了彼得一行。据一份文献所说，“隐修者”彼得和其他一道前来者得到了他们想要的所有东西——他们的请求都能得到满足，只要他们规规矩矩行军。[15]虽则如此，民众十字军的各个支队在缓慢地向君士坦丁堡行进途中，仍然不断惹麻烦。拜占庭西部诸省的城镇总是受到洗劫，当地人遭到攻击。为了减少损失，主要干道沿线都设立了专门为十字军开放的市场，并有专门的护卫队陪伴西方人前行。护卫队得到的命令是，必要时可以采取武力对付惹麻烦者和脱队者。据说“隐修者”彼得抵达君士坦丁堡之前，一场大规模的蝗灾席卷了拜占庭各地。[16]人们普遍认为这是一个凶兆，说明即将来到帝都的西方人将是灾祸的根源。

安娜·科穆宁娜在她的书中记述了阿莱克修斯在第一批十字军临近君士坦丁堡时所表现出的担忧，她的这种表述常被解释为是要帮助皇帝摆脱责难，防止人们将这场对拜占庭和西方之间关系造成毁灭性影响的远征归罪于他。然而，我们很难猜测，当阿莱克修斯在君士坦丁堡看到彼得及其随行的队容时，除了惊愕他还在想些什么。皇帝的忧虑本来就被下属不断发回的报告给加深了，现在看到抵达帝都的民众十字军就是这副模样时，更是雪上加霜。甚至连拉丁文献也指出，他们的举动实在令人惊骇：“那些基督徒实在表现得无法无天，在城中宫殿里抢劫放火，偷取教堂屋顶上的铅块，再卖给希腊人。皇帝因此非常气愤，命令他们迅速渡过赫勒斯滂。他们渡过海峡后，也没有停止胡作非为，他们将民房和教堂一律一把火夷为平地。”[17]

过去，阿莱克修斯皇帝曾毫不费力就安排了前来帝国的人数较多的西方人团体，比如来自佛兰德斯的500名骑士。但与十字军的初次接触确实让他非常惊愕。为了尽可能减少对君士坦丁堡的危害，阿莱克修斯皇帝早早就把他们送过海峡，去到小亚细亚，估计他们会在那里等待其他队伍到来，然后继续前去对抗突厥人。可是他们太过狂热，又莫名地自信，立刻就出发前往尼西亚，不放过路上遭遇的任何人。据《阿莱克修斯纪》的记述，他们“对那里所有的人都表现出令人恐惧的残忍：把婴儿撕成碎片，串在木棒上烤；老人们也遭受了各种酷刑”。[18]西方的文献也同样充满谴责。《法兰克人事迹》的匿名作者称，他们不仅对突厥人残忍，也对基督徒犯下了邪恶的罪行。一种难以忽视的讽刺在于，民众十字军的参与者本来是前来保护东方的基督徒免受异教徒压迫的，但如今却在洗劫和破坏小亚细亚北部的教堂。[19]

他们深信自己是得到圣灵保护的，在这种信念的激励下，其中一群人行进到了尼西亚以东的一个小型要塞薛里格尔德（Xerigordos）。他们毫不费力地攻下了这座要塞，屠杀其中的突厥居民。然而，不放过行进路上的任何人，这种野心勃勃又毫无章法的一根筋思路，很快就导致了灾难。攻下薛里格尔德的喜悦还没散，消息很快传来，一支突厥大军正在逼近，打算收复这座要塞。十字军中一片恐慌。

战况急转直下，人们陷入绝望。“我们的人实在渴疯了，只能放自己的马匹和驴子的血来饮用；其他人把自己的腰带和衣服浸到阴沟里，把里面的液体挤出来喝；还有人挖出湿土，自己躺在坑里，然后再把湿土浇在自己胸前，因为实在是太干渴了。”[20]西方人投降后，对手对他们没有丝毫怜悯。突厥人直接冲入营中，屠杀教士、僧侣和婴儿。年轻的女孩和修女被运到尼西亚，衣物、驮兽、马匹和帐篷也一样。年轻男子被强迫皈依伊斯兰教，背弃曾鼓舞他们来到东方的基督教信仰。[21]拒绝改信的人们面临着恐怖的死法：他们被绑在柱子上，当作突厥人练习的靶子。[22]

突厥人又继续行进到基伯托斯，横扫那里由阿莱克修斯建起的营地。人们在睡梦中被杀，帐篷被付之一炬；没能逃到山里或跳到海里的人都被活活烧死。被俘的人面临的又是不皈依就死亡的选择。带领民众十字军突入小亚细亚的领导人之一雷纳尔（Rainald）选择了前者，认为投降总比被杀好。[23]其他人则只能面对命运的终点。一位编年史家记录道，一名神父发现祭坛前面刚好描绘了庆典弥撒的画面，他说："能够以我主耶稣基督为向导升入天国，是多么幸运的殉道啊！"[24]据说，在薛里格尔德、基伯托斯及其他地方与突厥人的第一次遭遇中，被杀的人实在太多了，他们的遗骸都堆积成高高的山包。这些骨骼随后被突厥人碾碎，用来做要塞砌墙的灰粉。于是，第一波想要一路打到耶路撒冷的骑士们的骸骨，就被用来阻碍后来人的道路了。[25]

1096年10月底民众十字军的灾难结局，对阿莱克修斯来说是一个重大的挫折。这让他向拜占庭以外求助的整个政策都遭到了质疑。甚至有人认为，这不但无用，反而有害，让帝国面临的困境雪上加霜。但据安娜·科穆宁娜所说，当时正好在君士坦丁堡与阿莱克修斯皇帝讨论后勤问题的"隐修者"彼得，对这些灾难却立场坚定。他说，在薛里格尔德和其他地方被杀的人们是罪有应得，他们都是些劫匪和强盗，不守纪律，贪得无厌，这就是他们终究不能前往耶路撒冷去敬拜主之墓的原因。[26]同时代的其他人的观点却不太一样。诺让的吉贝尔讽刺道，这些十字军毫无纪律和规划，过度的宗教狂热只能导致最糟糕的结果。如果这次远征是由一名国王领导的，那情况可能就会非常不一样。这些灾难之所以发生，“是因为死亡总是会找上不守规矩的人，无法自我控制者活不长久”。[27]

在第一次十字军东征刚结束后不久，《法兰克人事迹》就开始在欧洲各地广泛流传，成为众多记述远征耶路撒冷的编年史的依据。其中称：“当皇帝听说突厥人让我们的人大败，他非常高兴。”阿莱克修斯随后“发出命令，将幸存者带回赫勒斯滂，再完全解除他们的武装”。[28]十字军东征结束后，皇帝的形象遭到了人们普遍的否定，尽管这份记录部分受到了这种影响，但我们还是能通过它看出，阿莱克修斯对这第一批到来的人并不满意。现在，他要为十字军真正主力的到来做准备了。

即将抵达拜占庭的西方权贵们都野心勃勃，对拜占庭给他们准备的迎接方式都有自己的期望，这些期望涉及一系列复杂的政治要求。1096年夏天，法兰西国王的兄弟韦芒杜瓦的于格先行派出使节去见迪拉基翁总督，使节带回了给阿莱克修斯的消息，大概讲了一下迪拉基翁总督想要得到怎样的接待：“您知道，皇帝陛下，我乃众王之王，天底下最尊贵者。我到达时应受到符合我高贵出身的盛大典礼的欢迎。”[29]此后不久，又来了一条同样口气很大的消息：“请知悉，督军（doux，拜占庭总督）大人，我们的领主于格大人就要到来了。他从罗马带来了圣彼得的金色旗帜。此外，还请了解，他是法兰西军队的最高指挥官。请据此安排符合他身份等级的接待仪式，也请您做好迎接他的准备。”[30]

但等于格终于来到君士坦丁堡时，一切却叫人有点失望——当然不是因为拜占庭没能按照足够的规格来迎接他。事实是，他在乘船从意大利南部渡海前来时，遭遇了一场猛烈的风暴，船只失事了，被冲到伊庇鲁斯沿岸，于格失去了大多数的财物，也失去了大部分的兵力，他们全被海洋吞没了。获救后于格被迅速带到迪拉基翁，然后在曼努埃尔·伯托米特斯的安抚下重新振作精神，前往君士坦丁堡，让阿莱克修斯来加以款待。[31]曼努埃尔·伯托米特斯也很快成为其关键助手。安娜·科穆宁娜在《阿莱克修斯纪》中有点厌烦地说道：“于格的这段插曲仅仅是一切的开始。”[32]

韦芒杜瓦的于格是十字军主力中最早抵达君士坦丁堡的人之一，他于1096年10月底到达。[33]布永的戈弗雷和他兄弟鲍德温大概在同一时间抵达。[34]佛兰德斯的罗贝尔也没晚多少，于12月从阿普利亚扬帆前来。[35]布卢瓦的史蒂芬和诺曼底的罗贝尔是一道前来的，他们应该比其他人出发得更晚，因为他们在1097年4月初才准备从意大利渡海过来。[36]此时博希蒙德已经到达君士坦丁堡，而图卢兹的雷蒙也仅与帝都相隔一百多公里。[37]

教皇和皇帝招募的这些贵族们穿越拜占庭领土的旅程总体来说是比较和平的，只是偶尔会有一些误会出现。有些都是因为他们求战心切，比如，由“元首”理查德（Richard of the Principate）率领的小分队渡海来到伊庇鲁斯，他的前哨误把拜占庭的舰队当成了海盗，于是催促他下令开战。十字军的船只于是弓弩齐发，其中一支射中了拜占庭指挥官马里阿诺斯·毛罗卡塔卡隆（Marianos Maurokatakalon）的头盔，另一支则射穿了他的护盾和铠甲，射中了他的胳膊。一名随西方骑士们前来的神父也加入进攻，抓起一张弓竭尽所能地射箭，之后又拿到一个投石器发射了一块大石头，把马里阿诺斯砸晕了。等这名可怜的官员好不容易醒过来站好后，他脸上又中了一记大麦蛋糕——那名神父实在找不到其他武器，就顺手把这个给扔出来了。[38]

路程中还发生了其他一些事故。勒皮主教在穿越马其顿的过程中，在坐下来休息的时候遭到了攻击。他的骡子和金子都被抢走了，头上也挨了好一顿揍，好在他趁着袭击者们为分赃争吵时逃了出来，向自己的同伴们发出了求救信号，而他们也终于及时赶到，他才没有被杀。[39]

只要一出什么情况，人们总是会怪罪阿莱克修斯，也不管发起这类袭击的明显是想要捞一笔的当地人，而不是帝国的官员。正如我们将要看到的，此后发生的一连串事件将导致皇帝的形象变得非常多样化，但都很负面，而拉丁文献也迅速抓住一切能够抹黑阿莱克修斯的事件大书特书。在这样的背景下，有多种文献对前往君士坦丁堡征途的状况不置一词，就显得很引人注目了。这些文献没有一份提到补给短缺，这恰好说明皇帝已经事先做好了安排来满足远征的需求。这可不是偶然的：帝国派出了高级官员来接待各支分队，并指示要把他们安全地带到帝都。“每次我们经过他们的一座城市，”一位亲历者写道，“这个（阿莱克修斯派来的）人就会告诉当地人给我们补给。”[40]帝国不仅制订了周密的计划，还细致地修建、维护并监管着通往帝都行军沿线的所有市场。

阿莱克修斯还给各支十字军队伍指派了向导，引领他们走最有效率的道路，让他们远离麻烦。各支队伍总体来说都做到了这一点，但有一支却状况不断。博希蒙德一行人总是离开通往君士坦丁堡的主干道去抢劫牲畜和其他物资，有一次还放火烧了一座他们认为里面满是“异端”的要塞。[41]他们这队行进的速度明显也比其他队伍慢很多，这说明他们并不怎么信任皇帝在各地的代理官员。[42]但是，在一名帝国向导前来与他们同行之后，他们的行为就有了极大的改观。这名向导阻止了他们提议的进攻一座“满是好东西”的城堡的提议，还说服博希蒙德下令将手下人抢劫的财物归还给当地人。[43]

随着十字军离君士坦丁堡越来越近，阿莱克修斯又进一步采取措施希望给最重要的几位领导人留下好印象，他私底下分别给每一位送信，称将在帝都隆重迎接他们，并强调自己与他们的友谊。他把团结作为纽带，向他们伸出了缔结兄弟之情的手，甚至还把自己勾勒成一位慈父。[44]但是，西方领导人彼此之间的交流却受到皇帝的严格监控，以防止他们在抵达君士坦丁堡之前就开始抱团。[45]一方面他是怕过大的一次性人流量会给补给供应造成巨大的压力，另一方面他也担心西方人有对帝都发动进攻的野心。因此，阿莱克修斯采取了一系列措施来确保十字军各支队伍之间的联络始终受到干扰。[46]他还试图邀请各位领导人在自己的大部队抵达前先行来与他会面，以提前沟通，防止麻烦出现。韦芒杜瓦的于格和博希蒙德都先于自己的部队被护送到了帝都。[47]其他一些领导人的行程没有得到详细记载，比如布卢瓦的史蒂芬和佛兰德斯的罗贝尔，但他们有可能也这么做了。

图卢兹的雷蒙不愿意单独会见皇帝，因为他知道，不带军队而单独前往会削弱自己在谈判中的地位。[48]他的怀疑是有理由的，因为阿莱克修斯与这些领导人一个个单独会面确实是有目的的，他需要他们表明自己的忠心。

阿莱克修斯是一位慷慨的主人，非常盛大地接待了西方的各位领导人。1097年夏天，布卢瓦的史蒂芬写信给自己的妻子阿黛拉（征服者威廉的女儿），非常兴奋地描述了自己在帝都享受的待遇。他写道，皇帝向各位领导人赠送了大批礼物，还亲自确认西方骑士们的给养。“在我看来，在我们的时代，没有哪位王公有这样完美的人格。我亲爱的，你的父亲也送过许多珍贵的礼物给我们，但他实在无法与这个人相比。关于这个人我就这么寥寥写了几句话，你就能约略知道他是什么样的人，这也让我感到愉快”。[49]

史蒂芬的信揭示出阿莱克修斯非常重视他。阿莱克修斯在宫中宴请了他十天，送了大批礼物，还请史蒂芬把自己的儿子送到君士坦丁堡来，他会用“盛大而独特的方式”来迎接。其效果就是，史蒂芬认为皇帝不仅是个杰出的人物和慷慨的主人，而且“就像一位父亲”。[50]

史蒂芬的信件早于皇帝与十字军之间关系的崩坏，但在这之后，也还是不乏一些文献谈到了阿莱克修斯的慷慨。据参加了十字军东征的沙特尔的富歇所说，皇帝送出了大量钱币，还有价格高昂的丝质衣物。[51]另一位亲历者对阿莱克修斯的慷慨语带讥讽，并质疑他的用意，称西方人被鼓励向他索取任何喜欢的东西，包括金银珠宝和精致衣物。[52]尽管皇帝不可能答应了所有要求，但这却在很大程度上说明了他想要从远征的领导人那里赢得支持的强烈渴望，因此人们会认为他的慷慨近乎无限度。

各方文献也一致认为，最重要的十字军领导人都与阿莱克修斯单独会面了。这种方式与拜占庭皇室通行的方式大相径庭。来访君士坦丁堡的异国要人一般在觐见皇帝时都会隔着一定距离。基辅王室的重要成员奥尔加公主在10世纪中期到访帝都时，只是受邀与皇帝一道共进甜点，而德意志皇帝在差不多时间派来的一名使节也是等了好多天之后才得以觐见拜占庭皇帝。[54]

10世纪时，想要获准觐见皇帝是一件非常烦琐的事情。如一位亲历者所回忆的：“王座前面有一棵青铜镀金的树，枝杈也是青铜镀金的，上面有各种各样的鸟，都在唱着不同的歌曲……巨大的狮子（虽然不清楚是木胎还是铜胎，但都镀了金）似乎在守卫着（皇帝），它们的尾巴敲击着地面，嘴巴张着，发出低吼，舌头闪闪发光。我被架在两个太监的肩膀上，进入大殿中，来到皇帝面前。”这时，一个机械装置把王座高高升起，使得皇帝与异国来客说话时，声音好像从很远的地方传来一样。[55]

而在与十字军打交道时，阿莱克修斯采取的方式肯定会让他的前任们大吃一惊。他采取的是非正式的见面方式，意在让西方的领导人们感到亲切放松。但有些人认为阿莱克修斯做得有点过了。在一次招待宴会上，皇帝走到客人中间去和他们打成一片，把王座空置了出来，有一名特别胆大的骑士竟然径直坐了上去。遭到同伴骑士的谴责后，据说他压低嗓音叫出皇帝的名字，然后说道："他就是个乡巴佬！"当这些话语被翻译给阿莱克修斯听后，他的回应非常大度宽容，只是警告骑士们不要太放松，前头突厥人会给他们带来大量风险。[56]

关于阿莱克修斯与西方领导人打交道的方式，以及他为了赢得他们的支持是怎样尽量放低了姿态，最好的例子就是他与博希蒙德的关系。博希蒙德是一个相当有领袖魅力的人物，能够在十字军中间唤起强烈的效忠情绪。他的外表非常迷人，胡子刮得干干净净——这在一个武士们都喜欢蓄须的时代是很不寻常的。[57]据安娜·科穆宁娜所说，他这个人"与别人都不同，不论是希腊人还是野蛮人，而这些人是罗马域内经常能见到的。他的外表就能让人肃而起敬，提起他的名字就能让人感到敬畏"。他肯定是非常有魅力的，但“在某种程度上，他的魅力被他整个人带来的警醒气质给抵消了”，《阿莱克修斯纪》这样写道，“甚至连他的笑声在别人听来都充满威胁”。他将始终是拜占庭和阿莱克修斯的心腹之患。

11世纪80年代早期，这两个人在战场上打得不可开交，对彼此的能力和弱点也都非常了解。当博希蒙德骑马进入君士坦丁堡时，当然不敢有多大的期待，而当他直接见到皇帝时，两人很快就开始谈起过去的恩怨。“以前我确实是您的敌人和仇家，”博希蒙德很谨慎地说道，“但现在我遵照自己的自由意志，将成为陛下您的朋友。”阿莱克修斯在初次会面时也不会把话说得太僵。“你一直赶路必定很劳累了，”他回复道，“去休息吧，明日我们再从长计议。”[58]

皇帝对这位从前的敌人做了特殊的安排。博希蒙德被安排在了科斯米甸（Kosmidion）[1]，那里早给他备好了一处寓所，桌上摆满了各种美食。厨师们还给他带来了没有烹制过的牛肉和猪肉。“您看，食物我们已经按我们传统的烹饪方式给您做好了，”他们说，“但如果这些不合您胃口的话，这里还有生肉，您可以按您的口味自行烹制。”[59]阿莱克修斯认为博希蒙德对他充满疑心是有道理的：这个诺曼人根本没动桌上的食物，不过他却让属下们自便。第二天当被问到为什么不吃时，他的回答也很明确：“我怕

[1] 伊斯坦布尔的旧地区名，在城墙之外，大致位于今日的艾郁普地区。

他会叫人在食物里下毒杀了我。”[60]

阿莱克修斯慷慨赠礼，给博希蒙德的寓所也安排得很好。博希蒙德发现，“到处都堆满了精美的衣物、金银钱币和其他价值稍低的东西，人都走不进去。阿莱克修斯命前来协助的人突然打开门让各种财宝涌出来给博希蒙德看。博希蒙德对眼前的景象感到惊奇……”“所有这一切，”那人说，“今天都是您的了——这是皇帝送来的礼物。”[61]

皇帝的慷慨也延及十字军中地位没那么高的人。布卢瓦的史蒂芬称，阿莱克修斯的“礼物让骑士们的日子都好过多了，他的宴会让穷人们活力倍增”。[62]每个星期，四名公使都会被派往布永的戈弗雷处，应该也会前往其他权贵们那里，送去给将士们的大批金币。[63]

虽然阿莱克修斯非常细致地安排了接待十字军的方式，但事情并不总是按照计划进行。1096年圣诞节前夕，布永的戈弗雷来到君士坦丁堡近郊，之后形势开始变得有些紧张，让人不太舒服。尽管皇帝这边多次发出邀请，但戈弗雷却拒绝渡过博斯普鲁斯海峡。这使得皇帝“忧虑丛生”，因为一大队经验丰富的骑士就驻扎在都城近郊，这让他实在有些介意。[64]当阿莱克修斯敦促戈弗雷渡过海峡的努力收效甚微后，他开始诉诸更加直接的方法。他的女婿尼基弗鲁斯·拜伦尼奥斯率领一队全副武装的卫队，受命以武力迫使戈弗雷及其手下撤离城郊，移往分配给他们的位于博斯普鲁斯海峡东岸的一片区域。[65]

很快，拜占庭军队就与戈弗雷的手下打起来了。公爵本人“如雄狮般狂吼着”，杀死了帝国卫队的七名成员，而拜伦尼奥斯箭无虚发，犹如阿波罗临世——至少是在他妻子眼中。然而，这场交战的重要性并不在于参战者多么英姿勃发，而更在于这样一个事实：阿莱克修斯不得不诉诸武力来让十字军听从他的命令。[66]

可是，让戈弗雷转移的努力收效甚微。他的手下洗劫了君士坦丁堡的外围区域，给城市及其居民都造成了相当大的损失。[67]当武力也没能奏效时，阿莱克修斯决定停止给养供应，“撤销了在市场上可买到的大麦和鱼类，然后是面包，以此强迫公爵前来求见皇帝”。[68]这一招相当大胆，有可能会让局势更加恶化，但它却奏效了。直到阿莱克修斯提议让自己不满10岁的长子作为人质，留在十字军营之后，戈弗雷才屈服了（这是另一个迫使戈弗雷屈服的险招），同意亲自前往觐见皇帝。[69]

戈弗雷及其随员盛装前来，身着貂皮大坎，佩饰贵紫盛金，昭示着他们的权力和地位。[70]双方最终达成协议，戈弗雷同意被护送往博斯普鲁斯海峡东岸基伯托斯附近的既定营地，与其他骑士的队伍会合。作为回报，他获赠了大量金银财宝、紫色长袍、骡子和马匹。[71]阿莱克修斯得到了他想要的结果。在与十字军的关系当中，占据优势地位的是阿莱克修斯，当慷慨赠礼、贿赂和直接武力打击都失效后，撤回补给就成为强调这一点的手段。正如一名西方人直白指出的那样：“所有人都必须和皇帝搞好关系，因为如果没有他的帮助和建议，我们根本没法轻易完成这趟旅途，想要循着我们走过的道路前来的后人也是如此。”[72]停止给养供应是传递这条音讯的有效方式。[73]

诉诸武力是最后一招了。在大多数情况下，帝国当局在1096—1097年处理各项事务的方式还是非常成功的，西方骑士的到来也被安排得平静而顺利。这一方面是因为皇帝对远征的领导人们表现出的关怀和慷慨，但另一方面，其他更加切实的措施也有助于减轻来人对帝都的威胁。比如，西方人入城受到严格控制，只获准一小群一小群地进入内城。据一份文献记载，每小时只有五到六个人可以进入城中。[74]

阿莱克修斯的优先关注点，是要让骑士们渡过博斯普鲁斯海峡前往基伯托斯，那里已经做好准备接待大批人马并为他们提供给养。这可是非常紧迫的事项，皇帝怎么处理戈弗雷一事就说明了这一点。我们之前已经看到，随着十字军们日益接近君士坦丁堡，城中开始弥漫一种紧张气氛。有些人觉得，远征的真正目标并不是耶路撒冷，而是拜占庭都城本身。安娜·科穆宁娜写道：十字军战士们“上下齐心，为了实现夺取君士坦丁堡的梦想，他们采取了一项相同的政策，这我之前已经提到过：所有人表面上都是要去耶路撒冷朝圣，但实际上，他们计划推翻皇帝，占领帝都”。[75]这样的观点并不是只有拜占庭人才有——他们自己或许总会倾向于怀疑外来人有什么不可告人的目的——其他一些处在帝国边缘地区的观察者，比如叙利亚人米凯尔（Michael the Syrian），也相信十字军不仅与拜占庭人交战了，而且还直接向君士坦丁堡发动了进攻。[76]

布永的戈弗雷发动的进攻进一步加深了城中居民的恐惧。而皇帝身边的人最为焦虑。阿莱克修斯在君士坦丁堡仅存的一些盟友相信，城中的反对势力将会利用十字军到来之机起而反对皇帝。有些人想要报科穆宁家族当年夺取政权的仇，还有更多人是因为近期的第欧根尼谋逆事件积下的怨恨。据《阿莱克修斯纪》所言，有一次皇帝的支持者们甚至急忙跑到宫中，组成环护皇帝的最后一道屏障，阻挡城中不满的居民们。他们觉得这些居民随时可能造反。皇帝被催促着穿上自己的铠甲，准备英勇战死，但面对这一切，阿莱克修斯却仍然坐在王座上岿然不动，表现出了令人钦佩的传奇般的沉着冷静。[77]

有人要推翻阿莱克修斯的流言继续在君士坦丁堡内外流传着。总有神秘的陌生人在多位十字军领导人抵达时接近他们，警告说皇帝邪恶狡猾，督促他们不要相信阿莱克修斯皇帝的承诺和奉承。[78]考虑到这种对十字军来意的怀疑情绪，尽快把十字军转移到基伯托斯，对阿莱克修斯政权的稳固是非常必要的。[79]大批武装部队驻扎在离君士坦丁堡如此之近的地方，这本身就很危险，而更麻烦的是城里的某些人可能会从新来的人马那里获取帮助，或利用这个有点混乱的时机，来对皇帝不利。

阿莱克修斯已经提前考虑到了这一点。尽管他已经把所有十字军的主要领导人都先行邀请到君士坦丁堡好好招待了一番，以赢得他们的好印象，但他还试图用更正式的方式让他们和自己结盟。他的措施之一是收养义子。这是一项古老的传统：拜占庭皇帝会与异国权贵借此建立精神上的父子关系。十字军似乎也并没觉得这种方式很古怪。一位编年史家写道，皇帝惯于收养高级别的异国人，而十字军领导者们也很高兴能有这样的机会。[80]另一位编年史家没做任何评论，只是记录道，阿莱克修斯将所有西方领导人都收为义子。[81]但考虑到收养毕竟只是在拜占庭流行的方式，阿莱克修斯又用了一种所有主要领导人都肯定能理解的方式来加强彼此的联系：博希蒙德、戈弗雷、图卢兹的雷蒙、韦芒杜瓦的于格、诺曼底的罗贝尔、佛兰德斯的罗贝尔和布卢瓦的史蒂芬都被要求向皇帝许下效忠誓言。

效忠是封建结构中的一项重要因素，在第一次十字军东征的时候，已经在西欧得到了普遍的确立。它在诸侯和宗主之间建立了一种特别的法律关系。[82]诸侯表示忠心，就要为领主全力服务，以《圣经》或其他合适的宗教物件（如圣骨）之名，当着一名教士的面许诺，绝不伤害领主。阿莱克修斯正是希望从来访的十字军那里获得这样的效忠。正如安娜·科穆宁娜后来所说的，皇帝要求每位领导人成为自己的封臣（*anthropos lizios*）。[83]

当这项要求被提给远征中各位重要贵族时，很多人，作为自己领地的主人，都强烈反对效忠其他人，尤其是像阿莱克修斯这种对他们不负有任何责任或义务的领主。这项提议遭遇的反对是非常强烈的："我们的领导者们断然表示拒绝，而且他们说：'这实在太看轻我们了，让我们向他宣誓实在太不公平。'"[84]但也不是所有人都在抱怨：韦芒杜瓦的于格、布卢瓦的史蒂芬和其他一些人愿意向皇帝宣誓效忠。这可能是因为他们在君士坦丁堡得到了极好的照料，但其中也可能有出于功利的考虑，因为此时他们需要皇帝的帮助和支持才能前往耶路撒冷。如一位亲历者所说："随后，皇帝以个人名义给这些人恣意赏赐了大量金银绸缎，还有一些马匹和钱币，这是他们要完成如此艰巨的旅程所需要的。"[85]《法兰克人事迹》的作者也认可了这一点。他始终对阿莱克修斯和拜占庭怀有敌意，试图理解为什么远征的领导者们会许下这样的誓言。"为什么如此勇敢和坚定的骑士们会做这样一件事？那必定是因为他们受到了不得已的迫切需求的推动"。[86]

而博希蒙德盯上的是更大的赏赐，他向阿莱克修斯提议任命自己为帝国东部军队的统帅——这个位置自前任统帅阿德里安·科穆宁出事后就一直空缺着。[87]博希蒙德从这场远征中收获很多却损失极少，他从一开始就试图把自己定位为皇帝的左右手。他很快就发现，如果自己相助得力，就能获得大把良机。[88]

1096—1097年冬，阿莱克修斯与布永的戈弗雷最终达成和解后，双方的协议中就规定了公爵应像其他人一样向皇帝宣誓效忠。他照做后，"获得了大量钱财，并受邀进宫与阿莱克修斯同桌就餐，享受盛大的宴请……皇帝随后下令，为他的人马提供丰富的补给"。[89]

宣誓对阿莱克修斯来说具有双重目的。长期来讲，能确保西方骑士们未来在小亚细亚的所获都按部就班移交给他。从短期来讲，当十字军逐步在拜占庭境内聚集之时，能确保自己的帝位稳固。后者也体现在对图卢兹的雷蒙的妥协之中。雷蒙拒绝了阿莱克修斯要求效忠的要求。“雷蒙回答说，他不会凭十字架起誓效忠他人，他为了自己的领主抛弃了本国土地和种种财物而来到这里，他也只会为自己的领主服务”。[90]

在那个时刻，雷蒙的拒绝宣誓威胁到了远征的稳定：一是延缓了它的进程，二是因为其他领导人已经向皇帝宣誓效忠，就形成了分裂态势。佛兰德斯的罗贝尔、布永的戈弗雷和博希蒙德全都已经宣誓，并敦促雷蒙也这么做，但却没有效果。最终双方达成了一项妥协：“在此，听从他手下的建议，伯爵发誓无论是他还是其手下，都不会伤害皇帝的生命或抢夺他的财物。”但雷蒙还是坚称自己不会表示效忠，“因为这会危及他的权利”。[91]阿莱克修斯打算接受这种妥协，这其实揭示了他最为关注的东西：在十字军营房就在城墙外的情况下，皇帝要求得到保证，他的人身安全和地位都不会受到威胁。

对待博希蒙德，阿莱克修斯也准备采用灵活和折中的方式。博希蒙德同意成为皇帝的诸侯，但提出了特别的要求。“皇帝说，如果博希蒙德向他宣誓，作为回报，他将获得自安条克开始15天路程长、8天路程宽的土地。（阿莱克修斯）还承诺，只要他忠诚地信守诺言，那他的领地将辽阔无际”。[92]这种妥协方案的代价并不大：别的不说，它首先是对帝国有利的——鼓励博希蒙德去夺取帝国传统边界之外的土地，结果就是能在拜占庭和突厥人之间形成一块缓冲地带。但从博希蒙德的观点来看，他将利用庞大的十字军来为自己谋利，考虑到他在被自己同父异母的兄弟和叔叔牢牢掌控的意大利南部已经没什么前景，这还是相当有吸引力的。换句话说，这个协议能让双方都有所得。

博希蒙德很高兴未来有可能开创自己的一块领地，因此，他代表阿莱克修斯推动了与图卢兹的雷蒙的谈判。正是博希蒙德劝诱并最终威胁这位最有权势的远征领导人，告诉他如果他一直拒绝宣誓的话，自己就会亲自对他采取行动。[93]这让十字军上上下下都对博希蒙德生出了亲近之感，因为他们都认为领导人之间的意见不合会分散注意力，耽误眼前要抗击小亚细亚的突厥人这件大事。博希蒙德于是赢得了推动十字军继续向前的好名声。这也拉近了他与阿莱克修斯的关系。阿莱克修斯开始把这位从前的敌人看作是一位有价值的盟友，一个有情有义的人，也就是他能够信赖的人。

尽管随着十字军抵达拜占庭境内，皇帝在1096—1097年有了一些短期的关注事项，但他在正式规划自己与各位远征领导人的关系时，也想到了长期的战略。他尤其关注在西方人穿越小亚细亚途中攻取的城镇和地区要怎么办的问题。这件事在领导者们于君士坦丁堡许下的誓言中也非常具体地谈到了。布永的戈弗雷以及其他主要的西方骑士们“来到皇帝面前，许下誓言，无论在未来他攻取了哪座城镇、哪片土地或要塞，只要之前是属于罗马帝国的，就应该交还给皇帝，让他为此专门任命的官员”。[94]

有关这项誓约的报道很快就传到了拜占庭以外的地方，并迅速传遍了伊斯兰世界。远在巴格达和大马士革的评论者都能知道这项在帝都缔结的誓约的概况。有一位评论者写道：当十字军抵达拜占庭，“法兰克人第一次出现就与希腊人的国王立下誓约，向他承诺他们将把攻占的第一座城池转交给他”。[95]另一位评论者主要关心的是阿莱克修斯为了得到自己想要的结果而表现出的决心和坚定意志：“拜占庭皇帝不准他们通过自己的领土。他说：‘只有你们向我发誓将把安条克交还给我，我才会让你们通过前往伊斯兰的土地。’”[96]

拉丁文献不仅注意到了西方领导人们许下的誓言，而且还提到阿莱克修斯提供的回报。“皇帝，”《法兰克人事迹》的作者写道，“会确保我们所有人的安全，并发誓会与我们一道，带着陆军和海军，忠诚地通过陆路和海路，为我们提供给养，为我们补充缺失的东西。此外，他还承诺他不会允许任何人为我们前往圣墓的路途制造麻烦。”[97]

在接下来的年月里，谁履行了自己的诺言成为争论的焦点，双方都指控对方失约。但有一件事是清楚的：阿莱克修斯非常理解效忠的含义，并表现得如同一名西方的宗主一样，用骑士们非常熟悉的语言提出了他要求效忠的事宜。皇帝是不是认识到，在极度艰难的情况下，双方的承诺可能会被打破呢？那就是另一回事了。

正如《法兰克人事迹》的作者敏锐指出的，责任是双向的。当十字军来到君士坦丁堡，他们认为，皇帝将亲自指挥远征军。

毕竟，当各路十字军在基伯托斯会合之后，阿莱克修斯表现得就像军队统帅一样，赠予礼物，安排食宿，协调各方动向，就对抗突厥人的恰当策略提供建议。此外，由于他要求领导者们宣誓效忠，那就更把自己确立为了远征的核心人物。

这就把阿莱克修斯放在了非常两难的境地上。他向西方求助是因为，在突厥人大举进犯和帝国贵族们协同反叛令他的地位岌岌可危之时，他急需人马来帮助他重新夺回小亚细亚。但也因此，他在征战中扮演积极角色的可能性是有限的，正如安娜·科穆宁娜承认的："皇帝当然很想与远征军一道去对抗不信神的突厥人，但在两相权衡之后放弃了这个计划。他注意到，罗马军队与数量庞大的法兰克人比起来人数实在太少，根据长期的经验他也知道，拉丁人是多么不可信。"阿莱克修斯还担心他不在君士坦丁堡的时候城中可能会发生叛乱。"这就是皇帝那时候选择不参加远征的原因，"安娜写道，"虽然他御驾亲征是不太明智的，他还是认识到要尽可能给予凯尔特人帮助，宛如他与他们同在。"[98]

但此时皇帝还没必要宣布自己的打算。他能够与十字军一道进入小亚细亚，并亲自指挥最初的一些行动。他可能还没有决定好，如果远征取得胜利，并开始在对抗突厥人的进程中取得重大进展，那又该怎么办。但至少到1097年春末时，一切都对皇帝有利。他成功地与所有西方领导人达成誓约，并谨慎地承诺将为远征提供帮助。可是，不论西方骑士们是怎样期待的，他在任何时候都没有明确表示自己将亲自领导他们前往耶路撒冷。他们未来的关系将在很大程度上取决于西方骑士们能取得多大的成功。于是，阿莱克修斯密切关注着十字军向第一个重要目标——尼西亚行进。

第9章 初次遇敌

十字军进军小亚细亚之路充满着胜利的喜悦和无情的灾难、浓重的暴力与人性的冲突。阿莱克修斯在政治不稳定的情况下被迫留在了帝国的中心——帝都，而没有冒险一同前往远征，但他还是试图远程遥控征战。这项事业充满艰险，但在东征的头一年多时间里，十字军却一直在高歌猛进。

1097年春在基伯托斯会集起来的军力有数万人，这是很惊人的。要为这样一支队伍提供足够的补给是极大的挑战。基伯托斯营地有条不紊的运作给布卢瓦的史蒂芬留下了深刻印象。他在写给妻子的信中描述了在这里为十字军备下的食物和给养的数量是多么庞大。[1]其他人也谈到了城中商品的丰富，以及这里有大批向西方人售卖小麦、葡萄酒、橄榄油、奶酪和其他必需品的商人。[2]

如同在巴尔干半岛的情况一样，这些商品的价格并不是任由市场或者商人的私心决定的。甚至在最早一批西方人抵达基伯托斯的时候，就有一名作者写道，商品供应不但数量庞大，而且价格在帝国的中央调控下也很稳定了。[3]给养丰富让十字军士气高昂。这也进一步抬高了皇帝在西方军队中的声望和地位。定期给军中上下分发钱财同样让十字军中满是对他的感谢和好印象，也让集聚完毕的军队决心要行进到尼西亚抗敌。[4]阿莱克修斯基于这股热情，又承诺说如果尼西亚的突厥人被打败，该城被攻下，还会分发更多的金银财宝和马匹等物。[5]

1097年初夏，十字军出发前往尼西亚，在5月的时候抵达。他们刚在高耸的城墙外安营扎寨，就试图强攻该城。这让阿莱克修斯非常惊讶，因为他很久之前就已经得出结论，这座城无法用武力夺得。[6]事实上，他之所以向西方寻求军事帮助，就是因为他自己在11世纪90年代初夺取尼西亚的努力全部失败。他认为，夺取尼西亚的唯一方式，就是在充足人力的支持下，进行漫长的围攻。但他的这种设想却立刻受到了十字军的挑战。

骑士们没有选择竖起围界，逐步缩小包围圈，而是快速评估了一下尼西亚的防卫，然后就直接试图攻城。他们开始攻击的时候，有些重要领导人甚至还没有抵达尼西亚。等诺曼底的罗贝尔和布卢瓦的史蒂芬到达时，他们发现进攻已经开始了。[7]

尽管热情满满，十字军最开始的进攻尝试却没什么效果。据一名十字军战士说，尼西亚由高墙环护，因此城中居民既不惧怕敌人的袭击，也不畏惧任何机械力量。正如我们已经看到的，这座城镇地理位置绝佳，得到天然屏障的保护，比如它的西面就有一个相当大的湖泊。[8]为了突破防御，骑士们设计并建造了多台投石器。虽然明知无法撼动如此庞大的城墙工事，但它们主要是用于提供掩护，让工兵们能够靠近城墙，从下方使力。由图卢兹的雷蒙指挥的一个分队很快就瓦解了一个区域的防卫，这让十字军上下士气大振，也让突厥守军又惊又惧，只能连夜赶工才修复了白天遭损毁的工事。[9]

尽管一开始就有伤亡，但十字军还是坚持了他们的策略。一名领头的骑士——卡尔德伦的鲍德温（Baldwin of Calderun），在指挥一队人马冲击城门时被护墙上扔下来的石块砸断了脖子。还有一些重要人物也受了伤，比如根特的鲍德温（Baldwin of Ghent），他被城垛射出的一支冷箭射中，造成了一处致命伤。疾病很快也开始大行其道：年轻勇猛的骑士伯塞斯的居伊（Guy of Possesse）就感染了热病，没多久便过世了。[10]

尼西亚的守军与进攻者比起来拥有重要的战略优势。高耸的城垛和城墙上视野开阔，能让他们清楚地看到十字军在做什么并相应地做好准备。他们可以很轻易就向下方毫无掩护的人发射炮弹和箭矢，或者投掷重物。而且守卫尼西亚的突厥人资源丰富：可燃的油类、动物油膏和沥青都被用来对付进入城墙一箭之地的人。[11]此外，突厥人还知道，十字军各支队伍从1096年夏天开始就在基伯托斯集结，因此他们已经提前备下了被长期围困所需的数月的给养。他们看起来非常自信，不太可能被迫投降，在围攻开始时，尼西亚总督乞力赤·阿尔斯兰甚至都不在城中，而是在小亚细亚的其他地方。[12]与阿莱克修斯一样，尼西亚的守军们也觉得靠强攻拿下这座城镇的可能性微乎其微。

他们残忍地对待被杀死者的尸骸，以此来表明自己的信心。诺曼底的罗贝尔麾下的一名骑士被分割包围，然后守军将其俘虏后杀害，一个由链条拴着的有着尖利铁头的装置从城墙上垂下来，把尸体钩上城垛。随后尸体被剥光，用索套高高悬挂起来，让进攻的十字军都能看到。此举传递的音信很明确：想要夺取尼西亚只是白白浪费人力、时间和精力。[13]

十字军以牙还牙。一队前来增援尼西亚守军的突厥人被十字军击败，所有人遭斩首，其损毁严重的首级被穿在长枪尖上，在城外游行示众。如安娜·科穆宁娜指出的，这么做的话，“野蛮人很远就能看到发生的一切，他们会被这场惨败吓到，不再敢于这么急切地交战”。[14]

骑士们加大了对该城的攻击。攻城战术是11世纪西欧飞速发展的一个军事领域。意大利南部的诺曼人尤其擅长强攻防守森严的城镇并迅速予以击破，而不是漫长地围攻直至守军被拖到投降。他们在11世纪50年代和11世纪60年代能迅速征服阿普利亚、卡拉布里亚和西西里，在很大程度上要归功于他们在攻城战术方面的革新，以及他们在攻打防守稳固的要塞时表现出的灵活机变策略。因此，早在第一批骑士抵达城下时，用作对抗尼西亚城防的攻城机械就已经开始建造了。

十字军尤其关注城墙的一角。这里由贡塔纳斯塔防护着。但这座塔在一个世纪前的一场叛乱中受损严重，塔身已经开始倾斜。远征军的领导者们很快就认定，这里就是城中防卫最薄弱的环节。[15]图卢兹的雷蒙针对这座塔主持设计了一个特别的攻城机械：器身为圆形，上面覆盖厚厚的皮革，可保护内部工作的人员。将这个机械推到城墙边后，躲藏在下面的工兵就开始用携带的铁制工具挖墙脚，把塔基的石砖挖出来，在空隙里塞进木棒，然后再放火点燃。尽管贡塔纳斯塔没有马上倒塌，但十字军的这番举动还是明显损坏了城墙，也在尼西亚城中制造了恐慌情绪。[16]

阿莱克修斯试图利用突厥人开始滋生的焦虑情绪。他坐镇在佩勒卡诺斯（Pelekanos），在那里他可以监控和指导进程。对尼西亚进行第一轮攻势的同一时间，曼努埃尔·伯托米特斯秘密进入城中，试图通过谈判达成和解，他提醒城中居民想想当年皇帝对突厥人表现得多么慷慨大方，并警告说若十字军攻破城墙，后果将不堪设想。曼努埃尔还给出了书面的保证，承诺如果他们立即投降，能受到怎样的优待。[17]

可是突厥人对尼西亚的防卫非常有信心，断然拒绝了这样的提议。此外，他们也收到消息说有一支庞大的援军正在赶来的路上。确实，在攻城的早期，十字军才是应该忧虑的一方。他们在营地里发现了假装成基督徒朝圣者的探子，在酷刑之后探子招供说尼西亚的守军与外面的通信丝毫没有受影响，而且一支突厥援军正在赶来。[18]此外，十字军还能看到，经由西面的阿斯卡尼亚湖[1]，补给正在源源不断地运入城中。这有力地表明，他们必须速战速决，想要长期围攻迫其投降实在很难。

阿莱克修斯很谨慎地控制着行动的进程。他下令将船只从尼科米底亚湾经陆路运送过来，用以封锁该湖，另一方面则命令升级对城镇的攻势。拜占庭的弓箭手被派遣到离城墙很近的地方，为十字军提供强力的掩护，让突厥人没办法从城垛上抬起头来。帝国军队还带着号手和鼓手大造声势，给人强攻就要来临的感觉。同时，一波帝国骑手挥舞着军旗从远处赶来，给人的印象是，还有更多的人马即将前来攻城。[19]

阿莱克修斯的计划是，呈现出己方具有压倒性军事优势的表象，试图让尼西亚按照他提出的条件投降。曼努埃尔·伯托米特斯再次秘密进城，随身带了一份皇帝签署的金玺诏书，讲明了投降的条件。这些条件包括大赦令以及慷慨的赠礼，“惠及尼西亚城中所有蛮族，无一例外”。[20]这一回，皇帝的提议和他的计策说服了城中的突厥人，他们投降了。

这是阿莱克修斯取得的一次重大策略胜利，也证明了他向西方求助的宏大政策是正确的。然而，形势还是很微妙，需要小心处理。皇帝担心西方的骑士们不会满足于议和了事，下令“佯攻”城墙，他的目的是制造这样一种假象：是拜占庭人突破了防御，成功夺取了该城，而不是十字军。

[1] 即今土耳其布尔萨的伊兹尼克湖。

1097年6月19日，西方军队在还没意识到议和交易已经达成的情况下，仍在进攻该城要塞。而拜占庭的战士们则从临湖的西面爬上城墙，翻入护城，把帝国旗帜插在了城墙上。伴随着齐鸣的鼓声和号声，拜占庭士兵们站在城池四周的城墙上，宣布皇帝阿莱克修斯一世·科穆宁的军队攻占了尼西亚。[21]

尼西亚陷落的消息在伊斯兰世界里掀起了波澜。一份写于大马士革的文献这样进行了描述："一份份报告接踵而来，称法兰克人的军队从君士坦丁堡海岸那边来临，兵力很难估计……随着报告日益增多，其内容也开始口口相传，人们变得非常忧虑。"[22]突厥人的墓碑被用来修补在围攻中受损严重的一段尼西亚城墙，人们根本无法平静地思考西方人这种人规模远征将对小亚细亚其他地方造成怎样的影响。[23]

夺得尼西亚在西方人这边反响也不小。对十字军战士们来说，这证明了前往耶路撒冷的远征是有神庇佑的。当城市陷落的消息被确认后，"荣光归于吾主！"的阵阵呼声开始响彻城墙内外，既有拉丁语，又有希腊语。[24]夺得尼西亚，说明骑士们是在为主服务。当此后他们在远征中受到艰难险阻的打击时，这是他们可以依靠的胜利证明。一支在上帝的护佑下前行的军队，是没有什么目标不能达成的。

对阿莱克修斯来说，收复尼西亚本就是他的主要目标之一。但西方骑士们表现出的宏大目标、进攻速度和决心还是让他大开眼界。1097年6月夺得该城的战绩，充分证明了皇帝向西方求取军事帮助的正确性。对阿莱克修斯来说，这实在是不折不扣的胜利。

而尼西亚在没有付出多大伤亡代价的情况下回到拜占庭人手中，这个事实也为皇帝在未来提供了更多的机会：他可以把自己打造成突厥人的朋友和保护者，让他们免于遭受西方骑士们的屠戮。这个意图在皇帝对待尼西亚突厥居民的方式中体现得很明显：他们所有人在表示臣服于帝国并接受了慷慨的赠礼之后，都毫发无伤地继续过自己的日子。[25]十字军上下也得到了大方的赏赐：为庆祝攻下该城，领导者们得到了金银财宝、丝绸贵缎，下级官兵也得到了铜币奖赏。[26]

可是，并不是所有人都被皇帝的慷慨所打动。不满的流言开始传播，比如，阿莱克修斯到底扮演什么角色，为什么皇帝要从西方的军队力量和技术展示中获益。几个月后，参加远征的一位主要神职人员写信给兰斯大主教曼纳塞二世称："军中的王公们匆匆赶来与对他们表达谢意的皇帝会面。在接受了他送出的无价恩赏后，他们又返回军中，有些人对他印象良好，有些人却没有"。[27]具有讽刺意味的是，正是阿莱克修斯的慷慨引起了这种怨愤。在有些人看来，骑士们从欧洲出发前来为上帝的旨意服务，为此而接受拜占庭人在经济上的赠礼是不合适的。

阿莱克修斯决定在尼西亚重提当初宣誓效忠的事情，这也招致了更多的不满。安娜·科穆宁娜称，她父亲想要所有之前发过誓的人在1097年6月再次确认自己的誓言，但这点似乎并不可信，也没有得到拉丁文献的佐证。[28]事实上，阿莱克修斯在尼西亚陷落后瞄准的是那些之前没有发誓效忠的骑士们。在君士坦丁堡的时候，有些主要的领导人躲开了他的关注。比如博希蒙德的外甥[1]唐克雷德，就静静地躲开了，据12世纪一位给他立传的作者所说，他认为这是给他上枷锁。[29] 在尼西亚陷落之后，唐克雷德也面临发誓效忠的压力，但他激烈地表示反对，至少是在他明确开出自己要的条件之前——他要求得到与其他领导人一样多的赏赐，还要额外加一些奖赏。一名拜占庭高级官员鄙夷他太贪得无厌，两人于是扭打成一团，在旁人劝阻下才被拉开。这一次，又是博希蒙德站出来调解，说服唐克雷德发下誓言。[30]

阿莱克修斯之所以要强化自己在远征中极大的权威，是因为他不打算亲自参与穿越小亚细亚的远征——至少在现阶段不会。虽然皇帝亲自来尼西亚监管，并见证了尼西亚的攻克，但他并不愿意冒险更进一步深入安纳托利亚。他充分意识到，在经历了十字军东征前夕的种种事件之后，贸然离开帝都会带来怎样的风险，因此他决定选择一名经验丰富且忠诚可靠的将军来引领西方军队东进。而最合适的人选就是皇帝儿时的好友塔提基奥斯。塔提基奥斯长得粗壮结实，战斗经验丰富。长期以来，他已经证明了自己对阿莱克修斯的忠诚，特别是在第欧根尼谋逆期间。他的鼻子受了伤，因此戴了一个金色的鼻套——他很有可能就是在11

[1] 唐克雷德的妈妈欧特维尔的爱玛是博希蒙德的姐妹。

世纪90年代中期，因为在激烈的内战中忠于皇帝而受的伤。[31]塔提基奥斯受命领导一支军队引领十字军穿越小亚细亚，并接管每一座在前往耶路撒冷途中夺取的城镇。[32]

考虑到十字军东征前夕拜占庭的危机，阿莱克修斯不愿亲自参与远征也是可以理解的。他曾告诉图卢兹的雷蒙，他不能领导骑士们前往耶路撒冷，因为“他担心阿勒曼尼人、匈牙利人、库曼人及其他蛮族会在他与朝圣者们一道东进时危害他的帝国”。[33]这些威胁都是真实存在的：库曼人1095年春天的进攻几乎把拜占庭逼到了崩溃边缘，阿莱克修斯皇帝都没法直接决定是否亲自出征对抗游牧民族，只能在圣索菲亚大教堂举行了一场繁复的仪式：他在圣坛上放了两块牌子，一块写着他不应出征，另一块写着他应该出征，最后的结果就看上帝的旨意了。[34]

因此，1097年的情况就是，帝国内外面临的威胁实在太多，阿莱克修斯如果要亲自领导远征的话，所冒的风险实在太大。正如我们将要看到的，一年后，阿莱克修斯收到了从安条克发来的求救信，信中祈求他领兵东进，解救被围困多时、处于弹尽粮绝边缘的十字军，阿莱克修斯此时真的是爱莫能助。其实，整个第一次十字军东征期间，他都是处于相对弱势的地位，这种地位从他向西方求助的时候就开始了。虽然如此，阿莱克修斯1097年时还是掌控着远征的。尽管有些被激怒的骑士威胁说，要在尼西亚陷落之后直接继续他们的征途，但十字军仍然是在6月末得到阿莱克修斯皇帝许可之后才继续进发的。[35]

与此同时，阿莱克修斯在小亚细亚北部坐镇，督管拜占庭军队收复西部沿海和次大陆的各个河谷地带。尼西亚到手之后，阿莱克修斯即刻组织了一支军队，由约翰·都卡斯和君士坦丁·达拉森诺斯率领，进军察卡在士麦那的大本营。从那里开始，他们将逐步收复落入突厥人之手的其他沿海地区城镇，随后挥师进入内陆——都卡斯沿迈安德河谷（Maiander valley）[1]向上游进发，达拉森诺斯侧翼行进，北上前往阿拜多斯。战役的目标是收复小亚细亚西部的大块领土。[36]

阿莱克修斯皇帝的行动也得到了塔提基奥斯所选路线的支持。1097年6月底，塔提基奥斯从尼西亚出发，引领十字军继续东进。这位拜占庭指挥官没有选择穿越安纳托利亚中部最直接的路线，而是率领大军偏南行进，直到皮西迪亚的安条克。这样，就可以在约翰·都卡斯开战时，保证沿海及其内陆地区有最多的拜占庭军力存在。[37]他们的想法是，以此作为威慑，说服突厥人当场投降，以免遭受大举进攻。

为了进一步给突厥人直观的感受，都卡斯还随军带上了察卡的女儿。她在尼西亚被俘。带上她就能说明尼西亚已经被攻克，她父亲的实力正在被逐步削弱。而拜占庭特意表现出对她的宽容和优待，这能让察卡不那么坚定的追随者们看到，与阿莱克修斯皇帝合作是有诸多好处的。[38]

[1] 即今土耳其西南部的门德雷斯河。——译者注

拜占庭于1097年夏天发动的这场战役是相当成功的。士麦那、以弗所和所有沿海城镇都被收复。非拉铁非（Philadelphia）[1]、萨尔迪斯、老底嘉、阔玛（Khoma）和朗佩（Lampe）在都卡斯行军途中先后被攻克或不战而降。到1098年夏，沿海和内陆地区的所有重镇都已经回到帝国手中。拜占庭的总督们迅速被派往这些重新夺回的地方。所有被任命到这些地方的人，如卡斯帕克斯（Kaspax）、亚雷亚斯（Hyaleas）、佩策阿斯（Petzeas）、迈克尔·恺考梅诺思（Michael Kekaumenos）、尤斯塔西奥斯·基米内阿诺斯，都是在第欧根尼谋逆事件后崛起的皇帝新亲信团的成员。他们在11世纪90年代中期以前，都是默默无闻的人物，但现在却处在了帝国东部诸行省中一块主要战场的最前沿。39

而察卡本人在给拜占庭帝国制造了近十年的麻烦后，终于被迫从士麦那逃走了。他的陨落如同一幕戏剧。他来到阿拜多斯求取乞力赤·阿尔斯兰的建议，却在一场奢华的宴会后遭到谋杀：这位前任尼西亚总督亲自把剑刺入了他的身体。因为他对小亚细亚的突厥人来说已经没有价值了。40

拜占庭的国运一下子振兴了好多，乞力赤·阿尔斯兰也开始寻求与阿莱克修斯皇帝议和。安娜·科穆宁娜是这么说的："这些努力不算没有成功。"尽管她没有给出协议的任何细节，但"一

[1] 古代和中世纪的城市，名字意为"兄弟友爱"，据说是使徒约翰在《启示录》中列出的亚细亚七大教会之一的所在地。即今土耳其城市阿拉谢希尔。——译者注

直战火不断的诸省重获和平”这一事实却有力地表明，拜占庭在小亚细亚的运势已经在短时间内有了决定性的扭转。[41]

东部诸行省最重要的城镇和地区又回到了帝国手中。虽然要把突厥人完全赶出小亚细亚次大陆还有许多事情要做，但阿莱克修斯皇帝也必须实际一点，决定这次行动收复哪些地方比较现实。除了要找到足够多可信赖的官员前往重申自己的权威，更重要的是，他要保证1097—1098年的收获可以长久地持续下去。因为当时的情况下，不能排除当十字军从尼西亚开拔后，突厥人有可能会利用这个机会重新集结起来，再次对这座城镇及其周边地区施压。这就让与乞力赤·阿尔斯兰订立的这份和约变得十分有价值，因为它能给阿莱克修斯留有足够的余地，重新确立拜占庭帝国在亚细亚西部的地位，并巩固其在拜占庭内部的地位。

阿莱克修斯皇帝很精明地借用了十字军的力量，直接（在尼西亚）和间接地从中获益（对亚细亚西部的突厥人形成了普遍的压力）。然而，具有讽刺意味的是，乞力赤·阿尔斯兰与阿莱克修斯达成的议和意愿，对十字军却具有负面影响：现在，突厥人所有的注意力都集中在他们身上了。

从尼西亚开拔后，十字军兵分两路。一路由博希蒙德、唐克雷德和诺曼底的罗贝尔率领；另一路由佛兰德斯的罗贝尔、图卢兹的雷蒙、韦芒杜瓦的于格和勒皮主教阿代马尔率领。这么做是有现实考虑的。尽管迄今为止阿莱克修斯皇帝都保证了他们的给养，但随着大军开拔，要在行军过程中保证这样一支庞大队伍的供给，实在是非常艰巨的任务，尤其是在盛夏时节行进在安纳托利亚高原炙烤的烈日下时。

7月初，行军才没几天，博希蒙德就发现突厥游击部队在跟踪他们这一队人马，当时他们快要到达多利留姆（Dorylaion）的废墟。虽然他很快派人送信给了主力部队，但还是遭到了一支由乞力赤·阿尔斯兰率领的突厥大军的伏击。这支军队正在前往迎击十字军的路上。这些突厥人“像狼一般嚎叫着，伴着一阵箭雨”，向十字军扑来，引得十字军中一片恐慌。[42]

突厥人发出的吼叫非常可怕。一名亲历者写道：“他们开始低吼和号叫，用他们的语言喊着一些我听不懂的可怕语句。”他们可能是在喊“*Allahu akbar!*”（真主伟大）。但让西方人恐惧的还不只是这些吼叫。突厥人进攻非常猛烈，以致队伍中的神父们泪流满面，开始向上帝祈祷，觉得自己的末日已经来到。[43]另一位亲历者写道：“我还能说些什么呢？我们像羊群一样被赶到了一起，满怀恐惧，战栗不已，四面八方都是敌人，我们无处逃脱。我们深知，这是自己的罪责所致……此刻我们已经毫无生还希望。”[44]

博希蒙德一行人被弓箭手骑兵团团围住，一点点逼到了附近的一条河边。结果这倒是一桩幸事：对身着金属盔甲、挥舞重剑作战的骑士们来说，饮用水有时就可能成为生命线。此外，突厥人的马匹在河边泥泞的土地上也不好行进。

退到这处有利地形后，十字军虽然伤亡惨重，但开始能够坚守阵地，并进行了英勇的反击，一直坚持到援军赶来。博希蒙德的战略技巧和让军队保持有序的能力在此役中得到了充分体现，这也是他在这次远征中地位稳步上升的原因。他鼓励手下要坚守阵地，并在第一次与敌人的正面交锋中身先士卒做出榜样。十字军战士们始终坚定地保持自己的信念，牢牢地站在一起，相信基督和圣十字架将会胜利。“感谢上帝，今天我们都将士气大增！”[45]显然，支撑着骑士们的不仅是他们的信仰。

布永的戈弗雷、图卢兹的雷蒙和韦芒杜瓦的于格派来的援军抵达后，形势开始有利于西方人。事实证明，勒皮的阿代马尔的及时出现具有决定性意义。这名主教洗劫了突厥人的营地，放了一把火，扰乱了突厥人的后方。这让进攻的突厥人出现骚乱，开始四下逃散。本来可能让十字军就此终结的威胁，就这样转为了一场壮观的胜利。也难怪有些评论者会把它看作上帝恩典和护佑的另一个明证：“第二天和第三天，突厥人一直在不停地逃离，这真是上帝的伟大奇迹，虽然除了上帝，并没人去追击他们。我们全都因这样一场大胜而欢欣鼓舞，感谢上帝。他在给我们暗示，我们的旅程不该就此结束，而应以前所未有的方式兴盛而光荣地继续展开，因着他的基督教之名。”[46]

虽然如此，突厥人还是给十字军留下了非常震撼的印象：他们精湛的骑术、令人惊叹的射箭技术，以及作战能力，都赢得了西方人的钦佩。有些十字军战士为这样的人竟然不是基督徒而感到遗憾：“（突厥人）有种说法，说他们和法兰克人是同源的，除了法兰克人和他们，没人是天生的骑士。这千真万确，没人可以否认，如果他们能坚信基督和基督教的话……你实在找不到比他们更加强壮、更加勇敢或更有技巧的战士了。然而在上帝的恩典下，他们还是被我们打败了。"[47]尽管十字军骑士们非常钦佩自己的敌人——像乞力赤·阿尔斯兰就被称为"一位高贵的人，可惜是异教徒"，但他们造成的威胁已经超过了这种情感的力量。[48]正如阿莱克修斯在君士坦丁堡时强调的，突厥人是令人敬畏的战士，除非十字军能够在战斗中保持严明的纪律，否则就会遭到屠戮。[49]

在多利留姆击败了突厥人的进攻后，骑士们继续穿越安纳托利亚的中部行军。他们的行进速度很快，沿路遇到的突厥人总是望风而逃，没有谁敢和他们正面交锋，这让他们没有遇到什么实质性的抵抗。在十字军前往位于今天突厥北部沿海地区的赫拉克利亚（Herakleia）的途中，敌人逃逸的速度"犹如一根箭矢被强有力的箭手射出，飞一般就离开了"。[50]十字军这次没有遇到抵抗，要归功于之前在多利留姆大胜的影响。正如一位阿拉伯作者指出的："对于伊斯兰事业来说，这次战败是一桩令人蒙羞的消息，当它传来，人们的焦虑变得更加强烈，也越来越担忧和警觉。"[51]

随着亚细亚向这支行进的队伍一点点敞开，塔提基奥斯始终确保沿路的重要战略城镇能被帝国接收。这些战略要地是早就确认好的，因此这名拜占庭指挥官并没有带领十字军走一条前往圣地的最短路途，而是蜿蜒行进，途经一系列能够在未来的征战中作为据点使用的地方。其中有个城镇叫普拉斯滕西亚

(Plastencia),位于1097年秋收复的凯撒利亚以东。根据十字军与阿莱克修斯皇帝此前达成的协议,该城被交给了一名帝国总督彼得·阿里法斯。他自11世纪80年代中期开始为阿莱克修斯服务。如今既然承接了一个与十字军紧密相连的重要盟友角色,彼得就“怀着对上帝和圣墓的忠诚”开始履行保卫这座城镇的职责——而不是以皇帝的名义,至少某位记录者是这么说的。[52]

十字军东进途中的其他城镇也做了类似安排。一个叫西梅翁(Simeon)的人掌管了小亚细亚东南部的一块区域,发誓将保护这里免遭突厥人袭击。[53]还有韦尔夫,他是勃艮第人,在一支十字军小分队来到南部海岸查探形势时,他已经驱散了阿达纳的突厥人,控制了这座城镇。与彼得·阿里法斯一样,他是西方人,但为拜占庭帝国服务,在十字军穿越小亚细亚的路途中为拜占庭收复了一些城镇。[54]

与戈弗雷的弟弟布永的鲍德温以及唐克雷德有关的两次分兵突进,似乎也具有相同的目的。1097年秋,鲍德温带兵离开远征主力部队,向西里西亚进发。他的离开得到了十字军领导层的同意。唐克雷德也几乎在同一时间离开,但没有得到同意。他声称自己要独立抵达安条克,事实上,他只是想去看看鲍德温的进展。[55]

这两人很快就在夺取塔尔索斯的过程中发生了冲突。这是小亚细亚东南沿海一个富庶的战略重镇。唐克雷德率先到达,他很巧妙地处理了一系列威胁,和平地拿下了这座城镇。鲍德温不久后也抵达了,旋即用自己的旗帜换下了城墙上唐克雷德的旗帜。

之后，唐克雷德又前往阿达纳和马密斯特拉，鲍德温再次尾随而至。这让两个人之间的对抗进一步升级，渐渐演化为公开的冲突。唐克雷德总是发动奇袭，而鲍德温总能轻易将之化解。[56]

这段插曲很难解释清楚。人们通常将之表述为个人之间的竞争，双方都想利用在十字军东征期间出现的机会来使自己得益，战利品导致了他们之间的冲突。事实上，我们还是要回溯到君士坦丁堡去寻找答案。

鲍德温在帝都时就引起了阿莱克修斯皇帝的关注，当时他严厉斥责了那名胆敢坐上皇帝宝座的狂妄骑士。《阿莱克修斯纪》完整地引用了他的责骂："你绝不应如此，尤其是在起誓为皇帝臣属之后。罗马皇帝不让臣子们与自己同坐。这是此处的成规，既发誓为陛下的臣属，就应遵守本国规矩。"[57]

阿莱克修斯正在寻找自己能够信赖的西方人。甚至连昔日宿敌博希蒙德——眼睛湛蓝、相貌堂堂，在拜占庭国中素来享有声威——也曾被阿莱克修斯考虑过是否能成为十字军的指挥官。鲍德温似乎非常符合阿莱克修斯的要求。因此，鲍德温会受命领导一支前往沿海地区的分队，向塔尔索斯及小亚细亚东南角进发，也就并非偶然了。这座城镇是进攻安条克必要的前哨，而安条克正是十字军东征的下一个焦点。塔尔索斯有天然良港，是很好的军事基地，因此，突厥人能够很明显地利用这里来控制叙利亚沿海地带，威胁从小亚细亚南部和塞浦路斯前来的给安条克的给养。阿莱克修斯已经逐步将塞浦路斯确立为向十字军提供给养的首要基地。如果这场远征想要在叙利亚获得成功，那确保东地中海的航运顺畅就十分关键。虽然十字军的目的是收复拜占庭东部最为重要的城镇安条克，但夺取塔尔索斯以及其他鲍德温已经瞄准的城镇，如马密斯特拉，也是实现这个宏大目标过程中的关键一步。

因此，派遣鲍德温去夺取塔尔索斯及其内陆腹地的其他城镇，就与个人利益之争毫无关系，而是遵照皇帝指示所执行的一次袭击。这也就解释了为什么鲍德温离开主力部队的行为能够得到塔提基奥斯的许可，也解释了为什么鲍德温决心要赶走唐克雷德。唐克雷德是个麻烦人物，刚愎自用，野心勃勃。鲍德温最终不得不对他武力相向，这是确保远征图景不被打破的必要举措。

巩固了塔尔索斯、阿达纳和小亚细亚西北角的其他地方后，鲍德温把它们交给了塔提基奥斯和拜占庭人。因此，在不到六个月后，塔提基奥斯才能在离开十字军营地寻找补给和增援时，把这些地方交给博希蒙德掌管。[58]鲍德温表现得非常愿意捍卫阿莱克修斯的利益，于是，没过多久，其他一些想要摆脱突厥人的城镇和当地居民就开始向他求助。短暂地与主力部队会合之后，鲍德温第二次出发，这次，他是应埃德萨总督托罗斯（T'oros）之邀，前往高加索地区。据一份当地文献所说，托罗斯作为拜占庭任命的地方长官，此前已经尽了自己的全力保卫这座城镇，“以雄狮般的勇气”抗击突厥人。[59]

当地居民像欢迎救世主一样欢迎鲍德温的到来。“当我们穿过各座亚美尼亚城镇时，”一名亲历者称，“看到他们出来迎接我们，拿着十字架和锦旗，亲吻我们的脚和衣服，出于他们对上帝的爱，也出于他们听说我们是来保护他们的原因，他们听说我们是来让他们免受突厥人长期以来的迫害的，这真是一种奇观。”[60]据一份对城中哈兰门上铭文最可靠的解读，他所看到的这种喜悦迎接的景象，很有可能是出于这样一种信念：阿莱克修斯皇帝正在试图保护和捍卫这个地区，抗击突厥人，正如他在十字军东征开始前所做的那样。[61]这也解释了为什么埃德萨的人们会提出给予鲍德温该城一半的税收和收入。这些都不是要进鲍德温自己口袋的，而是埃德萨人敬献给皇帝的资金，只不过是要以传统方式交给他的代理人。[62]

与普拉斯滕西亚和塔尔索斯一样，埃德萨的战略位置十分重要，能掌控一大片区域，让鲍德温来确保该城安全，显然是更宏大计划的一部分——阿莱克修斯正在建造一张由可信赖的代理人控制的东方关键城镇和地方组成的网络。这个角色非常适合鲍德温。他忠诚，经验丰富，能力出众，作为家中三兄弟的老三，在11世纪时已没有继承权，他出发来耶路撒冷之前变卖了几乎所有地产。他属于十字军中的这样一批人：他们不仅把这场远征看作一次到耶路撒冷的朝圣之旅，而且认为这将为他们带来在东方的新生活前景。

鲍德温是作为君士坦丁堡的代表正式接管了埃德萨。他开始穿着拜占庭服饰，按照当地的方式蓄须。我们不仅可以从他的外在改变做出上述判断，而且还有其他更可靠的线索作为支持。例如，令人惊讶的是，稳固了自己在埃德萨的地位后，鲍德温便开始巡游这个地区。有两名号手为他开道，宣布他的来到；鲍德温自己则乘着战车，战车上的金盾饰有的图案，毫无疑问地指明了他所行使的权威：君士坦丁堡帝国之鹰。[63]

鲍德温受命成为阿莱克修斯在埃德萨及其周边地区的代理人，官方的总督头衔（doux）算作对他这个身份的正式认可。所以这一时期的拉丁文献开始谈及鲍德温有了公爵头衔——他在家乡的时候可没有这个头衔。[64]他在埃德萨的职责也可以解释为什么之后他不愿意离开该城重新加入十字军，因为他肩负了自己不能忽略的责任。[65]鲍德温的第一任英格兰妻子去世后，他娶了当地一位权贵之女，这也同样说明他准备扎根此地。[66]总之，对阿莱克修斯来说，鲍德温是自己光复拜占庭东方领土的绝佳助手。

就在鲍德温顺利地为皇帝收复疆土之时，十字军主力继续东进。1097年10月，他们终于来到伟大的安条克城下。这座城市不仅防护严密，而且地理位置绝佳：它两面依山，西面又有奥伦特斯河作为天然屏障。安条克的城墙高20米，厚2米，塔楼岗哨无数，可以全面侦察到城下的任何异动。[67]

值得在乎的不仅是安条克的地理位置和防御工程，还有它的规模。它的城墙周长达5公里，围护的区域约为1500英亩。正如一位观察者所言，只要城里的居民食物充足，这座城他们想守多久就能守多久。[68]在如此庞大的城市中，城墙内部生产的食物就已经足够供应城市的运转了。

安条克的总督亚吉·西延对该城的防卫实在太有信心，根本没有就十字军的到来做什么准备措施。这给了骑士们宝贵的时间来好好侦察这座城市，在长途跋涉之后重新休整集结。此外，十字军抵达安条克的时节也非常好，此时盛夏的酷暑已经消退，食物供应充足。他们很高兴看到“果园里果实累累，谷仓里谷物充实，苹果树上挂满了果实，还有各种其他东西可供食用”。[69]

最开始时，城中的景象是一种奇异的波澜不惊。人们照常过他们的营生，似乎根本没有受到城外大军压境的困扰。而城外的进攻者们也笃定悠闲地坐下来制订计划，似乎根本没有考虑到此后的危险与压力。正如图卢兹的雷蒙的随军神父敏锐指出的，起初西方人“只吃最好的牛臀肉和牛肩肉，根本不吃什么胸肉，完全不想吃谷物和喝酒。在这些美好的日子里，只有城墙上的哨兵才提醒着我们，敌人就潜伏在安条克城里”。[70]

十字军在城外安营扎寨，夺取了该城的港口圣西缅港，打通了与塞浦路斯之间的海上供应线。阿莱克修斯收复塞浦路斯之后，在那里新设了一名总督，统管为骑士们提供给养。[71]塔尔索斯和其他沿海城市都已经被收复，因此海上交通几乎不受干扰，不论是从塞浦路斯还是其他地方来。

此时十字军打算封锁安条克。尽管这在一开始影响了城中的物价，但安条克的地理位置和它的庞大规模都使得全面封锁根本不可能。正如一位伊斯兰编年史家指出的："油、盐和其他必需品在安条克变得昂贵，难以获得，但随着供应大量涌入，价格很快又便宜下来。"[72]

一方面是封锁不成功，另一方面是进攻者的生存条件很快开始恶化。对进攻一个庞大目标的围攻者来说，保证人和马的粮草始终是大问题。喂养一匹马每天需要5到10加仑的新鲜水，还需要大量干草，以及广大的牧场。我们很难估计出围攻安条克的十字军中到底有多少匹马，但应该有数千匹，大贵族们一带就会带好几匹。先不论骑马者的口粮问题，光要照顾好这些马就已经花费不菲。

显然，在十字军抵达安条克的几周后，粮草开始耗尽。他们刚来时那些丰沃的田地现在都已经被吃光了。到这年末，情况变得越发糟糕。沙特尔的富歇说道："饥肠辘辘的人们开始吃田地里还没成熟的豆子的秆，很多草类撒点盐就吃了，就连蓟草，因为实在没有烧火的木头，也就这么生吃了，结果伤了食用者的舌头。他们还吃马匹、驴子、骆驼、狗，甚至老鼠。更穷的人甚至吃兽皮，还有粪便里残留的种子。"[73]

到11月中旬，人们冒着极大的风险离开营地找食物。年轻的骑士卢森堡的阿贝拉尔（Abelard of Luxemburg），"一名拥有皇室血统的出身高贵的年轻人"，"在一个满是苹果树的美丽花园里与一位出身高贵的女士和美女们玩色子"，结果遭到伏击，当场被砍头。他的同伴被突厥人抓住，多次遭到凌辱，最后也被砍头。他们的头颅被弹射回十字军的营地。[74]此外，突厥人也用另一种方式有力地展示着他们的信心：把安条克牧首奥克斯特的约翰倒吊在城墙上，用铁棒打他的双脚，让西方人都能看到，甚至听到他的叫声。[75]

食物短缺之后，紧随而来的是疾病肆虐。据一位来自埃德萨的编年史家说，每五名十字军战士中就有一名因为饥饿或疾病而死在了安条克城下。[76]十字军的营帐都很集中，战士们又日渐营养不良，身体虚弱，因此传染病很快肆虐起来。水中带有致命的疟疾和霍乱病毒。没完没了的雨又腐蚀了营帐，这更不利于鼓舞士气和阻止疾病的传播。[77]

让情况变得更糟的是，1097年圣诞节后不久，附近大马士革的杜卡克带领一支大军前来为安条克解围。幸运的是，这支行进中的军队被刚好出来打游击的博希蒙德和佛兰德斯的罗贝尔发现了。他们决定迎击敌人。虽然数量上远远处于劣势，但西方骑士们保持好队形，在敌军中分列进击，避免了被杜卡克的人包围。[78]十字军的抵抗意外地影响到了突厥人的士气。杜卡克本来是想前往安条克终结掉那支衰弱不堪且毫无防护的西方军队的。但博希蒙德和佛兰德斯的罗贝尔却在遭遇进攻时显示出了令人生畏的坚定和纪律性，这让大马士革总督及其手下大为震惊。而让西方人更为吃惊的是，杜卡克就此决定不再前往安条克，而是返回大马士革。安条克城下的十字军遭遇的第一支伊斯兰大军就这样放弃了先机。

但西方人没有轻松多久。还不到一个月，1098年初，就有探子来报，另一支由阿勒颇总督里德万率领的大军正在快速接近。十字军的主要领导人赶忙聚集起来议事，决定派700来名骑士前往迎击阿勒颇大军，其他人仍然留在安条克城下，继续努力攻城。

1098年2月8日，博希蒙德、佛兰德斯的罗贝尔和布卢瓦的史蒂芬在夜色的掩护下离开了营地。[79]当他们与阿勒颇大军遭遇后，博希蒙德再次成为战场上的领导人。如同与杜卡克军队的那场遭遇战一样，突厥人再次占有压倒性的人数优势。但博希蒙德立场坚定，他敦促近旁的人："全力冲锋，拿出勇气，为上帝和圣墓而英勇战斗，因为你明了这个真理：根本没有肉身之战，只有精神之战。所以勇敢些吧，成为基督的猛将。平和地冲吧，愿上帝护佑你！"[80]

博希蒙德的勇气和决心鼓舞了手下，也震撼了敌人。但十字军的战斗策略也非常重要。一部分骑兵潜藏起来，等待时机伏击敌人。他们的时机选得很准，成功地将突厥人驱散为可以各个击破的小团队。等十字军发动反攻时，里德万的大军已经四分五裂。一场奇迹般的胜利再次排除万难地实现了。

指挥这场战斗胜利的领导人威望急剧上升。图卢兹的雷蒙正在生病，没能参加作战，而是留下来指挥安条克的余部。塔提基奥斯和拜占庭的军队也与战胜大马士革和阿勒颇总督的战斗毫无关系。相比之下，博希蒙德就因此声望大盛了。如一位亲历者描述的："博希蒙德，得到十字架的全面保护，如同一只饿了三四天的狮子，不顾自身安危也要尝尝羊群牛群的鲜血。他冲入了突厥人的军中，如同冲入羊群中四下撕咬，使它们东逃西窜。”[81]这也标志着一种个人崇拜的开始。历史将证明，这种崇拜将在以后的岁月中变得非常强大。

击败里德万的军队大大振奋了士气。同时，这也极大打击了城中的居民，城门外堆积着如山的突厥人头颅，这残酷的场面好像在提醒着他们，如果再负隅顽抗的话，等待他们的将是同样的结局。[82]

在十字军分别与乞力赤·阿尔斯兰、杜卡克和里德万的遭遇战中，他们都离灾难结局只有咫尺之遥。但他们每次都幸存下来，而阻碍他们的军队却消亡了。可是，虽然尼西亚、大马士革和阿勒颇的总督们失败了，但还有很多的地方统治者在等着他们，更别说强大的巴格达苏丹和开罗的维齐尔了。他们随时都有可能出面干预。问题在于，十字军到底能不能在他们的好运耗尽之前拿下安条克呢？

第10章 为十字军的灵魂而战

即使是在击退了里德万的进攻之后，十字军战士们仍然处在脆弱易受攻击的位置上。随着围城战的时间越拉越长，西方军队饱受病痛消耗，变得越来越脆弱。1098年上半年的安条克围攻战，如今渐渐让远征军领导人之间产生了严重的分歧。拜占庭要收复失地，而十字军为了他们的基督教使命，这种东西方之间微妙的利益平衡，随着士气的低落和双方在围攻安条克中所表现出的不同野心，开始逐渐被打破。

为了破解这个糟糕的局面，勒皮的阿代马尔敦促骑士们斋戒三天，然后庄严地绕城墙游行了一圈。他宣布将更频繁地举行弥撒和唱诵赞美诗，还提出，如果每个人都剃掉胡须的话，十字军的运道或许会好转。[1]他还认为佩戴十字架的十字军战士太少了，坚称所有人都应该在自己的上衣上别上这个象征物。[2]在这位主教看来，军营中遭受的种种问题，与十字军战士们表现得缺乏虔诚有很大关联。

随着士气的下降，普通士兵脱队逃跑开始频繁出现。十字军的领导者们对此采取了强硬的措施，对任何逃跑的人都严惩不贷。"隐修者"彼得、"木匠"沃尔特和格兰特莫西尼尔的威廉（William of Grantmesnil）想要逃跑，结果被唐克雷德发现，好好教训了一番，备受羞辱。沃尔特被勒令躺在博希蒙德的帐篷地上，"像垃圾一样"无人理睬，随后还遭到了当众鞭打的责罚。[3]有一位评论者说，放弃围城逃跑的人都被填了下水道。[4]十字军中的士气实在是太不堪一击了，以致连领导人也必须发誓，向彼此保证自己（至少）不会在攻下安条克之前离开。[5]

这样的誓言是一种把最为重要的人物绑定在一起的方式，因为其中有些人已经开始对围城战有怨言了。比如，博希蒙德在围城之初就曾威胁说要离开，他抱怨说自己的很多部下都丢了性命，而且他也没有钱养活那么多人马，因为此时食品价格已经开始飞涨。[6]其他人的表达方式更加隐晦。布卢瓦的史蒂芬退到了塔尔索斯，声称是为了养病——其实就是委婉地表示无意在安条克受苦。[7]诺曼底的罗贝尔也觉得自己最好是在更舒服一点的地方静观其变，于是就在1097年圣诞节的时候撤到了小亚细亚南部沿海一个没那么剑拔弩张的地方。[8]虽然人们做了各种努力想让他回来参战，却无济于事，不过他毕竟没有返乡一走了之。当时的一位编年史家就表示，考虑到诺曼底的罗贝尔一向意志力薄弱，挥霍无度，爱好美食，好逸恶劳，又好色放浪，他居然没有放弃东征返回诺曼底，这也真是出人意料了。[9]

燃眉之急是解决十字军的给养问题。1097年，附近的城市塔尔索斯被忠于拜占庭的军队夺回。此时突厥人在南部沿海还有最后一个据点老底嘉。阿莱克修斯于是把雷奥迪凯亚确定为安条克的主要供给基地，接收来自塞浦路斯的“葡萄酒、谷物和大量的牛”。[10]运送任务由塞浦路斯总督尤迈西奥斯·费罗卡勒斯负责监管。1098年春，他也接管了老底嘉。[11]

然而，虽然现在海盗的骚扰已经绝迹，可塞浦路斯实在没有足够的资源在凋敝的冬季喂饱数千人马。解决这个难题可以采取两种方案：要不就是增加补给线，要不就是向安条克大幅增兵，让围城战快点结束。卢卡的布鲁诺描述了自己如何向家乡的民众讲述东方的战局，他说十字军战士们围攻了安条克，“但进展得不太顺利”。[12]

现在轮到塔提基奥斯来想办法了。这位拜占庭的军事统领负责为十字军提供军需给养，保证安条克之战顺利进行。1098年1月底，他离开十字军，承诺会送来“更多满载谷物、燕麦、葡萄酒、肉食、面粉和各种给养的船只”。然而，虽然他把自己的物品都留在了军中，但本人却没有返回。[13]

塔提基奥斯的突然离开成了恶名远扬的丑事，此后还被作为证据，证明他（因此也就代表阿莱克修斯皇帝）背叛了十字军，任他们在安条克自生自灭。一位编年史家说，他出发了，

“假意许诺……要带信求得已允诺的增援和补给，但他却没有遵守承诺，再也没回到安条克”。[14]按阿奎勒的雷蒙（Raymond of Aguilers）的说法（围城战时他在场），塔提基奥斯离开了，“带着上帝的诅咒，他（没有回来），这项懦弱卑鄙的举动给他和他的部下带来了永久的耻辱”。[15]《法兰克人事迹》的作者留下了这样的“判决词”：“他是个骗子，永远都是。”[16]

但这些判定并不公平。1098年3月4日，就在塔提基奥斯离开的几个星期之后，一支舰队驶入圣西门港，带来了必需的食品、补给，以及可用于攻克令人生畏的安条克防卫工事的装备和武器。舰队在此时抵达绝非巧合。阿莱克修斯在夺回雷奥迪凯亚之后，在那里派驻了一支英格兰军队，人们一直认为是他们为安条克送来了这批应急物资。[17]但随同舰队前来的卢卡的布鲁诺却不认为这支舰队是英格兰人派来的。这说明塔提基奥斯其实送来了他承诺的东西。

十字军战士们以及他们的编年史家为什么不愿承认这一点呢？原因在于，他们对拜占庭人在这次征讨中所起的作用已经开始有怨言了。首先一点，塔提基奥斯走了之后，如果安条克攻下来了，遵循在君士坦丁堡时他们向阿莱克修斯的承诺，要把这座城市移交给谁呢？这导致西方军队的内部情绪开始波动，他们不仅开始质疑拜占庭人是不是对这次征讨已经失去信心，而且也质疑为什么要让西方人花那么大的代价首先围攻这座城市。[18]安条克对基督教来说当然是有其重要性的，毕竟它可是圣彼得最初的主教教区。但是夺取这座城市与解放圣墓没什么直接关系，那为什么不把安条克放在一边，直接进军耶路撒冷呢?

情况似乎是这样的：十字军战士们承受着这么大的伤亡，还要留在安条克，这是因为他们遵守向拜占庭皇帝许下的承诺。而皇帝尽管远在都城，却是这次远征的领袖。因此事实也证明，阿莱克修斯皇帝坚持让十字军领导人许下的诺言是相当有效的：它们让这些领导人臣服于阿莱克修斯的权威，让拜占庭的统治者有了为远征设立军事和战略目标的权力。皇帝显然觉得根本没必要把塔提基奥斯派回西方人的军营，为了确保西方人履行责任，他或许可以再派别的高级代表前去。

阿莱克修斯之所以会这么想，一个原因是他严重错误地估计了博希蒙德。在君士坦丁堡时，博希蒙德很热切地表现出他是皇帝的完美衬托，是保护皇帝利益、替他与其他远征主要领导人沟通斡旋的理想帮手。他也不止一次地成功完成了这些使命，代表阿莱克修斯对事态进行了干预。[19]但如果皇帝认为博希蒙德还会继续以这样的方式作为他的代表，那他就错了。

到1098年春天时，塔提基奥斯已经离开，拜占庭权威在此地已经没有任何代表，博希蒙德看到了绝佳的时机。他开始宣扬一种关于安条克未来的新计划——这个计划里没有阿莱克修斯的份。他提出的建议非常有创见，他说，鉴于阿莱克修斯并没有履行协议中他那方应履行的，那十字军向他许下的诺言也就无效，无须遵守了。皇帝没有亲自率领十字军征讨；他派来陪同西方骑士们的一小支军队现在也已经撤走；在他们急需支援的时候，他并没有送来援军；而且他也没有为骑士们提供给养。总而言之，他才是违约者。[20]

博希蒙德因此得出结论，安条克不应该交给阿莱克修斯。他提出，谁能攻入城墙内，拿下这座城市，谁就能以个人的名义控制这座城市。其他领导人深知这个诺曼人的野心之大，所以也不怎么听他的狂妄宣言。但博希蒙德还是坚持己见。1098年5月末，他再次提出了安条克归属的问题。

而这一次，听众却乐意接受了。当时，十字军阵营内的糟糕情况毫无改善，攻城也没有任何进展。而且，他们还接到消息称，野心勃勃的摩苏尔总督科伯嘉（Kerbogha）正率领一支大军前来，要一次性解决掉西方人。科伯嘉的军队兵强马壮，粮草充足，以致拉丁人和希腊人都认为，一定是塞尔柱苏丹巴尔基雅鲁克亲自派出了这支大军。安条克的危机达到了顶峰。

探子对科伯嘉动向和目的的通报，都让人头痛不已，于是十字军领导人齐聚讨论时，决定要把消息压下来，不让全军将士知道，否则会大大影响士气，导致大规模逃兵潮。境况如此严峻，博希蒙德却再次重提安条克前景之事，似乎有点儿不分场合，而且这个诺曼人明明前途黯淡，却坚持要质疑所许诺言的合法地位，还要求对城市有控制权，以及讨论战利品的分配问题。看来博希蒙德似乎知道些其他领导人不知道的事情。

事实上，博希蒙德已经私下与敌方守军一名叫作费鲁兹

（Firouz）的将领达成了一项协议。此人负责守卫安条克城墙上的一座塔楼，他允诺让十字军从这里突破进城。有见证者称这是因为博希蒙德抓了费鲁兹的儿子，押为人质。而其他人则认为费鲁兹是受了上帝的感化，主在他面前现身，指引他把安条克交给基督徒。据说他是亚美尼亚人，一直对突厥人对待本城居民不公而深有怨气；又据说他这个人实在无法拒绝能轻易到手的这样一笔可观的奖赏。[22]不论事实如何，博希蒙德反正是找到了一张王牌，而且还藏起来没让其他领导人知道。另外，他们两人谈判还有一个优势，就是都会说希腊语：费鲁兹是因为曾生活在拜占庭统治下的安条克，而博希蒙德是因为在意大利南部长大——不过，据安娜·科穆宁娜所说，博希蒙德的希腊语口音很重。[23]

就在科伯嘉大军压境的情况下，博希蒙德有关该城命运的提议再次得到了讨论。他渐渐争取到了一些支持，但是有重重限制条件：众人同意，如果是某一位领导人单独夺取了安条克，那他就可以控制这座城市。但是这种控制绝对是有条件的和暂时的，这座城市的控制权最终还是要交给拜占庭。他们的协议被谨慎地以书面形式记录下来。[25]接下来，大家就把关注点都放在了为全面进攻安条克做准备上——这是他们在科伯嘉大军来临之前所做的最后一搏。

1098年6月2日，领导人齐聚议事后的第四天，十字军开始发动进攻。他们起初佯装撤兵，以放松守军的警惕。随后，骑士们在夜色的掩护下悄然返回，在圣乔治门前与佛兰德斯的罗贝尔及布永的戈弗雷率领的分队会合。另一支人数更少的队伍则在博希蒙德的带领下，在费鲁兹负责守卫的塔楼下等待。

在确认海岸线上已经安全之后，博希蒙德派出第一拨人顺着梯子爬上了城楼。费鲁兹正在上面等着他们。按照约定，他以绝望的语气大声喊道：“法兰克人上来了！（Micro Francos echomé！）”因为他知道，不要点花招的话，十字军根本没有足够的人力来夺占这座城市。[26]

在黑暗中爬上梯子并不容易，而让事情变得更麻烦的是，有那么多人急切地想要在同一时间往上爬，尽快开始进攻，其中就包括我们之前提到的沙特尔的骑士富歇。[27]很快，由于站在梯子上的人太多，梯子翻覆，一些人掉下去受了伤，弄出极大的声响。但是命运却为他们打了个盹儿，后来人们解释是神灵护佑，一阵强风吹来，掩盖住了噪声，梯子也顺了过来，攻城者们于是赶快抓住时机继续快速地往上攀爬。[28]在城墙上聚齐之后，他们悄悄地沿城墙行进，杀死了沿路遇到的守军，一直来到可以向戈弗雷和佛兰德斯的罗贝尔发信号的位置。戈弗雷等人正在城墙下静静等候从这扇城门突入的时机。[29]

十字军战士们从这扇门进入了安条克，一路乱劈乱砍，强势突入城中深处，这时，熟睡的居民们才被惊醒，完全不知怎么回事。博希蒙德则专注于另一件事：在城墙的制高点尽可能快地插上自己的旗帜。这将表明安条克城已破，落入了基督徒的手中，但同时这也是向其他十字军领导人宣称，博希蒙德已经攻陷了安条克。即使此时大战正酣，他也没有忘记考虑后续之事。[30]

形势很快就倒向了十字军这一边，因为安条克城内的非穆斯林居民纷纷打开了其他的城门。有些十字军战士一路杀进城中的一条条街道，由于实在杀红了眼，很多基督徒居民也遭到误杀。但在一片漆黑中，在恐惧与兴奋之情的重压下，根本没有时间仔细区分敌友。对安条克的血洗是残酷的。此后的几天里，街道上尸体堆积，腐烂的尸体在初夏的热浪中散发出腐臭的气息。“城中四方的各条街道上都堆满了尸体，”一位目击者称，“没人能忍受这个地方，因为气味实在太难闻，而如果不踩在尸体上走，根本不可能穿越城中各条窄窄的街道。”[31]

守军指挥官亚吉·西延慌忙逃出城去，躲进周围的山中。但二个当地人（都是基督徒）认出了他，把他从骡子上拽下来，用他自己的佩剑割下了他的头颅。他那特征鲜明的首级——庞大，耳中生毛，胡须及腰——被送回安条克城，作为战利品呈献给了十字军。[32]

经过漫长而痛苦的八个月，安条克终于在1098年6月3日陷落——虽然城中的高塔要塞仍然没被攻下。围攻战期间，数千名十字军战士丧生，受伤者不计其数，还有人脱队逃离返回家乡。尽管如此，最后的结果总算是胜利。然而，终于攻入城中的众人根本没有时间享受这种成功。就在第二天，科伯嘉的大军就来临了。

来到城下的大军，其规模比之前大马士革和阿勒颇的总督们召集起的队伍都要庞大。科伯嘉并没有急于进攻，而是先细细筹划了一番，在城墙下扎营，并与高塔要塞中的守军取得了联系。在确认十字军正筋疲力尽、损兵折将且忧惧不已后，他下令高塔要塞的守军发动猛攻。

十字军顶住了第一轮攻势，科伯嘉于是决定竖起屏障来围城。当初的围城者现在变成了被围者。安条克与外部世界的联系被掐断，但一支满载绝望音信前去向拜占庭皇帝求助的使团，在科伯嘉抵城之前就已经出发。之后所有从城中突围出去的尝试，都被突厥人轻而易举地化解了。

科伯嘉的围城策略很快就见效了。在之前几个月的围攻后，城里本来就没剩下多少供给。“我们的人吃马肉和驴肉，把自己的坐骑卖给别人去吃，”一位编年史家称，“一只母鸡值15先令，一个鸡蛋2便士，一个核桃1便士……饥荒实在太严重，有人把无花果树、葡萄藤、蓟草以及各种植物的叶子拿来煮着吃。其他人把晒干的马、骆驼、驴、牛和水牛的皮拿来煮，然后吃掉。”[33]一些消化不了的植物也被采集来煮食，吃过这些植物的人就这么被毒死了。有些人吃鞋子和其他皮革制品，另外还有人喝马匹的血。[34]对有些人，比如沙特尔的富歇来说，十字军遭受这场苦难的原因非常明显：他们中有许多人在安条克陷落前后就跟当地的女人睡过，上帝现在要为这种自愿的淫乱行为惩罚他们。[35]

自踏上征途以来，十字军战士们比任何时候都更迫切地需要奇迹的出现——而他们得到了。一个叫作彼得·巴托罗缪（Peter

Bartholomew）的名不见经传的人物突然求见图卢兹的雷蒙和勒皮主教，称圣安德烈[1]几个月来一直在向他显灵，告知他当年刺穿基督身体的圣枪藏在何处。在彼得的指示下，十字军搜查了城中各处，圣枪的残骸最终在安条克圣彼得教堂的地板下面被找到。[36]这项发现大大提振了已经跌到谷底的士气。对十字军战士们来说，这样一个重要圣物的发现，尤其是其象征着受难的意义，在这个时刻实在意义非凡——尽管此后的评论家们都对它的真实性嗤之以鼻。这件事在关键时刻增强了人们的决心，否则“骑士们根本没有力量扛过这样的苦难和漫长时光。于是军中上下达成了一致意见，认为与其卑微地在饥荒中慢慢消耗殆尽而死去，不如战死沙场图个痛快”。[37]

十字军领导人此时决定主动出城迎敌。他们下令，虽然城中粮草已经消耗殆尽，但也要喂饱马匹，让它们有力气作战。迎战突厥人之前的三天，十字军战士们都参加了庄严的游行，分食圣餐，各自告解。[38]之后，1098年6月28日，十字军的人马出了安条克城，从桥门跨过奥伦特斯河，在城门前分成四个分队列阵出战。这打了科伯嘉一个措手不及。当时他正在下棋，突然有人来说敌军发起了攻势，此时他已经失了先机，没有时间确认报告有多准确，并思考己方该如何应对。事情很简单，他只是不敢相信竟然有人会这么勇敢（或这么愚蠢），在这种情况下出城来战。[39]

[1] 耶稣的十二门徒之一，西门彼得（圣彼得）的弟弟。——译者注

在这个节点上，十字军是很容易被打败的。安条克此时基本上毫无防守，只有图卢兹的雷蒙领导的一支小分队。而雷蒙留守只是因为他又病了。跟着他的那队人马一共就200名骑士，如果高塔中的驻军突然出击争夺城市的控制权，他们就是全部的防守力量了。但在当时，科伯嘉却什么都没做，十字军在跨河出战时本来是最容易被攻击的，可他却没有发动进攻。[40]

等科伯嘉终于下令进攻的时候，西方骑士们竟再次抵住了攻势，保持住了队形。这让科伯嘉的军队开始恐慌，因为他们早就听闻过西方人之前的赫赫战绩，心里本来就有点不安。十字军严格执行了战略部署，阵形保持得很好，还不时派遣小分队突入敌军阵中，使得对方在重装骑兵的冲击下乱了阵脚。科伯嘉的队伍开始溃散，（一位在场者称）统帅本人也像胆小的鹿一般溜走了。他的整个营地都被十字军俘获，其中包括很多突厥妇女，她们本来是跟来预备庆祝科伯嘉重新夺回安条克并摧毁十字军的。沙特尔的富歇写道，十字军战士们没有对这些突厥妇女行奸淫之事，“但他们用长矛刺穿了她们的心腹”。

本来看起来像这场耶路撒冷远征终章的一战，反而成了征途中最辉煌的时刻。这场战胜科伯嘉的胜利实在太非同寻常了，以致很多亲历者都不知该如何解释胜利是怎么得来的。阿奎勒的雷蒙参加了这次战斗，按他的说法，科伯嘉逃跑是因为上帝为基督徒的军队沐浴了圣辉，用荣耀、坚毅和对敌人的憎恨鼓舞了他们。[42]另一位亲历者也同意圣灵相助的说法，称有不计其数的圣骑士出现，与十字军并肩作战，他们都佩有白色的纹章，率军者是圣乔治、墨丘利和迪米特里。而在另一位编年史家看来，是圣枪带来了胜利，就在科伯嘉看到圣枪的那一刻，冷峻的恐惧感刺入他的内心，让他仓皇逃逸。[44]同代的阿拉伯人的说法更有些深度。他们称，科伯嘉为人狂妄自大，他的人品和举动都让其他埃米尔与之疏远。他不让他们杀死被俘的西方骑士，事实证明这项政策很不得人心。此外，他的军中还出现了叛徒，这些人曾发誓一抓住机会就叛变，这让他的军队还没交战就已经自我瓦解了。[45]

科伯嘉的军队就这么土崩瓦解了，这在十字军战士们看来无论如何都像是奇迹。但这场胜利还有些更为世俗的原因。混乱情绪之所以迅速在突厥军队中蔓延，要归咎于领导无方和通信不畅。在这种情况下，即使十字军仅仅坚守住自己的阵地，在恐慌情绪的笼罩下，还是给了穆斯林军队在败退的印象。在战斗的嘈杂环境中，在充斥着马蹄激起的飞扬尘土、金石撞击及交战怒吼的环境中，本来就情绪不稳定的突厥军队就被自己的规模打败了：各路统领都想确定到底情况如何，又都等着收到科伯嘉的指令。

而十字军这一边，人少精悍，纪律严明，领导有方，他们能取得如此惊人的成功，应该归因于他们坚守阵形的能力。此时，他们已经击退了三支伊斯兰大军，获得了对安条克的长期控制权。他们已经无所畏惧，他们完全相信，上帝与他们同在。因此，圣城也将回到基督徒手中，这在他们看来，已不过是个时间问题。

安条克战役之后，十字军的领导人开始认真考虑自己的处境。他们决定，等到冬天再南下前往耶路撒冷，在这之前，要让远征军休养生息，恢复巩固一下。科伯嘉惨败之后不久，安条克的高塔要塞也投降了，周围区域的人们也开始对城市的新领主表示支持，并提供帮助。十字军的士气因此进一步得到提振。

不过，推迟前往耶路撒冷的决定，除了休整队伍的原因，还有更多的考虑。当时其实有许多人都急切地想要十字军继续推进，编年史家阿奎勒的雷蒙就是其中之一。他很肯定地认为，如果十字军此时挥师直指耶路撒冷，必定会所向披靡，因为在科伯嘉大败之后，叙利亚和巴勒斯坦的人们都又惊又惧，如果十字军现在进军那里，他们甚至都不敢向西方骑士们扔一块石头。[46]事实上，延迟进军主要还是因为领导人对安条克该何去何从没想清楚，意见也不统一。占领该城之后，如何真正实现对它的控制难倒了十字军。不仅是这座城市，其他的城镇、要塞和据点，都要怎么来维持对它们的控制呢？期待从当地人口那里获取多少食物供给与合作支持会比较合理，尤其在他们大多数是穆斯林的情况下？谁能在拜占庭的边地内外自称是统领各个城镇的宗主？这场远征的总目标就是要解放耶路撒冷，还是也有其他目标？十字军打败科伯嘉之后的几个月，都在争论决定第一次十字军东征的“灵魂”问题。

处在争论核心的是在两个人之间越来越明显的拉锯：一方是博希蒙德，他极力主张要自己来控制安条克；另一方是图卢兹的雷蒙，他坚持要遵守向阿莱克修斯许下的诺言，并认为这场远征总体而言应该是一场武装朝圣，而不是一次征服行动，这一点必须得到尊重。结果就是僵持不下。博希蒙德拒绝离开安条克，而雷蒙则拒绝出发前往耶路撒冷，除非博希蒙德收回自己的要求。

十字军开始分裂。在此之前，各位领导人表现出了空前的团结，无论是在战场上还是在议事会上。但在征服了安条克之后，互不相让的野心欲望威胁到了这种团结和活力。打败科伯嘉之后，一种不同寻常的呼声出现了——所有参与远征的人都可以自由选择跟随哪位领主。这实际上相当于公开承认各方裂痕之深。这意味着，之前在西方得到无比珍视的所有传统纽带、联系和效忠关系，不仅是松弛了，而且是完全被取消了。这种大转变对图卢兹的雷蒙最为有利。他德高望重，深孚众望，使得很多原来没有在他麾下的人都前来投奔。[47]其中之一就是《法兰克人事迹》的作者，他随同博希蒙德从意大利南部一路来到这里，但因为博希蒙德迟迟不肯前往耶路撒冷而感到沮丧。

其他十字军将士也希望摆脱这种僵持局面，自寻出路。有些骑士和步兵在安条克漫长的围城战期间已经变得穷困潦倒，此时他们去了埃德萨，因为鲍德温许诺只要他们为他服务，就会给出丰厚的回报。[48]与此同时，鲍德温的兄弟戈弗雷已经开始在当地攻城略地，比如泰勒-贝希尔（Tell- Bashir），他攻占了该城以后，就从当地居民那里勒索了税金，分给他的手下。[49]此举增加了他的人气，其他支派的人纷纷来投。甚至一些低等级的骑士也抓住机会自立。雷蒙·皮雷（Raymond Pilet）纠集起了一支队伍，夸口说很容易就能分地分财。一干人等突入了富饶的苏马格高地（Jabal as-Summaq）一带，起初打了几场胜仗，最后迎来的却是灾难结局，他们在1098年7月非常不理智地对迈阿赖努阿曼（Maarrat an-Numan）发动进攻，结果全军覆没。[50]

第一次十字军东征的队伍正在逐步解体。远征军目前最需要的是坚决有力的领导力量；但相反，不和谐的声音正在蔓延，起初还是在私底下，后来渐渐公开化。流言开始四处传扬：普通兵众将要夺过控制权，推倒安条克的城墙，唤回领导人们的理智。去摧毁花了这么大代价夺得的战利品，实在难以想象还会有比这更极端的行动了。但人们的怒火也很容易理解：就如何处置安条克产生的分歧，正是问题出现的原因。[51]

为了摆脱这种困局，十字军转向阿莱克修斯皇帝求助。正如我们之前已经看到的，正当科伯嘉向安条克进军之时，布卢瓦的史蒂芬率领的一个使团已经被派往皇帝那里，请求他率领拜占庭帝国军队来为西方军队解围。史蒂芬在菲罗梅里翁（Philomelion）[1]找到了阿莱克修斯，请求私下得到接见。史蒂芬对事态的描述实在是不能再苍白无力了："我诚实地告诉您，安条克如今已经被攻下，但塔楼要塞还没有陷落，而我们的人马上就要被内外夹攻了。我料想到那个时候他们就会全部被突厥人杀

[1] 今土耳其南部城镇阿克谢希尔。——译者注

死。因此，还请您尽快回师相救，那他们还有望与您会合。”[52]史蒂芬和使团中的其他人称，无论如何，科伯嘉应该已经兵临城下，估计已经开始屠杀被围困的骑士们；安条克很可能会再次落入突厥人手中，十字军将血流成河。当然，这些无法鼓励皇帝前去营救十字军。1097—1098年拜占庭的战役取得胜利之后，他已经与乞力赤·阿尔斯兰就小亚细亚北部达成了协议，因此，他下令帝国军队返回君士坦丁堡。[53]

在尚不知晓皇帝的决定之时，攻取安条克后的几个月里，一直有传言说阿莱克修斯很快就会来到东方。[54]与此同时，由于此地没有拜占庭帝国派驻的高层代表，便出现了一个权力真空。之前在尼西亚和其他一些地方，都有拜占庭帝国任命的人前来接管全局，比如曼努埃尔·伯托米特斯、彼得·阿里法斯、勃艮第的韦尔夫和布永的鲍德温。但在安条克，这样的人物并不存在。没有皇帝的指令和引领，十字军感到了迷茫。

为了打破这种僵局，十字军又派出了第二支前往谒见皇帝的使团，这次还是由一名军中的高层领导率队，目的还是要说服拜占庭统治者来掌控这场远征。1098年夏末，“我们的领导人，戈弗雷公爵、圣吉尔伯爵雷蒙、博希蒙德、诺曼底伯爵和佛兰德斯伯爵，以及其他领导人共同派出了出身高贵的骑士‘了不起’的于格，前往君士坦丁堡的皇帝那里，请求他前来接管这座城市，并履行他曾向他们许诺要承担起的责任”。[55]尽管有一份文献指出，韦芒杜瓦的于格在君士坦丁堡拜见阿莱克修斯时表现得非常不恭顺，但极为可能的是，他的言行很温和。然而就算于格确实表现得温顺谦和，并告知皇帝如果他不前往安条克接受远征领导权，后果将不堪设想，这也仍然不会有效果。因为阿莱克修斯是不会前往东方的。[56]

假如阿莱克修斯皇帝真的这么做了，或许就可能消除阻碍十字军前进的内部障碍，而且还可能消解正在迅速累积起来的对他的敌意。就在攻取安条克之后的几个星期，曾经指出圣枪所在地的那位彼得·巴托罗缪，开始看到更多的显灵圣迹。这一次，圣安德烈告诉他，拜占庭人不应该接管安条克，因为如果他们这样做了，就将玷污它，正如他们对尼西亚所做的那样。[57]西方人对阿莱克修斯和拜占庭的态度正在变得越来越充满敌意。

在这样一种形势下，1098年8月1日，勒皮的阿代马尔因热病去世。这实在是雪上加霜。这位主教在远征期间不仅是教皇派出的使节，更因自己毫不退缩的勇气而赢得了其他领导人以及普通兵众的敬意。唐克雷德送他70个突厥人的首级时，他表现出了明显的快意，这也让他更加受人欢迎。[58]记录了第一次十字军东征之荣光的赞歌《安条克颂歌》（*Chanson d'Antioche*）中，也描述说，当一群骑士就着葡萄酒生啖死去的突厥人的尸体时，他也和围观人群一样欢欣鼓舞。[59]

阿莱克修斯皇帝不在场的情况下，这名主教本来还可以缓和十字军中各方之间的张力。在安条克围城战时，他就曾起到过这样的作用，他在士气低落时就平息上帝怒气所做的提议被各方接爱。[60]作为教皇的代表，勒皮的阿代马尔是东西方之间的桥梁、十字军的"统帅和牧羊人"，具有安抚人心的影响力。这样"得到上帝和人类的爱，从各方面来看都是无垢的"阿代马尔，却在一个非常关键的节点上过世了。[61]

1098年9月11日，一封以军中高层人物名义发出的信件被送往教皇乌尔班二世处，署名者包括博希蒙德、图卢兹的雷蒙、布永的戈弗雷、佛兰德斯的罗贝尔，以及诺曼底的罗贝尔。信中称，突厥人和异教徒虽已被降服，但异端却难以被征服：亚美尼亚人、雅各派、叙利亚人，还有希腊人。[62]

这是十字军史上的一个关键时刻。放弃了阿莱克修斯皇帝之后，西方远征军的领导人开始转向教皇求取导引力量，敦促他前往东方与他们一道。"这样的话，您就能完成这场由我们开始而将由您继续推动的耶稣基督的远征。您将打开整个耶路撒冷的城门，解放圣墓，让基督之名高悬于任何名号之上。如果您能与我们一道完成这场您开启的远征，全世界将遵从于您……阿门。"[63]

信的最后一段写得更加激越，阿莱克修斯皇帝遭到斥责，这不仅因为他没有为远征提供足够的帮助，而且他还被指控试图阻碍远征。领导人写道："您应将（我们）与那位不公正的皇帝隔开，他从未履行他曾向我们许下的种种诺言。事实上，他还在每一种许诺的反面阻碍和破坏我们的事业。"[64]然而，教皇加入远征的意愿也不会比阿莱克修斯皇帝强到哪里去。作为替代，他只是派出了一名高级教士比萨的丹波特（Daimbert of Pisa）前往接替阿代马尔的位置。

与此同时，安条克的局势毫无进展。在攻下该城后的几个月里，博希蒙德一直在挑衅，一有机会就试图激怒图卢兹的雷蒙，以此达到自己的目的。当图卢兹伯爵终于前往攻打迈阿赖努阿曼后，博希蒙德又迅速进军这座城镇，占领此地作为保障更广阔区域的据点。在经历了一场漫长而艰难的围攻战后，迈阿赖努阿曼终于陷落，诺曼人博希蒙德又蛮横地占领了城中若干区域，拒绝将其交给雷蒙，以期获得交换安条克的筹码。

想要在这两位十字军领袖之间斡旋的努力都以失败告终。在安条克的圣彼得大教堂的集会上，雷蒙庄严地重申了对阿莱克修斯许下的誓言，强调不能就这样轻率地背弃自己的誓言。作为回应，博希蒙德拿出了众人在总攻安条克之前签署协议的副本，指出这同样具有约束力。图卢兹伯爵又强调说："吾等曾对着我主的十字架、荆棘王冠和众多其他圣物起誓，吾等不得皇帝同意，不会侵占其治域内一城一堡。"[65] 他提出，此事的裁断将交由其他同侪完成，主要指布永的戈弗雷、佛兰德斯的罗贝尔以及诺曼底的罗贝尔，由他们来定夺，在什么样的条件下，博希蒙德会愿意继续一道前往耶路撒冷。换句话说，只要此事日后能够解决，他现在已经准备妥协。[66]

这听起来非常合理，但也有人看到了另一面。誓言的内容非常清晰，也有约束力，但事实也似乎表明，阿莱克修斯也没有遵守他那方面的许诺。随着十字军中躁动不安的情绪日渐高涨，博希蒙德意识到，他的最佳赌博方式就是坚守立场不动摇。他的固执逐渐获得了回报。1099年初，图卢兹的雷蒙终于放弃抵制博希蒙德对安条克的要求，准备在他缺席的情况下前往耶路撒冷。

可是，其他的领导人也学会了博希蒙德那套，开始向富有的图卢兹伯爵要求得到点儿什么，才肯继续行程。布永的戈弗雷和诺曼底的罗贝尔都得到了10000索里达金币，佛兰德斯的罗贝尔得到6000索里达，唐克雷德得到5000索里达。这些可观的进账说明，他们都已经明白，通过合作，他们共同迈出前往耶路撒冷的最后一步，是有其价值的。这场远征开始之初洋溢的那种理想主义色彩，此时已经完全被某种更为实用主义的东西所取代：向圣地进发要先得到预付款，并且他们一致宣称曾经对皇帝许下的诺言已经无效——如果说这并不意味着精神力量的完全失效，至少也说明对物质利益的需求已摆上了台面。自攻下安条克以来，这场远征已呈现出一种决定性的新特色。[67]

通向耶路撒冷的路途还有其他一些困难。1098—1099年冬攻克迈阿赖努阿曼后，十字军遇上一场前所未有的严重饥荒，其程度甚至超越了12个月前安条克曾出现的最严重的惨状。十字军战士们饥肠辘辘，虚弱不堪，实在已经百无禁忌，据称，他们已经绝望到割下死去的穆斯林腿上的肉来吃。饥饿的感觉是如此强烈，许多人甚至都还没经过好好地烹煮，就生食人肉。[68]

在通往耶路撒冷的沿途上，各地的统治者们现在倒是急着与来到的西方军队议和，因为他们已经听说十字军如何击败了杜卡克、里德万和科伯嘉的军队，以及如何在迈阿赖努阿曼等地残忍地对待战俘，比如切开战俘的胃寻找吞下的金币。比如，沙伊扎尔（Shaizar）、霍姆斯（Homs）、贾巴莱（Jabala）和的黎波里的埃米尔们都慷慨地赠礼给图卢兹的雷蒙，向他示好，希望以此避免自己的城镇受到攻击。[69]

但十字军行进到阿尔恰（Arqa）时，速度大大减慢。他们开始围攻这座城镇，而且一围就是三个月之久。此时，阿莱克修斯已经知晓十字军在安条克幸存下来，也知道了他们对他的态度已经发生改变。当他发现十字军拒绝交还安条克以及其他原属拜占庭如今得到光复的城镇时，他便派出使节前往抱怨十字军将领们违背誓言。使节们向西方军队的领导人提出，皇帝会在1099年6月24日加入他们的远征，因此十字军们只须留驻等他。这引起了十字军内部的争论，欢迎阿莱克修斯及援军到来的一派，与不再想与拜占庭人合作的一派之间迅速产生了分歧。使节们回报称，就连慷慨赠礼的许诺，也无法影响到那些如今站在反对皇帝那一边的人们的心意。[70]

或许阿莱克修斯将加入征讨队伍的可能性，反倒推动了十字军领导人决定加速向耶路撒冷进军，以此来让己方处于更有利的位置。于是1099年5月初，十字军放弃围攻阿卡，全速向耶路撒冷进发。18个月后，就在这场远征的范围、目标和本质已经有点变得让人无法辨识的时候，突然，最初发动十字军的目的又突现在面前。

第11章 十字军离析

在安条克被疾病与饥荒折磨，在战斗以及漫长的征途中遭遇数不胜数的灾祸，环境如此艰苦以致这些在战斗中变得心硬如铁的人们开始生啖人肉——也难怪在经历了所有这一切后，当十字军终于在1099年6月7日抵达耶路撒冷时，人们会深深地感到如释重负，重拾欢愉。在队伍终于抵达目的地时，一位编年史家忍不住喜极而泣地记录下这一幕。[1]

然而，要做的事还很多。耶路撒冷防守严密，城墙高耸，防御工事和驻军都已经备战了好几个月，就等西方的骑士们到来。十字军将领们聚集起来，共商如何进攻该城，此时唐克雷德突发痢疾，退到城郊一处山洞里休息。就在那里，他居然发现了之前其他势力攻城时遗留下来的建造攻城机械的物资。这是十字军交好运的又一个时刻。[2]他们在当地收集有用的物资，随后得知六艘热那亚的船只驶入了雅法港，带来了供给品，还有绳索、锤子、钉子、斧头和短柄小斧。[3]尽管要把这批物资运回营帐中还须来回五十英里，穿越并不安全的地域，但这已经是天赐好物了，这直接决定了整场征讨的成败与否。[4]

尽管已经听闻了西方骑士们之前的多场胜利与赫赫威名，但耶路撒冷的守军仍然有很好的理由认为自己能够击退他们的进攻。与安条克一样，这座城市有着令人望而生畏的防御工事。此外，进攻一方虽然数量依然可观，但在之前长达两年的征途中，其实力已经大幅削减，很多人战死或病死。据估计，西方的军队在到达耶路撒冷时，其规模仅剩出发时的三分之一。[5]十字军在城墙外所面临的艰苦处境也能让圣城内的居民们宽心不少。这一次，最主要的问题不是缺少口粮。正如沙特尔的富歇所言："我们的人并非苦于没有面包或肉食。可这个地方非常干燥，没有供水，也没有溪流。我们的人和牲畜都缺少饮用水。"[6]

守军早已预料到进攻的来临，于是事先就把耶路撒冷城外的水井都堵死或下了毒。结果就是，十字军从最近的水源地取来干净水，需要来回奔波12英里。他们把水牛或公牛皮小心地缝成袋状，用于安全大量地运送水。敢于外出寻找水源者，都面临着遭遇伏击的风险。而等这些运水者回到营中，往往会引发激烈的争吵，因为人们都非常干渴，而天气是那么炎热。有些人认为，自己冒险取回水不应只获得同僚的感谢和赞赏，于是坚持要用水者付钱。结果就是，运回来的水并没有公平地分发，而是以近乎抢劫的价格被售卖出去。即使对那些愿意也有能力付钱的人来说，这也并非物有所值：这些水有时候非常污浊，充满泥沙，有时甚至还有水蛭。肮脏的水会导致生病。有目击者曾描述过人们饮用不干净的水之后如何开始剧烈呕吐、痉挛，甚至还导致暴死。[7]

至于那些无力从贪婪的同僚那里买水的人，他们能做的选择非常少。最有可能的水源是西罗亚水池（Pool of Siloam）。它位于耶路撒冷城墙外，源头是一眼天然的泉水，适合饮用，至少在某些时段不会断流。但想要接近水池就是另一回事了：由于水池非常接近城墙，从城墙上瞄准，就可能是致命的一击。[8]有时还可能遇上伏击，有些冒险前往的十字军战士就因遭遇埋伏而丧命，还有些人被俘虏，此后再无音信。[9]

耶路撒冷的居民们还因为从强大的开罗维齐尔阿夫达尔（al-Afdal）那里传来的信息而感到宽心。消息称，他将前来解围，15天后就能赶到。他的信使之一被抓住了，在重刑折磨之下说出了这个消息，而这让十字军感到警醒。他们的情绪因为一只被苍鹰中途拦截的信鸽携带的便条而更加紧张。便条中把西方的骑士们描述为愚蠢、莽撞并且毫无秩序，敦促阿卡和凯撒利亚的伊斯兰总督们进攻十字军，并强调如果他们这么做的话，将会轻而易举地有所斩获。[10]

西方骑士们的回应是，加紧实施攻克耶路撒冷城的计划。1099年7月8日，他们举行了一次庄严的游行，骑士们高举十字架，赤着脚围着耶路撒冷的城墙行进，祈求上帝的帮助和怜悯。

耶路撒冷城中的居民却利用这个场合来尽情猎杀目标，用箭射杀正在围城游行的人们。在他们看来，这支邋里邋遢又不断遭受骚扰的西方军队，实在不足为惧。[11]

当然，十字军也不仅依靠上天的怜悯来获得成功。他们迅速建起了两座攻城塔，并即刻向着城墙立了起来，一座位于城的南面，另一座靠近护卫耶路撒冷西面的四方塔（Quadrangular Tower）。城中的守军密切监视着攻城塔的建造和竖立，并相应地增强了防守并部署了资源。

在7月的酷热中，十字军又采取了一项在战略上非常出色的举动，并因此获得了决定性的优势。本来已经在四方塔附近竖立起来的攻城塔，在7月9日夜里又拆掉了，改而移到城北竖立起来。他们已经确认那里的防守更弱，地势也更为平坦。[13]接下来，对耶路撒冷的进攻就正式开始了。他们很快就占据了一条防守壕沟，摧毁了外城墙的一部分。随后投石器提供了必要的掩护，军中的弓箭手则制造箭雨倾泻到守军头上。十字军使用了一个巨大的攻城锤，足以在防护工事上敲开一个缺口，让围城塔能靠上主墙。为了扫清道路，他们没有再拉回攻城锤，而是为了节约时间直接一把火把它烧了。围城塔在熊熊火焰中逐渐架设到位，而工兵则开始从墙根下挖地道。其他人爬上围城塔顶，与守卫城墙的兵士交战，没多久就在护墙上占得一席之地。[14]忽然之间，耶路撒冷就开始颤抖了。

在城北的攻势迅速取得进展之时，针对南面城墙的攻势也同步展开。另一座设计精良、结实可靠的围城塔早已架上了护墙。不过，事实证明，它的价值与其说在于对攻势的帮助，还不如说在于吸引了火力，分散了守军对其他地方攻势的注意力。守军们认为，他们在南面更容易遭受攻击，因此主要把资源集中在那一面：耶路撒冷城中的15座弹射器，有9座都被部署来保护南面。其他一些能够向基督教军队投射火球的装置也主要集中在这里。他们对南面的防守是成功的，围城塔被烧掉了，西方骑士们伤亡也很惨重。他们的反攻非常成功，以致由图卢兹的雷蒙率领的十字军队伍都打算撤退了。只是在听说其他各处的进攻势头良好的消息之后，十字军才重拾攻势。就在南面的围城塔被烧毁，油与箭雨倾泻在西方骑士身上的时候，消息传来——北面的同伴已经攻破了城墙，涌入城中。

耶路撒冷城中的抵抗迅速瓦解。守军指挥官伊夫提克哈尔·阿德-达瓦拉（Iftikhar ad-Dawla）一心只管自己的安危，与西方军队的领导人做了一笔交易：他交出圣城，而十字军则让他安全撤到主塔中。他打算在那里坚守到开罗维齐尔的军队到来。十字军遵守了约定，让他、他的妻子们以及选定的其他一些人安全离城。[15]但这位穆斯林将领本应该更小心提防点才是：迈阿赖努阿曼的总督也曾经在1099年春与博希蒙德达成了类似的协议，但他一出城就遭到了屠戮。[16]

耶路撒冷城在1099年7月15日落入十字军手中。拉丁文献极尽想象之能事，尽情描述了西方人涌进城中时的情景："有些异教徒被仁慈地直接斩首，一些人被从塔上射来的箭射穿，另有些人惨遭漫长的折磨后被扔进熊熊火焰中烧死。成堆的头颅、手和腿被堆在家宅中和道路上，平民和骑士们就踩着尸体追来逐去。"[17]

这场屠杀的规模是如此浩大，就连最为乐观积极的见证者也不禁骇然："几乎整座城市都堆满了死尸，幸存者只能把尸体拖到城门口堆起来，堆得像房子那么高。这样大规模的屠杀异教徒简直闻所未闻，焚烧的尸体堆得像金字塔那么大，除了上帝，谁也不知道到底死了多少人。"[18]

另一位不在场的记录者这样回想了当时那场进攻的恐怖："如果你在场的话，被屠杀者的鲜血必将浸润你的脚踝。我能说些什么呢？没人活下来。女人和孩子，无一幸免。"[19]对血洗耶路撒冷的描述都是非常耸动、千篇一律的。但这种刻意夸大及对胜利者形象的勾勒其实也是有意为之——他们都以《启示录》为依据，意在强调基督胜利的非凡意义。[20]

不过，其他一些文献则揭示了与攻下耶路撒冷相伴的其他一些场景。一名被吓坏的穆斯林作者宣称，仅在阿克沙清真寺就有7万人被屠杀，包括伊玛目、学者和正直的人们。[21]犹太人也遭到屠杀，为当年基督被钉上十字架复仇的呼声一直在传扬。十字军战士们似乎不是在庆祝，而是在报仇雪恨。[22]

有些人朝拜了圣墓，感谢上帝终于把他们带到了目的地。但对大多数人来说，还有更重要的事情要做，洗劫的欲望似乎永不满足。十字军战士们听到流言说，穆斯林为了逃过洗劫，把他们最值钱的财物都吞到肚子里去了。沙特尔的富歇称："你要是看到这样的景象，该是多么震惊啊！我们的士绅与兵士们，自从发现了萨拉森人的小伎俩之后，就在杀死异教徒之后开膛破肚，为从他们的肠胃里取出他们死之前恶心地吞到肚里去的拜赞特金币！出于同样的理由，几天之后，我们的人把尸体堆得老高，一把火烧成了灰，这样就能更方便地找到上述金币了。"[23]

进入耶路撒冷的十字军抢占所有他们想要的东西。众多之前手头拮据的十字军战士突然之间就在基督教世界最为重要的城市中占得了房产。[24]在经历了流血与混乱的两天之后，远征的领导人终于决定要清理街道上的尸体，避免疾病开始传播。而在血洗的欲望消退之后，十字军战士们也开始更加有节制地对待城中的居民。一名犹太记录者甚至还认为十字军比之前的伊斯兰宗主更好——至少新的主人们会给他们食物和水。[25]

耶路撒冷终于回到了基督徒手中，这是这场旅行的高潮。这场旅行拥有难以想象的野心、前所未有的规模和组织方式，见证了欧洲各地和小亚细亚成千上万的人们，不畏一切艰难险阻，克服了令人震惊的恶劣条件。要为一支有相当规模的队伍供应食物和水，与此同时，还要保持井然有序的纪律，这实在是巨大的挑战。十字军在远比他们生活的地域环境更加恶劣、气候炎热的地方，攻下了众多防守严密的要塞和城镇。这毫无疑问是巨大的成就，东地中海最大的三座城市、基督教的基石——尼西亚、安条克和耶路撒冷，在两年时间内相继被征服。

当然，对自1096年起离开西欧踏上征途的人们来说，这最后一座城市才是最为重要的。攻克耶路撒冷时非凡的成就，是对十字军战士们的决心、技艺和虔诚的最佳证明。他们所有人都经受住了艰难困苦、压力和恐惧，还有很多人最后没能看到这一幕。这是欢庆的时刻。

“在城市被攻下之后，看到朝圣者敬拜圣墓，人们拍手欢庆，唱诵献给上帝的新赞歌，这实在让人觉得一切艰辛都是值得的。”见证了收复耶路撒冷的阿奎勒的雷蒙这样说道，“他们的灵魂向全知全能的上帝献上了赞美的祈祷，赞颂他们无法用言语解释的一切。崭新的一天，新的愉悦、新的长久的幸福，以及我们的艰辛与爱的报偿，都催生出了新的赞美与颂歌。这一天，我确信将在此后的数个世纪中得到纪念和欢庆，把我们的痛苦与挣扎，都转变为喜悦与欢欣。我还想说，这一天终结了所有的异教信条，肯定了基督教，重新坚定了我们的信仰。‘这是上帝创造的日子，我们都应因此而愉悦欢欣’，而正因为这一天的种种，上帝之光将重新照耀我们，护佑我们。”[26]

但在攻下耶路撒冷之后，十字军也面临着诸多艰难的抉择。他们该如何统治这座城市？该如何与当地的人们沟通交往？如果可能的话，他们该如何倚仗拜占庭和阿莱克修斯皇帝？这座城市和他的新主人们该如何得到供应补给？将来他们会遇到怎样的阻力？西方的人们开始意识到，如果他们要确保收复该城不是稍纵即逝的成就，而是长久的基督教统治的开端，那么就必须采取相应的举措了。

没有时间可供争论。耶路撒冷及其周边地区必须迅速得到安全保障，因为虽然城市已经被洗劫一空，但还是有消息传来，称一支开罗的大军正在前来营救。夺取耶路撒冷的一个星期之后，十字军的领导人采取的第一项举措是聚集起来，提议选举他们中最为富有、最有资格，也最为虔诚的人做这里的统治者。当然，成立君主政体乃是对骑士们最为熟悉的政治体系的复制。但将统治权威单独授予一个人，也是有潜在深意的，这是为了避免出现在攻克安条克之后困扰了大家很久的分裂与悬而未决。图卢兹的雷蒙是这个角色的最佳选择。但是，与众人的期待相反的是，雷蒙拒绝了。他虔诚地回应说，君主头衔只适合授予上帝的子孙，至少在这座最为神圣的城市中应该如此。这种虔诚当然很好，但十字军将士们都认识到他们需要具有权威的领导者。如果雷蒙不打算挺身而出，那还有谁适合承担这个角色呢？

布永的戈弗雷在十字军东征期间也表现突出，他在整场征途中都勤勤恳恳，值得信赖，更为重要的是，他始终坚定不移。他在君士坦丁堡与阿莱克修斯皇帝就是否起誓而起的争端表明，在必要的时候，他会坚守自己的立场，而他显然早就准备在远征结束后留在圣地，这一点也给他加了不少分。戈弗雷也不需要三请四劝。不过，他感受到雷蒙反对这里的统治者自行称王，于是很精明地以一种迂回的方式解决了这件事。1099年7月22日，戈弗雷被封为圣墓捍卫者（Advocate of the Holy Sepulchre）。将西方征服者转为这里的定居者，这项使命就要靠他了。

攻克耶路撒冷让整个欧洲为之欢腾，而在当地，其影响力也同样不可小觑。这座城市在数个世纪的时间里，一直是穆斯林、犹太人及基督徒的家园，盛产橄榄油、香料、大理石和玻璃，远销地中海各地。它对伊斯兰世界而言也同样是一个朝拜圣地。一位11世纪的来访者称，数千名穆斯林朝圣者会前来耶路撒冷，因为相比麦加，这里更容易抵达。[27]

基督徒的征服急剧地改变了城中的社会、种族和经济结构。穆斯林逃离了耶路撒冷以及巴勒斯坦地区的其他城镇，把不能带走的一切都留在了身后。[28]结果就是，这个地区因之闻名的橄榄油、谷物、水果加工以及其他一些产品的生产都陷入了停滞。而除了要继续推动经济产业，还有必要建立新的商业联络网，以取代之前伊斯兰世界主导的与黎凡特之间生意来往的联络网。热那亚和威尼斯的商人们实在乐意之至，并挺身而出，趁机为自己争取到了非常优厚的条件。作为他们为新生的十字军定居地提供补给的回报，这些意大利城邦在东地中海沿岸的各个主要城市（主要包括安条克、耶路撒冷，后来还包括圣城的主要港口提尔）都获得了专属区域和大量产业。[29]

但是，当务之急还是要确保对圣城的永久控制。1099年春，正当十字军踏上南下路途时，他们迎来了开罗法蒂玛王朝派来的使节，对方提议双方结盟共同对抗逊尼派突厥人。[30]虽然十字军没有断然拒绝这项提议，但法蒂玛王朝使节在看到十字军继续向耶路撒冷进军的举动时，已经自行做出了判断。就在十字军兵临圣城时，由维齐尔阿夫达尔率领的一支规模宏大的军队已经出发北上，并于8月初来到耶路撒冷。8月10日，骑士们主动从耶路撒冷出兵，在阿斯卡隆附近与敌人交战，打了法蒂玛的军队一个措手不及。在混乱中，很多人试图躲到树上，结果就像鸟儿一样被骑士们射出的箭矢射中，或被长矛刺穿。于是，训练有素的骑士们再次创造了奇迹般的胜利，战胜了数量远多于自己的敌人，驱散了阿夫达尔的军队，把他们赶进了阿斯卡隆城中。没过多久，士气低落的幸存者们就扬帆起航逃回了家。[31]

尽管取得了这场胜利，但十字军在这里定居的第一个阶段仍然处境危险，伊斯兰军队始终不断地对他们在1098年至1099年间夺取的一系列城市施压。为了改善处境，十字军的领导人向欧洲发出了急切的求助呼声。1100年春，比萨大主教丹波特（受命作为教皇的代表前往东方，接替去世的勒皮主教阿代马尔）写信给“所有日耳曼地区的大主教们、主教们、王公们和天主教徒们”，祈求他们向圣地派遣增援力量，帮助基督徒们守住他们已经夺得的城镇和领土。[32]

这些呼吁得到了坚实的支持，因为欧洲的许多人正因夺得耶路撒冷以及远征军收获颇丰的消息而振奋不已。夺回了圣城的英雄们如今却暴露在极度的危险之中，这激励了新一波武装人员在

1100年出发前往耶路撒冷。来自伦巴第、勃艮第、阿基坦和奥地利的各个分队在次年春天陆续抵达拜占庭境内，一同前来的还有一些曾参加过之前的征程但没到达耶路撒冷就中途折返的骑士，如韦芒杜瓦的于格和布卢瓦的史蒂芬。

新一波十字军决心要效法前一波人的伟绩，他们于1101年初夏在尼科米底亚附近会合。这波人无视阿莱克修斯皇帝的建议，没有沿着最笔直穿越小亚细亚的道路行进，反而直接插入了突厥人领土的腹地。当他们来到帕夫拉戈尼亚（Paphlagonia）的梅尔济丰（Mersivan）时，遭到乞力赤·阿尔斯兰率领的一支突厥大军的迎头痛击，几乎全军覆没。少数幸存者（其中包括图卢兹的雷蒙，他再次召集了一批新的人马前往耶路撒冷）返回了君士坦丁堡。巩固基督徒在东方地位的尝试完全是场闹剧。[33]

十字军战士们在圣地长期的脆弱地位，在戈弗雷之死上体现得尤为明显。他于1100年夏天去世，与攻克耶路撒冷的时间相距差不多一年。[34]几乎就在同一时期，博希蒙德在梅利泰内（Melitene）[1]的战斗中被一位突厥埃米尔[2]俘虏。[35]这使得西方人失去了若干最为高层也最受尊敬的人物，进一步削弱了十字军抵抗穆斯林邻居们攻势的能力。

这种混乱的局面因为唐克雷德和比萨的丹波特两人的熊熊野心而变得更加糟糕。唐克雷德很快就继承了自己的叔叔博希蒙德

[1] 今土耳其东安纳托利亚地区的马拉蒂亚。——译者注
[2] 达尼什曼德的埃米尔。——译者注

在安条克的地位，而丹波特在到达东方之后，成功地自封为耶路撒冷牧首。[36]看到因戈弗雷去世和博希蒙德被俘而出现的权力真空后，两人都试图攫取对耶路撒冷的控制权。而这遭到了圣城内一个重要派系的反对。这派人派出使团前往埃德萨觐见鲍德温，请他速来耶路撒冷接替兄长的位置。[37]

历史学家们长期以来极少注意到为什么这派人会到埃德萨去请鲍德温继位，但这个举动非常重要，因为它还旨在修复与阿莱克修斯皇帝的关系。尽管十字军在阿斯卡隆击退了伊斯兰军队，但新的定居地仍然面临着长期的压力。供给也是个大问题。从比萨、热那亚和威尼斯来的舰队承诺会为基督徒的东方领地开辟新的航路，但更为重要的问题在于，要确保通过塞浦路斯和小亚细亚南部港口转运过来的补给路线，在此之后仍然能够畅通无阻，因为这些地方都是拜占庭的。鲍德温在埃德萨忠诚有效地履行了作为皇帝代表的职责，因此，他显然是帮助重建与拜占庭关系的最佳人选。

鲍德温任命自己的亲戚勒布尔的鲍德温（Baldwin of Le Bourg）在自己离开期间代为统治埃德萨，之后就出发前往耶路撒冷。抵达之后，他开始不知疲倦地为消除这个城市中日益高涨的反拜占庭情绪而努力。以丹波特和唐克雷德为首的这些人，逼迫安条克牧首约翰于1100年夏天逃往君士坦丁堡，还任命了一名拉丁教会领袖取而代之，这进一步激起了拜占庭人的敌意。[38]据说当鲍德温10月来到耶路撒冷时，他受到了人们的热情迎接，其中不仅包括西方人，而且还包括希腊和叙利亚的基督徒。[39]1100年圣诞节那天，鲍德温在伯利恒加冕，采用了耶路撒冷国王的称号。而他的兄长被埋葬在了通往圣墓的入口处。[40]

鲍德温急切地想要消除反拜占庭的情绪，与阿莱克修斯皇帝保持和睦关系，但城中的紧张情绪始终挥之不去。直到1101年夏天，在鲍德温的极力游说之下，教皇派遣了一支使团前来解除不断制造麻烦的丹波特的职务，气氛才开始逐渐缓和。[41] 不久后，鲍德温攻下了雅法，让十字军获得了入海口。随后这座城镇被交给了布尔日的奥多·阿尔平（Odo Arpin of Bourges）。此举并非偶然，因为这名骑士与阿莱克修斯皇帝的关系非常亲近，并将在12世纪早期成为皇帝与法兰西中部沟通的重要渠道：这是向着与拜占庭修复关系迈出的又一积极步伐。[42]

到次年春天，获得拜占庭支持的需要变得更为紧迫。1102年夏，另一支庞大的伊斯兰军队由开罗北上，意在将十字军赶出耶路撒冷。他们沉重打击了拉姆勒（Ramla）的西方人，又消灭了鲍德温仓促集结起来的一支人数少得可怜的队伍。尽管耶路撒冷国王本人幸运逃脱，但他脆弱的地位却暴露无遗。驻军的力量日益缩减，实在无力守住仍然控制在十字军手中的各个城镇，在战场上的屡次挫败更是让兵力锐减，而援军又无处可寻，整个情况看起来实在凄凉无望。[43]

因此，与君士坦丁堡重修旧好就变得非常必要。修好的举措之一就是，强行换掉了反拜占庭的耶路撒冷牧首丹波特，让埃夫马尔（Evremar）取而代之。这位年老的法国神父在这一点上更为变通。[44]但最为重要的措施却是，鲍德温派遣了一名使节前往拜占庭帝国首都，旨在与拜占庭缔结盟约。他决心以“他所能做到的最为谦卑的方式来觐见皇帝，以柔和的恳求……呼吁君士坦丁堡的皇帝关注基督徒们的苦痛”。[45]他派遣了高层官员前往君士坦丁堡请求帮助，随行的还有两只作为赠礼的宠物狮，他们特别是想确保来自帝国境内塞浦路斯及其他地方的给养供应。他们与阿莱克修斯达成了一项和解协议。其中，阿莱克修斯要求耶路撒冷方面做出保证，鲍德温的使节们必须努力修复他与教皇的关系，因为之前种种关于他背叛十字军的流言让双方关系大为受损。而作为回报，阿莱克修斯发誓要“向鲍德温国王展现怜悯……以及尊敬和爱戴”。这些好消息很快就传回了耶路撒冷。[46]

阿莱克修斯皇帝自己也有要与十字军保持和睦的理由。尽管博希蒙德已经被突厥人囚禁在东安纳托利亚，不能再造成妨碍，但事实证明唐克雷德仍然是皇帝心头的一根刺。唐克雷德以安条克作为基地，已经大大突入帝国新近收复的位于西里西亚的领土，并夺取了马拉什城，进逼老底嘉。[47]这将威胁到君士坦丁堡和耶路撒冷之间新缔结的盟约，必定会导致十字军高层人物开始采取措施处置唐克雷德。1102年，图卢兹的雷蒙试图代表皇帝为老底嘉解围，但没有成功。[48]勒布尔的鲍德温公开宣布自己将与唐克雷德为敌，并着手筹集资金想要赎回博希蒙德，希望后者能够回到安条克重申权威，管束管束他那过于精力充沛的外甥。[49]

一开始的情形也确实与期望的一样。1103年，博希蒙德获释，重新控制了安条克，他让唐克雷德靠边站，并与埃德萨的鲍德温建立了紧密联系，还参加了在叙利亚北部的协同作战。[50]然而，事情很快发生了变化。1103年底或1104年初，君士坦丁堡派了一个使团前来，但博希蒙德的接待却有些轻慢，不禁让人怀疑他是否愿意按照拜占庭皇帝与耶路撒冷国王达成协议的要求来合作。[51]博希蒙德获释后，他与其他留在东方的主要骑士的关系也开始恶化，因为他们都不太赞赏他扩张领土的野心。情况非常糟糕，以致有一位亲历者写道，这一时期十字军领导人之间的关系已经完全破裂。[52]

但这些都只是暗流而已，1104年初夏，转折点出现了。博希蒙德和唐克雷德率领一支队伍从安条克前来，支持由勒布尔的鲍德温带领埃德萨部分军队发动的一场袭击。被袭击的是位于小亚细亚东南部的城市哈兰（Harran）。结果西方军队惨败，鲍德温被俘。但博希蒙德和唐克雷德却躲在安全的地方看戏，随后撤离——至少伊斯兰方面的文献是这么说的。[53]

哈兰之战对十字军而言是一次非常沉重的打击。大马士革的一位编年史家写道，基督徒因遭受的损失而信心大损，他们的坚定决心因为穆斯林的这场胜利而开始动摇。而穆斯林的士气却因此大为提振，他们认为这标志着运道终于开始逆转。[54]而这种逆转还产生了更深远的影响，因为它似乎深刻动摇了圣地各拉丁定居地之间微妙脆弱的权力平衡，以及它们与拜占庭之间的关系。勒布尔的鲍德温及其他一些一同驻扎在埃德萨的高级将领被俘后，唐克雷德趁机北上占据了这座城镇。虽然城中的居民没有表现得非常不情愿，但阿莱克修斯皇帝肯定不会欢迎他的到来——尽管皇帝本人也趁乱重新恢复了帝国对西里西亚和老底嘉的控制。[55]

不过，更为严重的问题在于博希蒙德对哈兰战败的反应。这个诺曼人似乎开始觉得，既然安条克牢牢掌握在自己手上，埃德萨又被自己的外甥控制着，鲍德温已经被俘不用考虑他，而耶路撒冷的基督徒们看起来也处境危险，那么千载难逢的机会出现了：博希蒙德可以趁机成为所有十字军城邦的主人。因此，当敌方前来交涉时，他不但拒绝为勒布尔的鲍德温支付赎金，反而再次对老底嘉发动了进攻，只不过没能奏效。[56]1104年秋，他在安条克的圣彼得大教堂召集起自己的随从们，说道："我们已经惹怒了这世上最为富有的两大力量"，可是，东方并没有足够的人力来继续坚守以对抗拜占庭和波斯，"我们必须向海洋对岸的人们寻求帮助。高卢人必须被唤起，他们的勇猛也将激励我们，否则就没有什么东西能做到了"。博希蒙德接下来将前往欧洲，招募一支自己的军队。[57]他把目光锁定在耶路撒冷或君士坦丁堡——也可能两者皆是。

据安娜·科穆宁娜的说法，博希蒙德深信阿莱克修斯皇帝将为他在十字军东征期间的背叛而施以报复，所以就秘密返回了自己的家乡。他甚至散布谣言说自己已经死了，还专门做了一口据说装着他"尸体"的棺材。当他的船在帝国水域内航行时，他躺在棺材里，身边放了一只死鸡，鸡腐烂的遗骸让棺材确实散发出了强烈无误的死亡的味道。[58]

在意大利登陆后，博希蒙德立刻开始为一场新的军事远征招兵买马，其形成的气氛非常类似于乌尔班二世在11世纪90年代中期曾巧妙点燃的气氛。但那次，描述的重点被放在东方遭遇的危险上，在突厥人的肆虐和东方教会的困境上，其目的在于帮助拜占庭帝国。但这次，目标却是要摧毁这个帝国。

第12章 第一次十字军东征的影响

耶路撒冷远征的参与者们，在返回家乡时受到了热烈的追捧。有关他们事迹的消息受到人们疯狂的赞赏。关于十字军的成就与攻克耶路撒冷的歌谣在法兰西中部被编写出来，形成了第一次十字军东征所有史诗的基础，如《安条克赞歌》和《耶路撒冷赞歌》。[1]从耶路撒冷返回的人们在西欧各地捐建了一大批新的宗教设施和纪念建筑，这也让十字军战士的功绩得到了铭记。佛兰德斯的罗贝尔重建了布鲁日附近的一所修道院，将它献给了圣安德烈，以此感谢这位圣人在安条克施以援手，帮助他们找到圣枪。[2]十字军战士们还从耶路撒冷带回了不计其数的神圣遗物，这不仅是这场远征胜利的实物证明，而且也在欧洲的教堂、修道院与圣地之间直接建立了联系。[3]

回到家乡的十字军战士们最大限度地利用了他们参加远征积

累下的政治资本。有很多人从圣城回乡时，获得了隆重的欢迎，在人们唱诵他们的事迹与赞美篇章时，获封“Jerosolimitanus”的称号，安茹的富尔克五世、佛兰德斯的罗贝尔以及贡捷堡的雷诺德（Rainold of Chateau-Gontier）只是获此殊荣的三位代表。[4]有一些人希望分享回乡骑士们的荣光。在新世纪[1]的最初几个年头里，法兰西的菲利普一世先后让自己的四个孩子与著名的十字军人物或一路打进耶路撒冷的重要人物的子女成婚。他的继承人——未来的路易六世，娶了罗什福尔的居伊（Guy of Rochefort）之女。居伊曾参加1101年的征战，而且显然表现不错。[5]国王的另一个儿子芒特伯爵菲利普娶了图索的居伊（Guy of Trousseau）之女，但实际上图索的居伊在东方的成就，再怎么往好里说，也乏善可陈。[6]

然而也不是每个人都因为这场远征而获益。布卢瓦的史蒂芬和韦芒杜瓦的于格，曾在攻克安条克前后，先后离开了十字军队伍，前往阿莱克修斯皇帝那里传信。这两个人都没有再归队，而是选择直接回乡。为了完成他们前往耶路撒冷的誓言，两人都再次出发，参加了1101年命运多舛的那次远征，却都在到达目的地之前就已死去。于格最终被赞扬为一名优秀的战士，死后封圣，但布卢瓦的史蒂芬却在关于十字军的流行歌谣中备受讥讽，被刻画成叛徒和跳梁小丑。[8]

许多十字军战士没能返回家乡。尽管很难确切估计远征期间

[1] 指12世纪。——译者注

到底有多大伤亡，但有相当一部分人都在去耶路撒冷的途中就死去了，或是病死，或是战死，这一点是确定无疑的。把半途而废者计算在内的话，或许有多达四分之三的人没有抵达最终的目的地。[9]对于留在家乡的亲人们来说，不清楚所爱之人的命运如何，是一种沉重的负担。例如，海因瑙的鲍德温（Baldwin of Hainault）的妻子艾达听说自己的丈夫1098年在随同韦芒杜瓦的于格前往觐见阿莱克修斯皇帝的途中失踪了，她因此备受打击。有消息说他已经被杀了，又有消息说他被俘虏了，还活着。穷尽了各种调查手段之后，艾达还是拒绝放弃希望，亲自出发前往圣地寻找自己的丈夫。这只是这一时期发生的众多悲伤失落故事中的一个。[10]

在回来的人中，博希蒙德获得了最为突出的地位。他在十字军东征期间的事迹，尤其是他在战场上的英勇，让他成为这场远征的象征。有关他在对阵乞力赤·阿尔斯兰、杜卡克、里德万和科伯嘉的军队时表现出的勇猛和坚定的传说，甚至让他在登陆意大利海岸之前就已经成为传奇人物。有很多故事绘声绘色甚至夸大其词地描述了他在攻克安条克和耶路撒冷之后的事迹——他被达尼什曼德人俘虏，在被囚期间秘密与十字军同伴联络；他引诱抓住他的人的女儿，来确保自己能被释放；[11]还有传言说，突厥人称他为“基督徒的小神灵”。[12]

十字军东征结束不久后出现的对博希蒙德及其冒险事迹的崇拜，在很大程度上要归因于《法兰克人及其他抵达耶路撒冷者的事迹》（*Gesta Francorum et aliorum Hierosolimitanorum*）这部作品的广为流传。作者显然是参加过这场远征的，他来自意大利南部，1096年出发东进，之后在安条克加入了图卢兹的雷蒙的队伍。这部作品在12世纪初异常流行，其主角就是博希蒙德。[13]

于是，在这个诺曼人于1105年底返回欧洲时，他已经不仅是参加了这场成功远征的一员，而且成了其中涌现出来的无可争议的英雄。他比其他各位领导人都更为出名，比起各位同僚，他的功绩得到了更细致的刻画和传播，获得了更广泛的赞誉。令人感到有些讽刺的是，攻克耶路撒冷的时候博希蒙德其实并没有在场，当时他怕丧失安条克的控制权，拒绝离开那座城市。直到1099年冬他才实现了自己抵达耶路撒冷的十字军誓言，他是与布永的鲍德温一道南下的，为了避免这位阿莱克修斯的首要代理人不会趁自己不在时图谋安条克。[14]但这一切却无损他的万丈光芒。

抵达意大利后，博希蒙德受到了乌尔班二世的继任——教皇帕斯卡尔二世的接见。在一封写给教皇的信中，博希蒙德自称为“安条克大公”。这成了他在返乡之后经常使用的高贵头衔。[15]他还没结婚，于是被看作欧洲最佳的婚配对象和中世纪早期骑士的典范：英俊、勇敢、富于冒险精神，正直无私。

各路待字闺中的女继承人们很快就纷纷涌来供他挑选。其中有一个本不该出现在这行列之中，她就是菲利普一世国王之女，法兰西的康斯坦斯（Constance of France）。当时她已经和香槟伯爵特鲁瓦的于格（Hugh of Troyes）订婚。但博希蒙德的魅力是如此之大，乃至于康斯坦斯很快就抛弃了自己的未婚夫，匆匆宣称其并非良配——尽管人们并不清楚他到底做了什么导致自己被抛弃的事情。[16]康斯坦斯的父亲没有亲自参加这场远征，如果能通过联姻来分享十字军的荣耀，当然是再高兴不过，所以也很急切地乐见其成。

博希蒙德当然毫不犹豫地决定要娶这位当世最有权势的女人。她的祖辈中包括法兰西国王、基辅大公，以及荷兰伯爵与萨克森伯爵。1106年春，豪华的婚礼仪式在沙特尔大教堂举行，参加的人包括法兰西最显赫者和最具美德者，其中就有曾与博希蒙德在小亚细亚和叙利亚并肩作战的人们，以及更多希望与他并肩作战的人们。[17]

博希蒙德已经变得无法阻挡。早在婚礼之前，他就已经开始着手为自己前往东方的新远征招兵买马。他获得了教皇对其行动的祝福，还有圣彼得的旗帜，以及一个帮助他赢取各方支援的使团。[18]据一位作者说，促使教皇支持博希蒙德对抗拜占庭的原因，是他派往东方的一个使团回来之后大肆宣泄了对阿莱克修斯的不满。[19]但更为可能的是，帕斯卡尔二世并没有断定要全面进攻拜占庭帝国，这些只是表示他对圣地的支持——至少一开始是这样。教皇似乎对希腊教会、对拜占庭，以及对阿莱克修斯皇帝都没有敌意，因此他给予博希蒙德的支持应该从支持圣地的角度来加以看待。[20]

另一方面，随着博希蒙德日益加速人手的招募，他的野心指向也越来越确定无疑。1105—1106年间他四处奔走，向愿意追随自己的人们承诺，他们将获得不亚于尼西亚、安条克和耶路撒冷之战的胜利和荣耀。他的第一批进攻目标是迪拉基翁和君士坦丁堡。[21]得益于自己新的王室关系，1107年他在意大利南部召集起了一支规模可观的队伍，准备对拜占庭的西部边境发动进攻。

奥德里克·维塔利（Oderic Vitalis）写道，人们从世界各地赶来，聚集到博希蒙德麾下，不仅渴望夺取阿莱克修斯的帝国，而且想要取他的性命。[22]博希蒙德极为出色地鼓动了人们对阿莱克修斯的敌意。他召集宗教集会讲述自己的冒险经历，敦促听众高举十字架出发前往耶路撒冷，但首先要击败君士坦丁堡的皇帝。集会的气氛狂热而令人着迷。[23]在写给教皇的一封信中，博希蒙德粗略地列举了一长串东正教会应已犯下的异端罪行，以此证明自己进攻基督徒同胞是有正当理由的。[24]

可是，博希蒙德的呼吁在英格兰却结结实实地碰了壁。他告诉亨利一世国王说自己想要渡过海峡前来募集支持，却遭到了直截了当的拒绝，这表明他并不受欢迎。亨利一世干脆声称，此时正值冬季，穿越海峡太过艰险，不适合这位诺曼人前来。[25]但真正的原因可能是亨利一世国王并不想在自己也有很多用兵计划的时候（主要在诺曼底）与博希蒙德分享国中的军事资源。不过，国王拒绝博希蒙德前来英格兰可能还有其他原因。在12世纪早期的某个时候，他接待了一个来自君士坦丁堡的使团。该团由某个姓阿尔弗里库斯的人率领，带来了阿莱克修斯赠予国王的珍贵礼物，其中很可能包括金口圣若望（St John Chrysostom）[1]的一枚纹章。此物其后被放在了阿宾登（Abingdon）[2]。因此，不难想象的是，皇帝一直在寻找盟友来孤立博希蒙德的对抗行动。[26]当然，还有其他证据也表明，十字军东征结束后，阿莱克修斯也继续在西欧不断培植着重要的党羽。[27]

尽管博希蒙德的招募得到了热情的回应，但他对拜占庭帝国的进攻却以惨败收场。博希蒙德一行人于1107年10月出发，首先去往巴尔干半岛西南部的伊庇鲁斯。此前，阿莱克修斯在其统治期内已经两度被迫出兵在这个区域御敌。他重复了1084—1085年间让罗贝尔·吉斯卡尔（Robert Guiscard）[3]受挫的策略，与意大利各个城邦建立联盟，在意大利切断了博希蒙德的补给线，并形成了有效的陆地封锁。之后，包围圈毫不留情地越收越紧。博希蒙德在出发之际怀揣着宏大的构想，要废黜阿莱克修斯，占领君士坦丁堡，随后东进与在安条克的唐克雷德会师，但此时他却发现，一切已化为灰烬。手下人马饿死病死的越来越多，博希蒙德终于别无选择，只得求和。在今阿尔巴尼亚境内的迪亚波利斯

[1] 圣若望（约349—407）早期教会中的代表神父，君士坦丁堡大主教，因其卓越的宣道和公开演讲能力而得“金口”之名，被多个不同宗派的基督教会尊为圣人。——译者注

[2] 英格兰最古老的城市之一，之前一直是伯克郡的郡治所在地，1974年起划入牛津郡。——译者注

[3] 罗贝尔·吉斯卡尔（约1015—1085），阿普利亚公爵，博希蒙德是他的长子。——译者注

（Diabolis，又名德沃尔Devol）[1]举行的一次备受羞辱的会面上，他接受了阿莱克修斯开出的条件。会面的详细情形都记录在《阿莱克修斯纪》里。

博希蒙德被迫承认，自己1097年经过君士坦丁堡时与皇帝达成了协议，但他也说，之所以违背协议，是出于“某些不可预料的事件”。他承认自己对拜占庭的进攻破坏了协议条款，不过，虽然他背叛了阿莱克修斯，但这只是因为他暂时迷了心智。他说，自己最后终于寻回了理智。[28]

博希蒙德重新开始纳贡：他再次正式称臣，不仅对阿莱克修斯，而且也对其子兼继承人——年轻的皇子约翰·科穆宁（John Komnenos）。他将以自己的名誉和决心来捍卫他们的生命，他的承诺将坚如“铁铸的雕像”。“无论发生什么，”他承诺，“我都不会违背誓言，也不会有任何理由或方法——不论是公开的还是隐秘的，能让我违背今日誓约的条款。”[29]

在迪亚波利斯达成的条约说明了接下来哪些省份、城镇和乡村属于拜占庭帝国，它将对这些地方拥有统治权。塔尔索斯的军事管辖区，以及位于基德诺斯河（Kydnos）与赫尔蒙河（Hermon）之间的整片西里西亚地区都臣服于皇帝，老底嘉及其周边区域也被确认属于拜占庭，还有阿勒颇、叙利亚北部及高加索地区的其他城镇也是如此。[30]列举出这些区域的目的，是明确到

[1] 中世纪拜占庭的一个要塞城镇，大致位置在今阿尔巴尼亚的东南角，但确切位置未知。——译者注

底哪些地方应臣服于阿莱克修斯的权威——不论是事实上的，还是名义上的。这不单单是在重申第一次十字军东征之前属于帝国的区域边界，因为在很多地方，尤其是在西里西亚，拜占庭仍然必须抵抗和驱逐由博希蒙德和唐克雷德率领的军队。他们已经控制了多处从突厥人手中夺回的领地。而现在，博希蒙德同意将所占地重新归还帝国，并对皇帝的敌人和对手（包括自己的外甥唐克雷德）毫不留情地发动战争，直到他们交还本应属于拜占庭的城镇。[31]

拜占庭东部的明珠——安条克的问题也终于得到解决：博希蒙德同意将其交还给帝国。这个诺曼人将终身领有这座城市，作为帝国的总督代表阿莱克修斯终身统治它，博希蒙德死后，它将被交还给“新罗马帝国，众城的女王，君士坦丁堡”。但是，只要博希蒙德履行自己作为“仆人和臣子”的义务有半分差池，皇帝仍有权随时收回这项权力。[32]双方还同意，安条克将设一名东正教牧首，该城将遵循希腊教会的礼仪。这一点永久有效。[33]这就反转了1100年驱逐奥克斯特的约翰后对拉丁牧首的任命（当时博希蒙德正准备巩固自己对该城的控制权）。[34]

虽然唐克雷德还在东方制造麻烦（1107年帝国军队从西里西亚被召回后，他又进犯了该地区），但阿莱克修斯却授予了博希蒙德“塞巴斯托斯”的极高头衔以及一份丰厚的年俸，正式任命他为安条克总督。这并不是一种让步，阿莱克修斯清楚地知道，自己收回安条克的最好机会，就是让博希蒙德成为自己的代理人。[35]

诺曼人博希蒙德接受了所有条件，并向皇帝许下了进一步的全面誓言：“我将遵守我答应的所有事项……在任何条件下我都不会打破自己的誓言、违背自己的承诺或亵渎自己的职责。无论是在行动上还是思想上，我，以及我所有的人，都将尽全力帮助罗马人的帝国，为它增添荣耀。”[36]条约签署仪式的终曲是，博希蒙德将自己的手放在神圣的《福音书》上，在一些基督教世界中最为重要的圣物的见证下，以基督之名发誓将遵守条款。这些圣物包括基督的十字架、荆棘王冠，以及最重要的——刺上了十字架的基督的圣枪——这实际上是巧妙地指明了1098年在安条克这么简单就发现的圣枪其实是假的。[37]

这是阿莱克修斯取得的全面胜利。他的所有权声明已经毫无争议地得到确认。但最让皇室感到荣耀的是安条克——这颗“小亚细亚的明珠”的回归。对第一次十字军东征的骑士们而言，远征的高潮在于1099年攻克耶路撒冷。但对阿莱克修斯皇帝而言，高潮在九年后的《迪亚波利斯条约》签订时才姗姗来到。十字军曾帮助拜占庭收复尼西亚和小亚细亚沿海地带。但与博希蒙德达成的协议却标志着皇帝向西方寻求帮助的呼声终于得到了落实——它确认了他的政策，以及他统治的有效性。

然而在事实上，阿莱克修斯的成功并没有那么稳固。在对耶路撒冷的远征结束之后，他在西方的名声已经遭到严重破坏。无疑，还是有很多十字军战士仍然敬重皇帝——佛兰德斯的罗贝尔和诺曼底的罗贝尔在从耶路撒冷返乡时途经君士坦丁堡，他们都得到了皇帝的慷慨赠礼，因此毫无疑问，对拜占庭的印象极佳。[38]阿莱克修斯也费心赎回被穆斯林俘虏的骑士，并慷慨地招待了命运多舛的1101年远征的幸存者。[39]可是，最早写就的关于十字军东征的两份书面记录，都以非常负面的笔调描绘了皇帝的形象。

《法兰克人事迹》尤其恶意地刻画了阿莱克修斯的形象。其作者写道，阿莱克修斯得知“隐修者”彼得及其一行人在薛里格尔德全军覆没，感到十分开心。[40]他用心险恶，命令手下一逮到机会就杀害十字军战士。[41]阿莱克修斯“不善思考，狂躁易怒，总是计划用欺骗蒙蔽的手段来困住基督徒骑士们。但依靠上帝的恩典，他和他的手下都没找到任何地点或时机来加害骑士们”。[42]皇帝是个傻瓜，一个恶棍。在尼西亚，他极力赦免突厥人，把他们带回君士坦丁堡，找机会释放他们，送回战场与西方骑士们作战。在征途的每一步，阿莱克修斯都想方设法阻挠骑士们前往耶路撒冷的步伐。[43]

作为图卢兹的雷蒙的随员一道征战的阿奎勒的雷蒙，他的记述也没有给阿莱克修斯皇帝说什么好话。他写道，阿莱克修斯买通了一些代理人，在十字军踏上东进路途到达拜占庭都城之前，对他们说了些君士坦丁堡的好话。但他表达友谊的话语最终毫无意义，也毫无实质内容。[44]阿奎勒的雷蒙宣称，事实上，阿莱克修斯皇帝是个彻头彻尾的骗子。他满口答应要在尼西亚为需要接待的法兰克人建立一所接待院，还要赐予十字军丰厚的赏赐。“法兰克人相信了这些真诚的话语，于是准备转交尼西亚。但接管了尼西亚之后，阿莱克修斯却好好地给了十字军一个不知感谢的例证。于是，只要他还活着，人们就始终会辱骂他，称他为叛徒”。[45]阿莱克修斯最为人们诟病的一点是，西方人觉得是阿莱克修斯皇帝把十字军战士送往了小亚细亚，送往安条克。据阿奎勒的雷蒙所言，阿莱克修斯是在明知艰险的情况下，依然要送西方人去独自面对噩运。[46]

这些对阿莱克修斯的野蛮抨击，需要在一定的背景下来理解，1096—1097年，皇帝要求十字军领导人在君士坦丁堡发下誓言。这些誓言可以解释为什么十字军会违背誓言，占有本来应该交还给拜占庭的安条克等城镇。记述十字军东征的第一批历史学家以如此极端否定的方式刻画皇帝的形象，是为了证明博希蒙德违背对阿莱克修斯的承诺是正当的。因为阿莱克修斯皇帝本人首先没有兑现自己的承诺：是阿莱克修斯的背叛，而不是十字军的背叛，才让双方的誓约不再有效。根据《法兰克人事迹》的记述，阿莱克修斯发誓要保护骑士们，并通过海路和陆路保证他们的供给；他还承诺要亲自率领士兵和舰队，一同参加征讨。[47]但他在围攻安条克时，以及围攻取胜后都没有出现，这就意味着十字军领导人许下的诺言也不再有效。

这样的论证是非常有力的，但另外一些对他的指责却有些语焉不详。阿莱克修斯在十字军前来君士坦丁堡的一路上都充分保证了他们的供给，也亲自监管供给系统，以确保它们在基伯托斯和围攻尼西亚期间都可以有效运转。西方人在穿越小亚细亚的整个途中都没抱怨过供给不足，这就表明这一路的供给都精心规划过，且都切实地落实了。1098年秋，当十字军抵达安条克城下时，拜占庭人已经做好了各种长期围城战的准备，因此，里布蒙的安瑟伦（Anselm of Ribemont）才能在家书中写道："谷物、红酒、油和其他物资都多得难以想象。"[49]

1097—1098年冬天出现物资短缺是个不幸的意外。但考虑到在冬季筹集粮食是多么困难，要穿越敌境把补给运往安条克更是难上加难，因此这种情形的出现也并不令人惊讶。而且无论如何，对这种情况阿莱克修斯到底要负多大的责任，也没人搞得清楚。1098年3月，布卢瓦的史蒂芬在安条克写给妻子的信中说（当时十字军正处于最糟糕的境况），他对皇帝到底有多大过错不置一言。[50]

相反，来自塞浦路斯和老底嘉的给养显然仍在继续送往十字军处，甚至在塔提基奥斯离开十字军军营之后也是如此。西里西亚的地方长官和叙利亚北部的黑山修道院的希腊僧侣们也曾给西方人送食物和其他物资，其实，这个修道院历史上一直与君士坦丁堡联系密切，故我们可以认定，这些举动也是阿莱克修斯的筹划。[51]正如一名十字军史学家直率承认的，阿莱克修斯的信使们仍然在敦促当地民众经由海路和陆路为十字军提供补给。[52]在攻克安条克后，拜占庭的船只为西方军队运来了给养，并且，他们在1099年围攻阿尔喀时也做过这类尝试。[53]

阿莱克修斯肯定认为自己遵守了承诺，支持着骑士们进行远征。在1098年6月送出的给卡西诺山修道院院长的回信中（正是在他收到有关安条克形势严峻的消息之前），皇帝写道："您在那些充满洞见的信中曾真诚地恳请我为法兰克人的军队提供帮助。就这点，请尊贵神圣的您放心，因为我的帝国就站在他们身后，我将在这些方面帮助他们，给他们建议。事实上，我已经尽我所能在帮助他们，不是作为朋友或亲人，而是作为一名父亲……上帝眷顾，他们仍然在他们开启的征程上努力奋进，也将循着这份良好意愿的带领，继续长久地繁盛下去。"[54]

还有其他证据表明，十字军战士们当时对他们的推进速度是感到满意的。1098年2月，在写给兰斯大主教曼纳塞二世（Manasses II）的信中，里布蒙的安瑟伦揭示了一些这场远征所面临的问题，但这封信强调的重点却是这样一个事实：他们穿越小亚细亚直到安条克的路途上都没有遇到太多阻碍。基督徒们收复了两百座城镇和要塞，安瑟伦认为这是了不起的成就。"让西方的母教会，"他总结道，"感到欣慰吧！她培育出了这样非凡的人们，能够为她带来如此辉煌的荣耀，并为东方的教会提供如此令人赞叹的帮助。"总而言之，十字军中有许多人都认为，1098年上半年，他们的远征进展相当顺利，对阿莱克修斯也没有抱怨或恨意。事实是，其他十字军领导人都不愿支持博希蒙德煽动要自己控制安条克的行为，这表明，他们并不认为阿莱克修斯皇帝没有履行自己的义务。

恰恰相反，事实上，在安条克的十字军一直不断送信给阿莱克修斯，求取建议和指导。这也是在安条克即将被攻克前夕，布卢瓦的史蒂芬会被派往觐见皇帝的原因，也是不久之后韦芒杜瓦的于格被派去的原因。就连对阿莱克修斯皇帝颇有敌意的《法兰克人事迹》也指出，于格带给阿莱克修斯的音信是非常明确的：布永的戈弗雷、图卢兹的雷蒙、博希蒙德、诺曼底的罗贝尔、佛兰德斯的罗贝尔以及所有其他骑士，都希望阿莱克修斯能前来接管安条克。这是非常清晰的证据，表明十字军领导人对阿莱克修斯皇帝许下的誓言，直至他们攻下安条克城之后也仍然被视为需要遵守的。[56]

真实的情况似乎是，到十字军内部发生争论后，对阿莱克修斯皇帝的态度才开始变得强硬而有敌意。到1098年秋，他已经变成了备受诟病的争议人物，成为十字军领导人内部因野心而斗争不休时可随便指斥的方便棋子。9月，远征军中最尊贵的几位骑士联名写了一封信给教皇，向他汇报了征战头两年中的各种艰难险阻。信中解释说，耶稣基督将十字军从自四面八方来袭的突厥人手中解救出来。尼西亚被攻下，在西方军队付出极大代价后，安条克也被攻下。此时，骑士们恳请教皇亲自加入十字军，亲自指挥这场远征，完成他所开启的这场事业。[57]

写信者们为自己向教皇提出的请求找了一条非常明确的理由：阿莱克修斯背弃了十字军。他们声称，阿莱克修斯皇帝不仅忽视要服务于上帝的战士们，而且还积极阻挠为难他们："他竭尽全力给我们的征途制造阻碍。"[58]沙特尔的富歇在自己的编年史中转录了这封信的一个版本，但他决定不采用最后的结论，觉得实在有失公允，与事实不符。[59]毫无疑问，到1098年末，在十字军中产生分裂时，人们已经开始齐心协力抹黑阿莱克修斯皇帝。

对这位拜占庭统治者的攻击要点就是，他没能在十字军领导人开始争论不休时，亲自到安条克城控制局面。因此，是阿莱克修斯皇帝，而不是西方骑士们打破了双方在君士坦丁堡缔结的盟誓。但这种宣称同样也有问题。因为很清楚，无论从哪个方面来说，盟誓并没有规定阿莱克修斯需要亲自前来，也没说如果他不来就构成违约。这座城市为什么就不能交给他的某位代理人，就像尼西亚以及小亚细亚的众多其他城镇那样呢？

此外，见证了君士坦丁堡的几场盟誓仪式的人们也从没明确说阿莱克修斯曾保证亲自加入征讨的队伍；相反，正如阿奎勒的雷蒙指出的，阿莱克修斯皇帝曾在帝都仪式上模糊地说道，他没法亲自参加征讨，因为在帝都后方他还有许多问题要处理。[60]

换句话说，十字军领导人的论断是缺乏坚实基础的——至少阿奎勒的雷蒙就意识到了这一点。这位编年史家极力避免讨论双方的盟誓："我是不是要写一下与皇帝背约变节有关的那些骗局重重、令人生厌的事情呢？还是让想知道这些事情的人们到其他人那里去找寻吧。"[61]

正如我们之前已经提及的，急切地想自己掌控安条克的博希蒙德，始终违背其他十字军领导人和想要进军耶路撒冷的人们的愿望。当十字军领导人在安条克的圣彼得大教堂聚会，想要达成折中妥协时，图卢兹的雷蒙很冷静地指斥对阿莱克修斯的指控是莫须有的，并重申了向皇帝许下的誓言的具体内容。[62]他提醒所有人曾说过些什么：“我们凭主的十字架、荆棘王冠和众多神圣遗物起誓，未得皇帝许可，我们不会夺取他统治域内的任何一座城市或堡垒。”[63]

对于这些关于誓言的讨论，我们很容易把它们视为一场关于忠诚和道德操守的争论，要么像图卢兹的雷蒙这样，认为自己一定要遵守誓言，要么像博希蒙德这样，认为自己无须遵守。虽然从道德和法理上我们都能探讨十字军领导人到底与皇帝达成了什么协议，但他们内部的争论背后还有许多现实的考虑。各位领导人之间的实力对比关系，当然也是导致图卢兹伯爵拒绝博希蒙德掌控安条克的一个重要因素。一方想要遵守对阿莱克修斯的誓言，而另一方不想——问题可没那么简单。还有另一层因素是，雷蒙不想让自己的这位同僚（兼竞争对手）占了上风。从这方面来考虑的话，对阿莱克修斯皇帝的誓言就变成了有用的防守盾牌了，它让雷蒙得到抨击博希蒙德的机会，而自己却站在道德高地上。

从拜占庭方面来看同样也是如此，安条克及更大范围内的现实形势微妙而复杂，需要以更为精巧的手段来对待，而不仅是诉诸道貌岸然的忠诚盟约的含义。当阿莱克修斯皇帝坚持要求以十字军主要领导人能理解的内容和形式来对其起誓时，他非常清楚自己在做什么。但他的首要关注点（至少在1096年和1097年初）

是要保证，在自己的统治不是太稳固的时候，远征军能不惹任何麻烦地通过君士坦丁堡。正如后来的情况所表明的，他要求十字军领导人许下的誓言是非常有用的，这让阿莱克修斯有机会宣称某些领导人甚至十字军全军上下都错怪了他。

但在这一团指控与反指控的博弈当中，在关于誓约是否被辜负的争论中，对博希蒙德来说重要的是，要简单清晰地说明，在面对来自拜占庭的权利声明，乃至部分十字军认为他无权这么做的情况下，他为什么可以占据安条克。这才是隐藏在12世纪初欧洲各地对待阿莱克修斯皇帝态度背后的政治动机。因此，12世纪初有一些编年史家努力想要说明阿莱克修斯没有履行他对远征军的承诺；同时，也有更多的人花了更大的力气对阿莱克修斯的人品进行了全面的抨击。

但真正损害到阿莱克修斯皇帝声誉的，并不是《法兰克人事迹》或阿奎勒的雷蒙所著的编年史，而是博希蒙德在1104年底返回意大利后，开始招兵买马组织针对拜占庭的远征前后编制的一系列著述。1107年前后由僧侣罗贝尔、多尔的鲍德里以及诺让的吉贝尔撰写的十字军军史都大量借用了《法兰克人事迹》的内容，忠实地再现了对阿莱克修斯皇帝的负面刻画。据说，1096年民众十字军遭到大屠杀，阿莱克修斯闻讯后非常喜悦，三位作者全都有板有眼地描述了这一幕。[64]他们都以冷酷的口吻复述了《法兰克人事迹》的观点，称皇帝不前往安条克是因为他是个胆小鬼。[65]

但是这几位作者所做的远不止重复和转述《法兰克人事迹》

那么简单，因为他们还连篇累牍地写下来它们听说的阿莱克修斯的缺点和过失。诺让的吉贝尔在这方面表现得尤其有创造力。他写道，皇帝的母亲是一名女巫，深谙各种黑魔法。此外，阿莱克修斯为人极其邪恶，曾颁布一项法令，要求所有有多个女儿的家庭必须贡献一个女儿做妓女：她们所赚的钱要上缴国库。他还命令所有有多个儿子的家庭都必须让一个儿子受阉割。既然有这么多年轻男子被阉割而失去了活力，也就难怪阿莱克修斯要向西方求助了——吉贝尔写道。[66]

如此荒唐的指控就这样广泛地在12世纪及以后流传着，并不断被更多的历史著述添油加醋地加以讲述。另一份这种风格的史书称，阿莱克修斯1085年能够击败罗贝尔·吉斯卡尔，是因为他告诉这名诺曼人的妻子，如果她毒杀自己的丈夫，他就会迎娶她。她于是照做了。[67]其他人也大肆渲染这个故事，比如霍夫登的罗杰（Roger of Hoveden）。他宣称阿莱克修斯确实娶了西克尔盖塔（Sickelgaita），但在让她加冕为皇后之后，又活活把她烧死了。[68]

12世纪初期，这种敌对阿莱克修斯的情绪迅速得到加强。马姆斯伯里的威廉（William of Malmesbury）称，他这个人“因背叛和狡诈得到的名声可盖过正直诚实的美誉”。[69]提尔的威廉在数十年后概括了当时拉丁西方对阿莱克修斯皇帝总体的印象。这名大主教写道，阿莱克修斯不可信赖，他“如同一只毒蝎，你虽无须畏惧它的脸庞，却定要当心它毒尾造成的伤害”。[70]

这种观点延续了好几个世纪。例如，18世纪时，爱德华·吉本就基本沿袭了这种中世纪的刻画，他写道："我应将阿莱克修斯皇帝比作豺狼。这种动物据说会跟在狮子后面，吞取残食。"他还称，就连艾莲娜女皇也不太看得起自己的丈夫，对其看法与旁人类似。因此，在阿莱克修斯死后，她才会坚持在他的墓碑上刻下这么一行碑文："你生死如一——总为伪善者。"[71]

阿莱克修斯皇帝的名誉此后再也没有恢复，而对他的抹黑还在更大范围内极大影响到了对第一次十字军东征的历史解释。在讲述前往耶路撒冷的征途时，皇帝是缺席的，尤其是在探讨远征的起源时。因为从安条克城下爆发争论开始，皇帝就从这段历史中被抹去了。当时的拉丁史学家们刻意把阿莱克修斯撇在了一边，使得他自此一直在相关史述中处于边缘位置——在整场运动中只是位无关紧要的偶然角色。

先撇开其他方面的影响不谈，阿莱克修斯1108年在迪亚波利斯的胜利只是更进一步加深了这种负面印象。西方的史学家们极力诋毁他的声明的正当性，认为他所要求的如今已经是十字军的所有物——首先就是安条克。这件事发生后，博希蒙德再也没有回到安条克接受新的"任命"，这就意味着帝国对安条克的宗主权只是名义上的。皇帝派人前往安条克觐见唐克雷德，要求他履行在迪亚波利斯达成的协议条款，可皇帝的要求却遭到了无视：这名诺曼人拒绝接受皇帝的要求，还向使节强调，他绝不会放弃对安条克的控制，即使敌人带着熊熊的毁灭之火前来。[72]

1111年博希蒙德死后，按照协议的规定安条克应该还给拜占庭了。但他的死对皇帝来说并不算什么好事。因为如果博希蒙德还活着的话，皇帝还有希望以此对唐克雷德施加影响，而现在他却没机会利用与博希蒙德达成的协定来赢取政治资本了，也无法利用这次和解来修正之前十字军著述中煽风点火的不公言论了。

相反，博希蒙德没有被刻画成一名叛徒，却以截然不同的方式得到纪念。虽然他最后对伊庇鲁斯的进攻失败透顶，却并没有影响到他在西方的受欢迎程度。他与阿莱克修斯达成的协议在拜占庭以外也鲜为人知。据亚琛的阿尔伯特所说（他的史书在博希蒙德去世10年后写成），他乃“博希蒙德，由上帝任命的安条克伟大的王公”。[73]他埋骨的南意大利卡诺萨天主教堂，也留下了比迪亚波利斯协议止面得多的铭文：

> 尊贵无比的叙利亚王公长眠于此；
>
> 世间再无可能诞生比他更好之人。
>
> 他征服希腊四次，更广大的世界长久以来都知晓博希蒙德天纵英才。
>
> 美德为杖，他向四方征战讨伐；征服无数，安条克城铭记于心。

这座教堂南端的青铜大门上还刻着这样的铭文：博希蒙德是多么高贵啊，他征服了拜占庭，保护叙利亚免受诸敌侵袭；他不能被称为神，但他显然绝非凡人。铭文继续写道：迈入教堂时向强大的博希蒙德祈祷吧，这位伟大的战士在天堂会感到高兴的。[74]

声称博希蒙德击败了拜占庭四次实在有些夸大了。这位诺曼人参与的三次对伊庇鲁斯的进攻（1081年3月、1084年5月和1107年8月）全都以失败告终，而对博希蒙德来说，十字军东征也很难说是他战胜拜占庭的经历——尤其是在迪亚波利斯蒙羞之后。但卡诺萨的铭文并不是当时唯一扭曲事实的例子。法兰西卢瓦尔河地区一名僧侣写的一首诗，也把博希蒙德最后一次侵入拜占庭帝国的经历表述为一场大胜。说他不但狠狠教训了阿莱克修斯皇帝，逼得皇帝作困兽之斗，还把派来对付他的帝国军队打得落花流水。在诗中，这场战役的结果不是拜占庭压倒性的胜利，而是相反：博希蒙德提出了和约，而皇帝急忙答应了，巴不得赶紧承认这个诺曼人已经取胜。据诗中所言，是阿莱克修斯向博希蒙德发下誓言，而不是博希蒙德向阿莱克修斯发下誓言。[75]看起来，关于博希蒙德的情况，人们的记忆和事实完全是两回事——关于阿莱克修斯皇帝也是如此。[76]

事实上，在第一次十字军东征结束后的若干年间，被重塑的不仅包括这两位主要人物的角色和声誉，更令人惊讶的是教皇的地位。乌尔班二世对奠定耶路撒冷远征的基础起到了核心和决定性的作用。他有效地激励起了欧洲的骑士们，还极为有效地激励了成千上万人高举十字架，前往圣地。从十字军领导者们在1098年安条克陷落后写给教皇的信中可以看出，他的作用是明确得到承认的。[77]

然而，乌尔班二世却令人生疑地从第一批有关第一次十字军东征的记述中缺席。无论是《法兰克人事迹》，还是阿奎勒的雷蒙所著的《法兰克人史》，似乎都没有提出第一次十字军东征是教皇乌尔班二世构思、激发和推动成行的。阿奎勒的雷蒙陪伴图卢兹伯爵参加了东征，他在自己关于这场耶路撒冷远征的记述开始，甚至提都没提到教皇。被认为界定了这场远征，也永远改变了中世纪世界的那个时刻——克莱蒙那场激动人心的演讲，都没有被直接或间接地提及。影响力颇广的《法兰克人事迹》也没有提到克莱蒙演讲。其著者称教皇前往阿尔卑斯山以北，鼓励人们拿起武器前往东方——但他并没有被刻画为十字军的发起者，而只是被视为“所有法兰克人土地上一位能鼓舞人心的伟人人物”。据作者所说，教皇是顺应了时代精神，而不是塑造了这一切事件。[78]

直到那些写于克莱蒙演讲十年后的记述中，教皇的角色才得到了清晰的阐述和聚焦。僧侣罗贝尔、多尔的鲍德里和诺让的吉贝尔都是在夺取了耶路撒冷的数年后开始写作的。他们重新讲述了十字军的起源，把乌尔班二世刻画为主要的宣传动员者，将他牢牢置于这场远征的核心。或许是有意为之吧，如今他填补了阿莱克修斯皇帝靠边站之后留下的空缺。曾对动员西方骑士起了核心作用的人物就这样在第一次十字军东征后的10年内退到了阴影中，之后也一直如此。

不是说乌尔班二世不值得享受解放耶路撒冷的功绩，也不是说他吸引了成千上万人前往捍卫东方教会的努力不具有里程碑式的影响力。虽然他是在1099年7月末去世的，那时耶路撒冷刚解放几个星期，但他肯定并不知道这件事——消息不可能这么快送到他这里。他也没有活着看到自己统一教会的努力所取得的成果。尽管与希腊教会的和解会谈在1098年的巴里会议上就开始了，但事情并没有如他预期的那样进展顺利。不过至少在西欧，他对十字军的大力支持已被证明是极大的功绩，为教皇在西方世界角色的转变奠定了基础。

1088年，乌尔班二世在泰拉齐纳当选为教皇，因为当时他和其他高层主教们都被驱逐出了罗马。11世纪90年代初，他的处境仍然十分艰难微妙，因为敌教皇克莱芒三世当时得到实力强大的德意志皇帝亨利四世的支持，势力大过了他。但第一次十字军东征的胜利决定性地让这场竞争倒向了有利于乌尔班二世的一面：克莱芒三世很快变成了无足轻重的人物。敌教皇的运势已经一败涂地，因此，当1100年秋克莱芒三世死后，为了保护其继任者的安全，他的选举都是在夜里秘密进行的。

此时，亨利四世已经公开表示要敬服于乌尔班二世的继任者帕斯卡二世。[79]德意志皇帝错过了第一次十字军东征，因为他与教皇为敌；而在耶路撒冷被攻克后，他很快就宣布，自己也打算出发前往东方，并在1102年冬举行了一系列庄严的弥撒。[80]他还试图弥合西方教会内部的矛盾，于次年初写信给自己的教父——势力强大的克吕尼修道院院长于格，试图重启与罗马的谈判，也希望从业已自耶路撒冷的骑士们所获的荣耀中分享一点利益。[81]

这当然不会阻止新任教皇施展他如今已经大大扩展的权威。这正是十字军东征的胜利带给他的。到1102年，亨利四世被指控犯有异端罪行，还有人呼吁那些从耶路撒冷回来的骑士们以此抨击他。[82]教皇的力量如今已经强大到一定程度了，以致第二年初，德意志皇帝就向教廷一位最高层的支持者承认，他要对教会的分裂负责，希望能够和解。[83]

直到1122年的《沃尔姆斯宗教协定》和次年初的第一次拉特兰大公会议之后，叙任权危机（指教皇与德意志皇帝之间的争端）才终于画上了句号。虽然乌尔班二世在叙事中获得的核心地位，还要等第二批讲述耶路撒冷远征的编年史家来确立，但第一次十字军东征乃罗马教皇取得的一次大胜，这一点是毫无疑问的。

事实上，对激发乌尔班二世发出武装朝圣呼声的那个人——阿莱克修斯一世·科穆宁来说，这次远征也是一场令人惊奇的胜利。十字军给拜占庭帝国的运势带来的简直是史诗般的逆转。1095年春，拜占庭的处境非常危急，被迫面对其在小亚细亚政策的全面失败，简直没有任何收复这片国土的可能。在帝都以北，情况也好不到哪儿去，塞尔维亚人和库曼游牧民族的扩张几乎牵制了帝国可以动员的全部军事资源。君士坦丁堡在这般沉重的压力之下几近崩溃，一场大规模的叛乱发生了，皇帝差点就被废黜，甚至遭谋杀。

12年后，局势已经截然相反。尼西亚重新臣服于帝国的权威，小亚细亚西部沿海地带和内陆具有关键意义的几处河谷地区，也都重新回到拜占庭的掌控之下。突厥世界几名制造麻烦的人物都已经永久被解决掉了，帝国与乞力赤·阿尔斯兰的关系保持得很好，自1098年起签署的和约确保了这种态势的持续。[84]西里西亚和安纳托利亚南部沿海的重要港口都已被收复。甚至连塞尔维亚人也消停了，这得感谢图卢兹的雷蒙在1097年前往君士坦丁堡的路上以妥当的方式进行了调停。而最为重要的是，安条克回到了基督徒手中，而拜占庭也在名义上对这座城市享有宗主权。

唐克雷德在1108年迪亚波利斯和约签署后的不合作态度非常明显。但事实证明这只造成了短暂的不便而已。正如十字军在耶路撒冷的经历表明的，穆斯林造成的威胁不会消失，而阿莱克修斯和拜占庭是他们非常关键的盟友。骑士们知道，如果他们想要在东方站稳脚跟，就肯定需要拜占庭的帮助。这也是布永的戈弗雷在埃德萨和耶路撒冷的随军牧师沙特尔的富歇，为什么会在自己的编年史中措辞谨慎，不煽动人们情绪的原因。他留下的对十字军的记述，自始至终对阿莱克修斯皇帝态度友善。我们前面已经提到，他甚至选择删除了1098年从安条克送给教皇的信中有煽动敌对情绪的最后一段话，因为这段话指责阿莱克修斯不但没能帮助十字军，还在远征期间积极地妨碍他们的进程。与他同时代那些留在西方的人们不同，富歇清楚地知道，惹恼那些能在未来提供非常必要的援助的人不会带来半点好处。[85]其他一些人在评价阿莱克修斯和拜占庭时也十分小心谨慎，会特意把当时人们一些过激的言论温和软化一下。[86]

阿莱克修斯仍然密切地关注着东方的局势。1105年图卢兹的雷蒙去世后，他派遣了一名使节前去确认雷蒙在的黎波里（雷蒙从12世纪初开始以这里为大本营建立了自己的势力范围[87]）的继任者会依旧效忠和支持帝国。三年后，图卢兹的贝特朗（Bertrand of Toulouse）来到君士坦丁堡，得到了与十年前十字军领导者们相同的礼遇：盛大的欢迎仪式、慷慨的赠礼，以及皇帝亲自接待陪同。而他也向十字军领导人一样，向阿莱克修斯皇帝许下了效忠誓言。[88]

第一次十字军东征带给拜占庭帝国的好处能从很多不同的方面来加以衡量。12世纪，一个崭新的帝国出现，它强势、自信、军力强盛，正是阿莱克修斯希望构建的形象。帝国的经济在1081年科穆宁家族兵变的时候岌岌可危，但如今再次兴盛，这有赖于币制的重订，与威尼斯及其他意大利城邦国家贸易的增长，当然还有十字军东征的胜利。军费开支终于稳定下来，不再大幅飙升。阿莱克修斯统治的前半期，他几乎每年都要御驾亲征，但在第一次十字军东征结束后，他极少这么做。到1107年时，帝国的税务体系已经得到了全面的修复，建基于清晰的土地所有权登记制度之上，这使得拜占庭帝国能够更加清楚地了解国内的私有财产及收入状况。帝国已经重新变得繁荣稳定。

1118年阿莱克修斯去世前后，诞生了一首意在为皇帝的继承人约翰二世提供指导的诗歌。它回顾了阿莱克修斯的统治期，提到了他在夺得皇位后经历过的艰难动荡时期。但后来的所有一切，包括“西方来的大规模骑士运动”，都拜服于这位伟大的统治者，骑士们心生惧意，纷纷撤离。只要约翰二世采取与他父亲相同的治国策略，他也同样能够从父亲的高超谋略中获益。阿莱克修斯敦促道，金钱和礼物应“明确经常地、以亲切的方式”赠予。新任皇帝应该时常用金子和礼物填入西方人“张大的嘴”里。为了做到这一点，诗中敦促约翰二世在防护严密的房间里积累“很多珍物”，“这样你才能满足一众民族的贪欲，他们若没得到满足，就会像先前那样在我们身边挑起事端”。简而言之，新任皇帝应该把君士坦丁堡当作“金子的喷泉”，自此不断积极慷慨地分发奖赏和诱惑。只要他能这样做，他的统治就会很稳固。这种自信满满的世界观让人惊讶，但它牢固地建基于阿莱克修斯取得的成功的治国策略。[89]

这首诗反映出阿莱克修斯皇帝借第一次十字军东征之机取得了坚实的成果。这也可以从阿莱克修斯在其统治后期的举措中看出来。1111年，德意志的亨利四世的幼子兼继承人亨利五世进军罗马，让教皇帕斯卡二世沦为阶下囚。闻讯后，阿莱克修斯遣使前往卡西诺山，对教皇及其遭遇表示同情。阿莱克修斯皇帝还表示自己想要亲自来罗马。为了确保这座城市和教皇的安全，他建议由他或他儿子约翰继承罗马帝国的皇位。[90]可见，因为第一次十字军东征的成就，拜占庭的运道已经大为改观了，以致阿莱克修斯的野心如今已大大膨胀，竟然想要攫取罗马的权力了。

对拜占庭及其皇帝们的怨言在西欧的集体意识中逐渐固化，但直到第二次十字军东征期间，十字军穿越小亚细亚时陷入一片混乱后，即1146—1147年，这些对阿莱克修斯的消极刻画才开始发挥影响力。德意志和法兰西的十字军陷入麻烦后，熟悉的需求又浮现了：在为上帝服务的人们遭受失败的时候，他们需要寻找替罪羊。指责声涌向了君士坦丁堡的皇帝——阿莱克修斯的孙子曼努埃尔一世·科穆宁（Manuel I Komnenos）。他成为欧洲各地发起的恶毒人身攻击的对象。他的祖父曾经受到的各种指控现在又被加在他的身上：背叛、左右逢源、与伊斯兰势力串通一气、背叛捍卫基督教的职责。于是，启动一次全力打击拜占庭帝国的十字军的呼声出现了。拜占庭帝国的名誉在西方再也没有得到恢复。[91]

也就是在这时，安娜·科穆宁娜决定要做点儿什么来恢复父亲的名誉：记录下他的功绩。但若想要不偏不倚地记述阿莱克修斯的统治期，她还面临着重重困难。一方面，阿莱克修斯确实从溃败的边缘被挽救了回来；但另一方面，他又埋下了带来一系列新问题的种子。在这种情况下产生的文本《阿莱克修斯纪》带有夸耀色彩，自相矛盾，处处隐晦不明。自诞生以来，它一直误导、迷惑着人们。

当重新排列了安娜叙述中提供的错误事件之后，我们得到的画面就清晰多了。11世纪90年代中期，拜占庭帝国徘徊在崩溃的边缘。阿莱克修斯在东方的政策尤其遭受了重挫，而君士坦丁堡在北方也不断承受着压力，遭遇着打击，威胁到了帝国对其他地区的控制力。而帝国的财政状况也十分糟糕，使得阿莱克修斯缺乏在东方组织一次大规模反攻的资源，这又导致人们对他的领导能力开始失去信心，甚至拜占庭帝国的贵族阶层还发动了一场大规模的叛乱。

正如安娜·科穆宁娜所说，与不断制造麻烦的西方骑士们打交道得费点儿工夫，但“他的臣民们的反叛意愿也毫不令他省心——事实上他对这些臣子更怀有戒心，总是急于尽可能地保护自己免受他们陷害，竭尽所能来处理他们层出不穷的花招儿。但又有谁能够描述得出降临在他身上的一重重麻烦呢？这迫使他善于和所有人打交道，尽可能地随机应变”。[92]

皇帝的女儿写道，皇帝就像是一名驾驶着自己的船只，通过险象环生水域的舵手。大浪袭来，一波未平，一波又起。“敌人没完没了地涌现，麻烦深如大海，情况就是这么糟糕——他根本就得不到喘息或闭目养神的机会”。[93]而阿莱克修斯以非比寻常的勇气直面了这样的困境。

第一次十字军东征的故事已经被讲述过许多次了。博希蒙德、布永的戈弗雷和图卢兹的雷蒙等人的事迹一代代流传了好几个世纪。没能在远征结束后返乡的那些人，比如卡尔德伦的鲍德温和蒙梅勒的阿沙尔，他们的名字和事迹被讲给子孙后代听，让人们铭记他们为了解放圣城耶路撒冷而表现出的英雄主义和无私情怀。

更鲜为人知的是那些导致第一次十字军东征发生的人物的名字：阿布勒-卡西姆、察卡、博苏克、托戈塔克和尼基弗鲁斯·第欧根尼，他们应该在这场重塑了中世纪欧洲的远征的讨论中占得一席之地。他们把拜占庭帝国逼到了崩溃的边缘，迫使阿莱克修斯向西方求助。这些人物的进攻、抗争和叛乱最终导致了耶路撒冷在落入穆斯林手中450多年后，重新回到基督徒的控制之下。

但有一个人地位突出，远高于其他人。阿莱克修斯一世·科穆宁启动了一系列的事件，最终导致十字军东征的问世。来自东方的呼告重塑了中世纪的世界，大大扩展了欧洲的地理、经济、社会、政治和文化视野。在晦暗中度过了900多年后，阿莱克修斯应该再次在第一次十字军东征的历史中占据中心位置。

注 释

序 言

1. Fulcher of Chartres, I.2.i, pp. 62–3.
2. Robert the Monk, I.1, p. 79.
3. Ibid., pp. 79–80.
4. Fulcher of Chartres, I.3.iv, p. 66.
5. Baldric of Dol, IV.1, p. 15.
6. Robert the Monk, I.1, pp. 79–80.
7. 所有关于乌尔班二世讲演的主要记述文献都是在12世纪初写成的，在第一次十字军东征之后。对其重要性的评述，可参见下引文献，第十二章；pp. 200–1.
8. Guibert of Nogent, I.1, p. 87; also Fulcher of Chartres, I.3.v–viii, pp. 66–7; Robert the Monk, I.2, p. 81; R. Somerville, *The Councils of Urban II: Decreta Claromontensia* (Amsterdam, 1972), p. 74.
9. Robert the Monk, I.2, pp. 81–2; Fulcher of Chartres, I.4.iv, p. 68; Guibert of Nogent, II.5, p. 117.
10. V. Tourneur, 'Un denier de Godefroid de Bouillon frappé en 1096', *Revue belge*

de numismatique 83 (1931), pp. 27–30; cf. N. Bauer, 'Der Fund von Spanko bei St Petersburg', *Zeitschrift für Numismatik* 36 (1926), pp. 75–94.

11. 可参见，比如，J. Riley-Smith, *The First Crusade and the Idea of Crusading* (London, 1986), pp. 31ff.

12. 关于在克莱蒙通过的有关耶路撒冷的谕令，参见Somerville, Councils of Urban II, pp. 74, 124, 及 R. Somerville, Papacy, *Councils and Canon Law* (London, 1990), pp. 56-65 and 325-37. 另见 Riley-Smith, *First Crusade*, pp. 13-30.

13. 信中说，1097年在尼西亚集结的十字军有30万人，1099年9月阿斯卡隆战役时大概有20万多点，不过这个数字没有包括耶路撒冷的驻军或当时其他由西方骑士控制的城镇中的驻军。Barber and Bate, *Letters*, pp. 34–5. 关于十字军的规模，参见J. France, *Victory in the East: A Military History of the First Crusade* (Cambridge, 1993), pp. 122–42.

14. Raymond of Aguilers, I, p. 18; Albert of Aachen, V.40, pp. 392–4.

15. Albert of Aachen, III.28, p. 182.

16. Ralph of Caen, 119, p. 135.

17. 参见，比如，J. Riley-Smith, *The First Crusaders 1095–1131* (Cambridge, 1997); M. Bull, *Knightly Piety and the Lay Response to the First Crusade: The Limousin and Gascony* (Oxford, 1993); France, *Victory in the East*; T. Asbridge, *The First Crusade: A New History* (London, 2004). 关于对十字军的总体研究C. Tyerman, *God's War: A New History of the Crusades* (London, 2006), J. Phillips, *Holy Warriors: A Modern History of the Crusades* (London, 2010).

18. J. Nesbitt, 'The rate of march of crusading armies in Europe: a study and computation', *Traditio* 19 (1963), pp. 167–82; A. Murray, 'The army of Godfrey of Bouillon 1096–9: Structure and dynamics of a contingent on the First Crusade', *Revue Belge de Philologie et d'Histoire* 70 (1992), pp. 301–29; B. Bachrach, 'Crusader logistics: From victory at Nicaea to resupply at Dorylaion', in J. Pryor (ed.), *Logistics of Warfare in the Age of the Crusades* (Aldershot, 2006), pp. 43–62.

19. 例如，S. Edgington, 'Albert of Aachen reappraised', in A. Murray (ed.), *From*

Clermont to Jerusalem: The Crusades and Crusader Societies (Turnhout, 1998), pp. 55–67; J. France, 'The use of the anonymous *Gesta Francorum* in the early twelfth century sources for the First Crusade', in ibid., pp. 29–42; J. Rubenstein, 'What is the *Gesta Francorum* and who was Peter Tudebode?', *Revue Mabillon* 16 (2005), pp. 179–204.

20. A. Vauchez, 'Les composantes eschatologiques de l'idée de croisade', in A. Vauchez (ed.), *Le Concile de Clermont de 1095 et l'appel à la Croisade* (Rome, 1997), pp. 233–43; H. Möhring, *Der Weltkaiser der Endzeit: Entstehung Wandel und Wirkung einer tausendjahrigen Weissagung* (Stuttgart, 2000), and B. E. Whalen, *Dominion of God: Christendom and Apocalypse in the Middle Ages* (Cambridge, Mass., 2009).

21. J. Bliese, 'The motives of the First Crusaders: A social psychological analysis', *Journal of Psychohistory* 17 (1990), pp. 393–411; G. Anderson, R. Ekelund, R. Herbert and R. Tollinson, 'An economic interpretation of the medieval crusades', *Journal of European Economic History* 21 (1992), pp. 339–63.

22. C. Ottoni, F-X. Ricaut, N. Vanderheyden, N. Brucato, M. Waelkens and R. Decorte, 'Mitochondrial analysis of a Byzantine population reveals the differential impact of multiple historical events in South Anatolia', *European Journal of Human Genetics* 19 (2011), pp. 571–6.

23. A. Johansen and D. Sornett, 'Finite time singularity in the dynamics of the world population and economic indices', *Physica* A 294.3–4 (2001), pp. 465–502, citing J. DeLong's University of California, Berkeley 'Estimating World GDP' project.

24. Bernold of Constance, p. 520.

25. Anna Komnene, XIII.6, p. 373.

26. Ia. Liubarskii, 'Ob istochnikakh "Aleksiady" Anny Komninoi', *Vizantiiskii Vremennik* 25 (1965), pp. 99–120; 关于安娜利用的资料，实际的和可能的，参见J. Howard-Johnston, 'Anna Komnene and the *Alexiad*', in M. Mullett and D. Smythe (eds.) *Alexios I Komnenos – Papers* (Belfast, 1996), pp. 260–302.

27. R. Bedrosian (tr.) *Aristakes Lastivertc'i's History* (New York, 1985), p. 64.

第1章 危机中的欧洲

1. Gregory VII, *Register*, I.1, p. 1.

2. Ibid., I.25, p. 30.

3. 此处参见U-R. Blumenthal, *The Investiture Controversy: Church and Monarchy from the Ninth to the Twelfth Century* (*Philadelphia*, 1988); G. Tellenbach, *The Western Church from the Tenth to the Early Twelfth Century* (Cambridge, 1993); H. Cowdrey, *Pope Gregory VII, 1073–1085* (Oxford, 1998).

4. Gregory VII, *Register*, III.6, p. 181; III.10a, pp. 192–3.

5. Hugh of Flavigny, II, p. 458; Lampert, *Annales*, pp. 258, 264–5; Berthold, p. 284; Bonizo of Sutri, *Liber*, 8, p. 609.

6. Gregory VII, *Register*, VII.14, pp. 342–4.

7. Benzo of Alba, *Ad Henricum*, VI, Preface, p. 502.

8. C. Erdmann (ed.), *Die Briefe Heinrichs IV* (Leipzig, 1937), 18, p. 28.

9. P. Kchr, 'Duc documcnti pontifici illustranti la storia di Roma negli ultimi anni del secolo XI', *Archivio della Società Romana di storia patria* 23 (1900), pp. 277–83.

10. Bernold of Constance, p. 508.

11. 乌尔班二世引入了这样一种可能性：前往西班牙作战的骑士都能够借此赎罪。这对潜在的十字军战士可以获得的精神奖赏将产生非常重要的影响。但是，教皇对在西班牙作战提出的这种奖赏对欧洲的骑士阶层整体上没有产生太大影响。参见 J. von Pflugk-Hartung, *Acta pontificum Romanorum inedita*, 3 vols. (Leipzig, 1880–8), 2, pp. 142–3; Urban II, *Epistolae et Privilegia*, in *Patrologia Latina* 151, cols. 288, 302–3, 332–3. Also A. Becker, *Papst Urban II*, 2 vols. (Stuttgart, 1964–88), 1, pp. 246ff.

12. F. Liebermann, 'Lanfranc and the antipope', *English Historical Review* 16 (1901), pp. 330–2.

13. P. Kehr, 'Papsturkunden in Rom: Erster Bericht', *Nachrichten von der Gesellschaft der Wissenschaften zu Göttingen, Phil-hist. Kl.* (1900), pp. 148–9.

14. 只有给克莱芒三世的回信留存了下来。A. Pavlov, 'Otryvki grecheskago teksta kanonicheskikh otvetov russkago mitropolita Ioanna II', *Zapiski Imperatorskoi Akademii Nauk*, 22.5 (1873), pp. 169–86.

15. 帝国继承人通常在出生时或出生后不久就会被加冕为共治皇帝，因此固定格式中会出现两个人的名号。*De Cerimoniis aulae Byzantinae libri duo*, ed. J. Reiske, 2 vols. (Bonn, 1829–30), 48, vol. 2, pp. 686–92; 46, vol. 2, p. 679.

16. C. Will, *Acta et scripta quae de controversiis Ecclesiae Graecae et Latinae* (Leipzig, 1861), pp. 150–4.

17. J. Mansi (ed.), *Sacrorum Concilium Amplissima Collectio*, 31 vols. (Florence, 1759–98), 20, cols. 507–8; Gregory VII, *Register*, VI.5b, p. 281. 阿莱克修斯遭受绝罚在Bernold of Constance, pp. 479–80中被提到。

18. William of Apulia, IV, p. 230; cf. Anna Komnene, I.13, p. 40.

19. 此处最可靠的资料出自大公会议上达成的教令、教皇送往佛兰德斯、托斯卡纳和西班牙的六封信，以及当时人们对乌尔班二世在克莱蒙会议后在法兰西各地的传道动员所留下的记述，例如1096年2月在昂热。Somerville, *Councils of Urban II*, pp. 74, 124; Hagenmeyer, *Epistulae*, pp. 136, 137–8; W. Wiederhold, 'Papsturkunden in Florenz', *Nachrichten von der Gesellschaft der Wissenschaften zu Göttingen, Phil-hist. Kl*. (1901), pp. 313–14; P. Kehr, *Papsturkunden in Spanien. I Katalonien* (Berlin, 1926), pp. 287–8; L. Halphen and R. Poupardin, *Chronique des comtes d'Anjou et des seigneurs d'Amboise* (Paris, 1913), pp. 237–8.

20. Geoffrey Malaterra, IV.13, p. 92; W. Holtzmann, 'Die Unionsverhandlungen zwischen Kaiser Alexios I und Papst Urban II im Jahre 1089', *Byzantinische Zeitschrift*, 28 (1928), pp. 60–2.

21. Anna Komnene, V.9, p. 151.

22. Holtzmann, 'Unionsverhandlungen zwischen Kaiser Alexios I und Papst Urban II', pp. 60–2.

23. Ibid.

24. Ibid., pp. 62–4.

25. Theophylact of Ohrid, Peri egkalountai Latinon, in P. Gautier (ed. and tr.), *Theophylacti Achridensis Opera* (Thessaloniki, 1980), p. 249.

26. Ibid., pp. 251–61.

27. Ibid., pp. 271–9.

28. H. Seyffert (ed.), *Benzo von Alba. Sieben Bücher an Kaiser Heinrich IV* (Hanover, 1996), I.14–17, pp. 140–54.

29. Geoffrey Malaterra, IV.13, pp. 92–3.

30. R. Somerville, *Pope Urban II, the Collectio Britannica, and the Council of Melfi* (1089) (Oxford, 1996), pp. 175–80.

31. 他的评论见于写给君士坦丁堡牧首尼古拉三世的一封信中。Holtzmann, 'Union-s-verhandlungen zwischen Kaiser Alexios I und Papst Urban II', pp. 64–7.

32. Thus Becker, *Papst Urban II*, 2, pp. 80ff.

33. Ibid., p. 60.

34. Ibid., pp. 59–60.

35. Pavlov, 'Otryvki grecheskago teksta', pp. 169–86.

36. Anna Komnene, IV.1, p. 109.

37. E.g. *Regii neapolitani archivi: monumenta edita ac illustrata*, 6 vols. (Naples, 1845–61) 5, no. 457, pp. 146–7; no. 458, pp. 148–52; no. 462, pp. 157–9; no. 467, pp. 174–8; *Codice Diplomatico Barese*, 6 vols. (Bari, 1897–1902), 3, no. 24, pp. 39–40; no. 35, p. 41; no. 36, p. 42; no. 27, p. 43; no. 28, pp. 44–5; no. 29, pp. 45–6; no. 30, pp. 46–7; D. Morea (ed.), *Il chartularium del monastero* (Montecassino, 1892), p. 136.

38. Bernold of Constance, pp. 470–80.

39. G. Spata, *Le pergamene greche esistenti nel grande archivio di Palermo* (Palermo, 1861), pp. 163–6, 173–5, 179–82; S. Cusa, *I diplomi greci ed arabi di Sicilia pubblicati nel testo originale*, 2 vols. (Palermo, 1868–82), 2, p. 391.

40. Bernold of Constance, p. 483; Anna Komnene, VIII.5, p. 224.

41. F. Sisic (ed.), *Letopis Popa Dukljanina* (Belgrade, 1928), pp. 413–16; P. Frankopan, 'Co-operation between Constantinople and Rome before the First

Crusade: A study of the convergence of interests in Croatia in the late 11th Century', *Crusades* 3 (2004), pp. 1–13.

42. Fulcher of Chartres, I.5.xi, p. 71.

43. Bernold of Constance, pp. 458, 462.

44. Herrand of Halberstadt, *Epistola de causa Heinrici regis, MGH Libelli*, 2, p. 288.

45. *MGH Constitutiones et acta publica imperatorum et regum*, 2 vols. (Hanover, 1893), 1, p. 564; Bernold of Constance, p. 520.

46. Bernold of Constance, p. 520.

47. Geoffrey Malaterra, IV.23, p. 101; Bernold of Constance, p. 463.

48. 关于皮亚琴察大公会议的情形，参见R. Somerville, *Pope Urban II's Council of Piacenza* (Oxford, 2011).

第2章 重振君士坦丁堡

1. C. Mango and R. Parker, 'A Twelfth-Century Description of St Sophia', *Dumbarton Oaks Papers* 14 (1960), pp. 235–40.

2. E. Legrand, 'Constantin le Rhodien: Description des œuvres d'art et de l'église des Saints Apôtres, suivie d'un commentaire par Th. Reinach', *Revue des Etudes Grecques* 9 (1896), pp. 32–65.

3. 君士坦丁堡的贸易规章在一本名为"Book of the Eparch"的法典中得到了规定。J. Koder, *Das Eparchenbuch Leons des Weisen* (Vienna, 1991).

4. K. Ciggaar, 'Une description de Constanti-nople dans le Tarragonensis 55', *Revue des Etudes Byzantines* 53 (1995), pp. 117–40.

5. Fulcher of Chartres, I.9.i, p. 79.

6. *The Saga of the People of Laxardal (Laxdaela Saga)*, tr. K. Kunz in *The Sagas of Icelanders* (London, 1997), 72, p. 410.

7. Michael Psellos, ed. and tr. E. *Theanauld, Michel Psellos. Chronographie*, 2 vols.

(Paris, 1926), VII.25, 2, p. 97,

8. *Laxdaela Saga*, 77, p. 419.

9. Snorri Sturulson, *Haralds Saga*, tr. L. Hollander, in *Heimskringla: History of the Kings of Norway* (Austin, TX, 1964), 3–6, pp. 579–82.

10. R. Savage (ed.), *La Chronique de Sainte-Barbe-en-Auge* (Caen, 1906), pp. 23, 57–8.

11. K. Ciggaar, 'L'émigration anglaise à Byzance après 1066', *Revue des Etudes Byzantines* 32 (1974), pp. 338–41.

12. Ciggaar, 'Description de Constantinople', p. 119; *Gesta Francorum Iherusalem expugnantium*, in *RHC, Occ.*, 3, p. 494; J. Zepos and P. Zepos (eds.), *Jus Graeco-Romanorum*, 8 vols. (Athens, 1931–62) 1, p. 317; Miklosich and Müller, 6, p. 44; P. Lemerle, N. Svoronos, A. Guillou, D. Papachryssanthou (eds.), *Archives de l'Athos: Actes de Lavra* (Paris, 1970), no. 48, 1, pp. 258–9.

13. *Actes de Lavra*, no. 35, 1, pp. 233–5.

14. M. English Frazer, 'Church doors and the Gates of Paradise: Byzantine bronze doors in Italy', *Dumbarton Oaks Papers* 27 (1973), pp. 147–8.

15. P. Lemerle, 'Le testament d'Eustathios Boïlas (Avril 1059)', *Cinq études sur le XIe siècle byzantin* (Paris, 1977), pp. 24–5.

16. 关于曼齐刻尔特战役及其对突厥身份认同的意义，参见C. Hillenbrand, *Turkish Myth and Muslim Symbol: The Battle of Manzikert* (Edinburgh, 2007).

17. *Tabula S. Basilii*, in *RHC, Occ.*, 5, pp. 295–8; J. Darrouzès, 'Le mouvement des fondations monastiques au XIe siècle', *Travaux et Mémoires* 6 (1976), p. 173.

18. C. Morrisson, 'La dévaluation de la monnaie byzantine au XIe siècle', *Travaux et Mémoires* 6 (1976), pp. 3–29.

19. Michael Attaleiates对税收的上升抱怨不已，p.284，关于小麦价格的逐步上升，ibid.,pp.201-204。

20. T. Smiciklas (ed.), *Codex diplomaticus regni Croatiae, Dalmatiae et Slavoniae* (Zagreb, 1905), 1, pp. 139–41; Gregory VII, *Register*, 5.12, p. 258; P. Stephenson, *Byzantium's Balkan Frontier, 900–1204* (Cambridge, 2000), p. 144.

21. Anna Komnene, II.3, pp. 54–5.

22. Michael Attaleiates, p. 215; Nikephoros Bryennios, III.16, p. 241.

23. Michael Attaleiates, p. 306.

24. Anna Komnene, III.11, pp. 103– 4.

25. Anna Komnene, VI.11, p. 176.

26. Anna Komnene, XV.10, p. 463.

27. Anna Komnene, I.1, p. 9.

28. Anna Komnene, III.2, pp. 82–3.

29. Nikpehoros Bryennios, IV.29, p. 299.

30. W. Wroth, *Catalogue of Imperial Byzantine Coins in the British Museum*, 2 vols. (London, 1908), 2, p. 539; G. Zacos and A. Veglery, *Byzantine Lead Seals* (Basel, 1972), nos. 99 (a & b), 100; J. Nesbitt, N. Oikonomides et al. (eds.), *Catalogue of Byzantine Seals at Dumbarton Oaks*, 7 vols. (Washington, DC, 1991–), 6, no. 86.1.

31. Anna Komnene, II.9, p. 70.

32. 《阿莱克修斯纪》中没有提及阿莱克修斯获任命——考虑到之后他没有向诺曼人进军而是回师帝都，这也没什么好奇怪的。不过，此事可参见 Romuald of Salerno, *Chronicon, RIS, NS*, 7, 1, p. 192. Also, Dandolo, *Chronica per extensum descripta, RIS, NS*, 12, p. 216, and Michael the Syrian, p. 176.

33. Anna Komnene, II.10, pp. 72–3; John Zonaras, XVIII.20, 3, pp. 727–8.

34. Anna Komnene, III.5, pp. 89–90.

35. John Zonaras, XVIII.20, 3, p. 729.

36. Anna Komnene, II.12, p. 78.

37. Anna Komnene, III.1, p. 79.

38. *De Cerimoniis*, I.38, 1, pp. 191–6.

39. Anna Komnene, II.4, p. 58; IV.4, p. 114; III.9, pp. 100–1.

40. Anna Komnene, III.4, p. 87, John Zonaras, XVIII.21, 3, p. 732.

41. Geoffrey Malaterra, III.41, p. 82. 关于诺曼人与拜占庭帝国的关系，参见W. McQueen, 'Relations between the Normans and Byzantium 1071–1112', *Byzantion* 56 (1986), pp. 427–76; H. Taviani-Carozzi, *La Terreur du monde – Robert Guiscard et la conquête normande en Italie* (Paris, 1997); G. Loud, *The Age of*

Robert Guiscard: Southern Italy and the Norman Conquest (Singapore, 2000).

42. Gregory Pakourianos, p.

43. 这是一场大胜，因为这场胜利，帕蔻里昂诺斯获得皇帝丰厚的奖赏。但这名将军以为他取得的胜利能被铭记，那就错了。它很快就被遗忘，而且遗忘了近千年之久。P. Frankopan, 'A victory of Gregory Pakourianos against the Pechenegs', *Byzantinoslavica* 57 (1996), pp. 278–81.

43. Theophylact of Ohrid, p. 111.

44. Anna Komnene, VIII.5, pp. 225–6.

45. Anna Komnene, VIII.6, pp. 227–8; John Zonaras, XVIII.22, 3, p. 741.

46. 例如，之前政权中的一些主要人物1081年被派去与诺曼人作战，很多人都在迪拉基翁战役中被杀。 Anna Komnene, IV.6, p. 122.

47. Anna Komnene, IV.4, pp. 114–15.

48. Michael Psellos, II.1–2, 1, p. 25; II.7, 1, p. 29.

49. John the Oxite, p. 31.

50. Nikephoros Bryennios, II.7, pp. 154–5.

51. Anna Komnene, XV.11, p. 464.

52. Anna Komnene, XIV.7, p. 423.

53. Nikephoros Bryennios, II.7, pp. 154–5; John the Oxite, pp. 37–9; A. Lavriotes (ed.), 'Historikon zetema ekklesiastikon epi tes basileias Alexiou Komnenou', *Ekklesiastike Aletheia* 20 (1900), p. 412.

54. Anna Komnene, III.5, p. 89. For her foundation, Miklosich and Müller, 6, pp. 27–8, 33.

55. Anna Komnene, III.5, pp. 90–1; V.2, pp. 130–2; V. Grumel, 'L'affaire de Léon de Chalcédoine, le Chrysobulle d'Alexis Ier sur les objets sacrés', *Revue des Etudes Byzantines* 2 (1944), pp. 126–33; Anna Komnene, III.8, p. 96.

56. J. Darrouzès, *Georges et Dèmètrios Tornikès – Lettres et Discours* (Paris, 1970), pp. 234–5.

57. Manuel Straboromanos, pp. 182–3.

58. John Zonaras, XVIII.29, 3, pp. 765–6.

59. Anna Komnene, XIV.4, pp. 411–13.

60. R. Romano (ed.), *Nicola Callicle, Carmi* (Naples, 1980), pp. 101–2; P. Magdalino and R. Nelson, 'The Emperor in Byzantine art of the 12th Century', *Byzantinische Forschungen* 8 (1982), pp. 123–6.

61. Anna Komnene, III.3, p. 93. 关于他的口齿不清I.8, p. 26. 阿莱克修斯两幅已知的画像保存在罗马梵蒂冈图书馆收藏的手稿中。Vaticanus Gr. 666, f. 2r.; 666, f. 2v.

第3章 东方的稳固

1. I. Mélikoff (ed.), *La geste de Melik Danismend*, 2 vols. (Paris, 1960).

2. 11世纪70年代中期，阿莱克修斯受命前往收服巴里奥尔，重申皇帝权威，但当他把这名诺曼人收为阶下囚时，阿玛西亚的居民却只是喝倒彩，讥讽他。Anna Komnene, I.2, pp. 11–13.

3. Matthew of Edessa, II.72, p. 144.

4. J-C. Cheynet and D. Theodoridis, *Sceaux byzantins de la collection D. Theodoridis* (Paris, 2010), pp. 26–8.

5. 1081年时，尼基弗鲁斯·帕莱奥罗格斯仍然担任着这个职务。Nikephoros Bryennios, III.15, p. 239.

6. J-C. Cheynet and J-F. Vannier, *Etudes Prosopographiques* (Paris, 1986), pp. 57–74; Cheynet and Theodoridis, *Sceaux byzantins*, pp. 54– 6; C. MacEvitt, *The Crusades and the Christian World of the East: Rough Tolerance* (Philadelphia, 2008), pp. 41–2.

7. 例如，Michael Angold, *The Byzantine Empire 1025–1204* (London, 1984), pp. 112–13; France, *Victory in the East*, pp. 155–6; J. Flori, *La Première Croisade: l'Occident chrétien contre l'Islam aux origines des idéologies occidentales* (Paris, 2001), p. 64; P. Magdalino, 'The Medieval Empire (780–1204)' in C. Mango (ed.),

The Oxford History of Byzantium, p. 185; J. Harris, *Byzantium and the Crusades* (London, 2003), pp. 47, 55. Phillips, *Holy Warriors*, p. 15.

8. Anna Komnene, III.9, p. 100.

9. Ibid.

10. Anna Komnene, II.6, p. 65.

11. Anna Komnene, II.3, pp. 54–5.

12. J. Darrouzès, *Notitiae episcopatuum ecclesiae constantinopolitanae* (Paris, 1981), pp. 123–4, 134–5.

13. J-C. Cheynet, 'La résistance aux Turcs en Asie Mineure entre Mantzikert et la Première Croisade', in *Eupsykhia: Mélanges offerts à Hélène Ahrweiler*, 2 vols. (Paris, 1998), 1, pp. 131–47.

14. 关于阿莱克修斯1081年时对自己手下的军队怀有的忧惧之情，见 Anna Komnene, II.9, p. 71; for the circumstances behind the belated coronation of Alexios' wife, Eirene, III.2, pp. 81–4.

15. Anna Komnene, III.5, pp. 89–91.

16. Anna Komnene, III.11, p. 104.

17. 例如， Nikephoros Bryennios, III.16, p. 241; IV.2, p. 259.

18. Nikephoros Bryennios, IV.4, p. 265; IV.10–13, pp. 275–9.

19. J. Darrouzès (ed.), *Georges et Dèmètrios Tornikès – Lettres et Discours* (Paris, 1970), pp. 234–5.

20. Orderic Vitalis, X.12, 5, p. 274.

21. 关于塔提基奥斯的父亲是如何被俘的，见Anna Komnene, IV.4, p. 115.

22. Anna Komnene, III.11, p. 105.

23. Anna Komnene, V.5.ii, p. 140.

24. Anna Komnene, IV.4, p. 115; IV.6, p. 123; V.6.iv, p. 159; William of Apulia, IV, pp. 222, 226.

25. Anna Komnene, VI.12, p. 177.

26. Matthew of Edessa, II.78, pp. 147–8.

27. Bar Hebraeus, ed. and tr. E. Budge, *The Chronography of Gregory Abul Faraj*, 2

vols. (Oxford, 1932), 2, p. 227.

28. *De Administrando Imperio*, ed. and tr. G. Moravcsik and R. Jenkins, (Washington DC, 1967).

29. Nikephoros Bryennios, IV.31, p. 301.

30. P. Frankopan, 'The Fall of Nicaea and the towns of western Asia Minor to the Turks in the later 11th Century: The curious case of Nikephoros Melissenos', *Byzantion* 76 (2006), pp. 153–84, and below, p. 82.

31. 关于女皇如何命尼基弗鲁斯撰史，见Nikephoros Bryennios, pp. 71–3; Anna Komnene, Prologue, p. 5.

32. 1081年后，他被称为尼西亚的"埃米尔"（即总督）。Anna Komnene, VI.9, pp. 169–70. 安娜还说，他占有的尼西亚之地是属于皇帝的，尽管在突厥文献中它们被称为属于苏丹的，III.11,P.104。Michael Attaleiates 11世纪70年代著书时，还没有以这个头衔称呼他，而是称他为突厥人的一名领袖，p.266。尼基弗鲁斯·比伦尼诺斯避免用这个称谓称呼1081年前的苏莱曼，e.g.III.16,P.241。

33. 两个例外是《阿莱克修斯纪》和John Zonaras所著的*Epitome Historion*。12世纪还有一名作者写到了阿莱克修斯的统治期，但他主要是沿袭了Zonaras的著作。

34. See P. Magdalino, 'Aspects of twelfth-century Byzantine *Kaiserkritik*', *Speculum* 58 (1983), pp. 326–46.

35. Albert of Aachen, II.28, p. 108.

36. Ekkehard of Aura, p. 200.

37. See J-C. Cheynet, 'The duchy of Antioch during the second period of Byzantine rule', in K. Ciggaar and D. Metcalf (eds.), *East and West in the Medieval Eastern Mediterranean: Antioch from the Byzantine Reconquest until the End of the Crusader Principality* (Leiden, 2006), pp. 1–16.

38. Michael Attaleiates, p. 301.

39. 能够证明他官至protosebastos，身为东部诸省军队总司令的菲拉雷托斯的铅印应该肯定晚于1081年，因为*protosebastos*这个称号是阿莱克修斯创制的。而这又表明阿莱克修斯很指望靠菲拉雷托斯来治理东方，于是提升他到更高的地位。J-C. Cheynet, C. Morrisson and W. Seibt, *Les Sceaux byzantins de la collection Henri Seyrig* (Paris, 1991), no. 192; Cheynet and Theodoridis, *Sceaux byzantins*, pp. 54–6.这一时期的其他权贵人物也见证了他受到的优待，如Other dignities from this period show how he was courted, for example, J-C. Cheynet, 'Sceaux byzantins des Musées d'Antioche et de Tarse', *Travaux et Mémoires* 12 (1994), no. 56.

40. Anna Komnene, VI.9, pp. 169–70.
41. Matthew of Edessa, II.60, p. 137.
42. *Anonymi Auctoris Chronicon ad Annum Christi 1234 Pertinens*, tr. A. Abouna and J-M. Fiey, *Chronicle of the Unknown Edessan* (Paris, 1974), p. 39.
43. J-C. Cheynet, 'Les Arméniens de L'Empire en Orient de Constantin Xe à Alexis Comnène (1059–1081)', *L'Arménie et Byzance* (Paris, 1996), p. 76.
44. Michael the Syrian, 3, p. 178.
45. Matthew of Edessa, II.78, p. 147; also Anna Komnene, VI.9, p. 170.
46. Ibn al-Ahtir, AH 477/Dec. 1084–Dec. 1085, p. 218; Sibt ibn al-Jawzi, *Mir'at al-Zaman fi Ta'rikh al-A'yan*, ed. A. Sevim (Ankara, 1968), p. 229.
47. Ibn al-Athir，引用了诗人al-Abirwardi AH 477/Dec. 1084–Dec. 1085, p. 218.
48. Ibid., pp. 218–19.
49. Ibn al-Athir, AH 479/Dec. 1086–Dec. 1087, p. 223.
50. Ibn al-Athir, AH 477/Dec. 1084–Dec. 1085, p. 224; Sibt ibn al-Jawzi, p. 229.
51. Anna Komnene, VI.10, p. 171.
52. *The History of the Seljuk Turks from the Jami'ak-Tawarikh, tr*. K. Luther (Richmond, 2001), pp. 62, 60–1.
53. Anna Komnene, VI.12, pp. 177–8. 这封信是在拜占庭击败罗贝尔·吉斯卡尔对伊庇鲁斯的进攻之后，但早于佩切涅格人1087年的大举入侵。
54. Anna Komnene, VI. 9, pp. 170–1. A安娜把对苏丹的提议的讲述分在了两处。
55. Anna Komnene, VI.12, p. 178.
56. Anna Komnene, VIII.3, p. 220.

57. Anna Komnene, VI.9, p. 171.

58. Bar Hebraeus, 2, p. 229.

59. Ibn al-Athir, AH 485/Dec. 1091–Dec. 1092, p. 259.

60. Anna Komnene, VI.12, p. 177.

61. Matthew of Edessa, II.86, p. 153.

62. Ibid.

63. 对苏丹的询问的回复留存了下来P. Gautier, 'Lettre au sultan Malik-Shah rédigée par Michel Psellos', *Revue des Etudes Byzantines* 35 (1977), pp. 73–97.

64. Matthew of Edessa, II.86, p. 153.

65. 没有什么资料能告诉我们，当时的*kouropalates*兼埃德萨总督，以及梅里特那总督加布里埃尔的情况，我们也不知道他们是否接受了（或被诱使接受了）马利克沙的权威。不过，考虑到埃德萨的马修对菲拉雷托斯颇有不满，而且决定要臣服于苏丹，皈依伊斯兰教。如果这两人被突厥人打败的话，他的记述中可能也会提到与之类似的事。Matthew of Edessa, II.85, pp. 152–3. 但加布里埃尔似乎两边都下了注，他的一名印章上既有拜占庭的头衔又有阿拉伯的头衔。 J-C. Cheynet, *Sceaux de la collection Zacos se rapportant aux provinces orientales de l'Empire byzantine* (Paris, 2001), no. 41.

66. Anna Komnene, VI.10, p. 172.

67. Anna Komnene, VI.13, pp. 180–2.

68. Ibid., p. 181; VI.14, pp. 183–4. 亨伯托波罗斯受命转往西部的时间能够帮我们确定该城收复的时间。

69. Anna Komnene, VI.13, pp. 180–2.

70. Theophylact of Ohrid, pp. 113–14. 提奥菲拉科特对皇帝的评论是在一年后他与皇帝的一次谈话中。

71. Ibid., p. 111.

第4章 小亚细亚的崩溃

1. Miklosich and Müller, 6, pp. 57–8, 40–4.

2. Anna Komnene, VII.6, p. 199.

3. Ibid.

4. Anna Komnene, VII.7, p. 202; VIII.3, p. 220.

5. Anna Komnene, VI.10, p. 174.

6. Michael the Syrian, 3, pp. 172ff; Mélikoff, *Danismend*, 2, p. 88.

7. Anna Komnene, VII.8, p. 202.

8. Anna Komnene, VIII.3, p. 220.

9. R. Macrides, 'Poetic justice in the Patriarchate: murder and cannibalism in the provinces', in L. Burgmann, M. Fögen, A. Schmink (eds.), *Cupido Legum* (Frankfurt, 1985), pp. 144–5. 除了根据风格将其框定在11或12世纪外，并没有其他更详细的证据来帮助我们更精确地确定这首诗写成的时间。不过，诗中提到长时期的食物短缺，严寒的冬天和人们采取的各种绝望的自救方法确实抓住了11世纪90年代的情形。

10. Anna Komnene, VII.8, pp. 202–3.

11. Anna Komnene, VIII.3, p. 220.

12. John the Oxite, p. 35. Also P. Frankopan, 'Where Advice meets Criticism in 11th Century Byzantium: Theophylact of Ohrid, John the Oxite and their (re) presentations to the Emperor', *Al-Masaq* 20 (2008), pp. 71–88.

13. John the Oxite, p. 35.

14. Ibid., pp. 29–35.

15. J. Shepard, 'How St James the Persian's head was brought to Cormery: A relic collector around the time of the First Crusade', in L. Hoffmann (ed.), *Zwischen Polis, Provinz und Peripherie. Beiträge zur byzantinsichen Geschichte und Kultur* (Wiesbaden, 2005), p. 298.

16. 例如， Robert the Monk, I.1, pp. 79–80.

17. C. Haskins, 'A Canterbury monk at Constantinople c.1090', *English Historical Review* 25 (1910), pp. 293–5; Ciggaar, 'Description de Constantinople', pp. 118–20.

18. Hagenmeyer, *Epistulae*, pp. 133–6.

19. 比较近期的可参见 P. Schreiner, 'Der Brief des Alexios I Komnenos an den Grafen Robert von Flandern und das Problem gefälschter byzantinischer Kaiserschreiben in den westlichen Quellen', in G. de Gregorio and O. Kresten (eds.), *Documenti medievali Greci e Latini. Studi Comparativi* (Spoleto, 1998), pp. 111–40; C. Gastgeber, 'Das Schreiben Alexios' I. Komnenos an Robert I. von Flandern. Sprachliche Untersuchung', in ibid., pp. 141–85; C. Sweetenham, 'Two letters calling Christians on Crusade', in *Robert the Monk's History of the First Crusade* (Aldershot, 2005), pp. 215–18.

20. See, for example, M. de Waha, 'La lettre d'Alexis Comnène à Robert Ier le Frison', *Byzantion* 47 (1977), pp. 113–25; J. Shepard, 'Aspects of Byzantine attitudes and policy towards the West in the 10th and 11th centuries', *Byzantinische Forschungen* 13 (1988), pp. 106–12.

21. Hagenmeyer, *Epistulae*, p. 132.

22. Ibid.

23. Hagenmeyer, *Epistulae*, p. 141; John the Oxite, pp. 37–47.

24. Anna Komnene, X.5, pp. 273–4.

25. Shepard, 'How St James the Persian's head was brought to Cormery', p. 299.

26. Miklosich and Müller, 6, pp. 19–21, 34–8, 42–4, 57–8, 81.

27. Ibid., pp. 84–90.

28. Ibid., p. 81.

29. 关于这个突厥人穿的鞋，Anna Komnene, IX.1, p. 237.

30. Miklosich and Müller, 6, pp. 82–3.

31. Anna Komnene, VIII.3, p. 220.

32. Matthew of Edessa, II.90, pp. 157–8.

33. Anna Komnene, VI.12, p. 179.

34. *Jami'al-Tawarikh*, p. 62.

35. Al-Fath ibn 'Ali al-Bundari, *Zubdat al-nusra wa-nukhbat al-'ursa*, ed. M. Houtsma (Leiden, 1889), p. 63.

36. Ibn al-Atir, AH 485/1092–1093, pp. 258–9.

37. Gautier, 'Synode des Blachernes', pp. 218–19.

38. *Jus Graeco-Romanum*, 1, pp. 35–61.

39. P. Gautier, 'Jean l'Oxite, patriarche d'Antioche: notice biographique', *Revue des Etudes Byzantines* 22 (1964), pp. 136–8.

40. 突厥人在阿莱克修斯称帝后14年夺取了这些城镇。Michael the Syrian, VI.6, vol. 3, pp. 178ff.

41. *Gesta Francorum*, IV, p. 25.

42. Ibid., p. 26.

43. William of Tyre, III.1, 1, p. 197.

44. Anna Komnene, XI.2, p. 300.

45. John the Oxite, p. 35.

46. Anna Komnene, VIII.7, p. 229.

47. Anna Komnene, VI.10, pp. 172–3.

48. Ibid., p. 172; Ibn al-Athir, AH 487/ Dec. 1093–Dec. 1094, p. 271.

49. Anna Komnene, VI.11, p. 176.

50. Ibid.

51. Anna Komnene, VI,11, p. 177.

52. 参见J. Haldon, 'Theory and practice in tenth-century military administration. Chapters 11, 44 and 45 of the Book of Ceremonies', *Travaux et Mémoires* 13 (2000), pp. 201–352.

53. Anna Komnene, VI.10, p. 175.

54. Ibid.

55. Anna Komnene, VI.12.ii–iii, p. 178.

56. Anna Komnene, VI.12, p. 180.

57. Ibid.

58. 关于1097年时乞力赤·阿尔斯兰所率军队的规模，可参见Fulcher of Chartres, I.11.vi, p. 85.

59. Fulcher of Chartres, I.9.iv–v, p. 80.

60. *Gesta Francorum*, II, p. 14.

61. 比如，H. Ahrweiler, 'L'administration militaire de la Crète byzantine', *Byzantion* 31 (1961), pp. 217–28; P. Gautier, 'Défection et soumission de la Crète sous Alexis Ier Comnène', *Revue des Etudes Byzantines* 35 (1977), pp. 215–27; A. Savvides, 'Can we refer to a concerted action among Rapsomates, Caryces and the emir Tzachas between AD 1091 and 1093?', *Byzantion* 70 (2000), pp. 122–34.

62. 安娜·科穆宁娜说她叔叔在率军远征小亚细亚西部之前，曾担任迪拉基翁总督长达十一年，VII.8,P.206。但考虑到迪拉基翁1082年落入诺曼人之手，次年才收复，杜卡斯受命率军征讨察卡的时间不会早于1094年。参见P. Frankopan, 'The imperial governors of Dyrrakhion during the reign of the emperor Alexios I Komnenos', *Byzantine and Modern Greek Studies* 26 (2002), pp. 89–90.

63. Miklosich and Müller, 6, pp. 82–3.

64. Anna Komnene, VII.8, pp. 202–6; IX.1, pp. 238–40; IX.3, pp. 242–4; XI.5, pp. 309–12.

65. Anna Komnene, XI.5, p. 309.

66. Richard of Cluny, *Chronicon*, in L. Muratori (ed.), *Antiquitates Italicae*, 4, col. 1250.

第5章 山雨欲来

1. John the Oxite, pp. 29, 35.

2. John Zonaras, XVIII.29, 3, pp. 766–7. 佐纳拉斯自己也受到科穆宁家族的整治，曾经身为帝国最高法官，却在12世纪中期遭到流放。

3. 关于梅里森诺斯得到的特权，参见Anna Komnene, III.4, p. 87; John Zonaras,

XVIII.21, 3, p. 732; also N. Oikonomides (ed.), *Archives de l'Athos: Actes de Docheiariou* (Paris, 1984), p. 76. 关于阿德里安，*Actes de Lavra*, 1, pp. 247–51.

4. L. Petit, 'Typikon du monastère de la Kosmosoteira près d'Aenos', *Izvestiya Russkogo Arkheologicheskogo Instituta v Konstantinopole* 13 (1908), pp. 19–75.

5. Frankopan, 'Imperial governors of Dyrrakhion', pp. 65–103.

6. Anna Komnene, VI.9, p. 171.

7. 如同杜卡斯家族的众多成员一样，另两位皇帝的姻亲迈克尔·塔隆尼特斯和尼基弗鲁斯·梅里森诺斯也都得到了很高的头衔和地位。Anna Komnene, III.4, p. 87. 这些赏赐在其他资料中也得到了印证，这些人物的印玺就是比较有力的证明。 e.g. Zacos and Veglery, *Byzantine Lead Seals*, nos. 2698 and 2720 (d). 关于杜卡斯家族, 参见D. Polemis, *The Doukai* (London, 1968). 关于科穆宁家族完整的人物传记，参见K. Barzos, *He Genealogia ton Komnenon*, 2 vols. (Thessaloniki, 1984).

8. 参见A. Kazhdan, *L'aristocracia bizantina dal principio dell' XI alla fine del XII secolo* (Palermo, 1997), pp. 141–6; J.-C. Cheynet, *Pouvoir et contestations à Byzance 963–1210* (Paris, 1990), pp. 359ff; P. Magdalino, 'Innovations in Government', in M. Mullett and D. Smythe (eds.), *Alexios I Komnenos – Papers* (Belfast, 1996), pp. 146–66.

9. P. Frankopan, 'Kinship and the distribution of power in Komnenian Byzantium', *English Historical Review* 495 (2007), pp. 10–13.

10. Anna Komnene, IV.4, p. 114. 关于他的矮小身材，II.4, p. 58.

11. Ibid., p. 115; VI.13, pp. 181–2.

12. Anna Komnene, V.5, pp. 140–1.

13. *Actes de Lavra*, 1, nos. 44–5, 48–9 (1083; 1084; 1086; 1089).

14. 关于阿里法斯，参见Anna Komnene IV.6, pp. 122–3.

15. Theophylact of Ohrid, p. 114; Anna Komnene, VI.13, p. 182.

16. Manuel Straboromanos, pp. 183–5.

17. *Diegesis merike ton epistolon Alexiou basileios kai Nicholaou Patriarchou genomene kata diaphorous kairous*, in P. Meyer (ed.), *Die Haupturkunden für die*

Geschichte der Athos-Klöster (Leipzig, 1894), p. 172.

18. John Zonaras, XVIII.22, 3, p. 738.

19. Anna Komnene, III.10, p. 102.

20. Anna Komnene, V.2, pp. 131–2. J. Stephanou, 'Le procès de Léon de Chalcédoine', *Orientalia Christiana Periodica* 9 (1943), pp. 5–64; V. Grumel, 'L'affaire de Léon de Chalcédoine, le Chrysobulle d'Alexis Ier sur les objets sacrés', *Revue des Etudes Byzantines* 2 (1944), pp. 126–33.

21. John the Oxite, p. 33.

22. John Zonaras, VIII.22, 3, p. 732.

23. John the Oxite, esp. p. 33; also pp. 29, 31, 35.

24. Actes de Lavra, I, no. 50; *Actes de Docheiariou*, no. 2; D. Papachryssanthou (ed.), *Actes de Xénophon* (Paris, 1986), no. 2; J. Lefort, N. Oikonomides and D. Papachryssanthou (eds.), *Actes d'Iviron*, 2 vols. (Paris, 1985–90), 2, pp. 28–9.

25. Anna Komnene, IX.2, pp. 240–1. 秩序恢复之后，任命了一名征收特别税的官员，由此我们可以推断出叛乱发生的原因。 Anna Komnene, IX.2, p. 242. See P. Frankopan, 'Challenges to imperial authority in Byzantium: Revolts on Crete and Cyprus at the end of the 11th Century', *Byzantion* 74 (2004), pp. 382–402.

26. Anna Komnene, VII.8, p. 206; VIII.7, p. 229.

27. Anna Komnene, IV.2, p. 111.

28. 例如，Dandolo, *Chronica brevis*, p. 363; L. Lanfranchi (ed.), *Famiglia Zusto* (Venice, 1955), 6, 9, nos. 1–2.

29. 尽管相关原始法令的最早的副本称，这次授权发生在1092年5月，但现代的学者们不相信这种说法，理由是11世纪80年代的某个时刻似乎更为合理——虽然支持后者的文本、碑文和背景资料都很值得质疑。《阿莱克修斯纪》里在何处谈论的这次授权也非常重要，尽管它与实际发生时间显然不符。相关的完整讨论，参见T. Madden, 'The chrysobull of Alexius I Comnenus to the Venetians: The date and the debate', Journal of Medieval History 28 (2002), pp. 23–41, and P. Frankopan, 'Byzantine trade privileges to

Venice in the eleventh century: The chrysobull of 1092', Journal of Medieval History 30 (2004), pp. 135–60.

30. M. Pozza and G. Ravegnani, *I Trattati con Bisanzio 992–1198* (Venice, 1993), pp. 38–45.

31. Ibid., pp. 39–40.

32. Ibid., p. 43.

33. Ibid, pp. 40–3.

34. Dandolo, *Chronica per extensum descripta*, p. 217. 丹多罗没有说明为什么1092年的时候牧首会在君士坦丁堡，只说他因热病在那里去世。

35. Anna Komnene, VI.7, pp. 166–7; VI.3, p. 156.

36. Anna Komnene, VII.3, p. 194.

37. Pozza and Ravegnani, *Trattati con Bisanzio*, pp. 42–3.

38. Katakalon Kekaumenos, 81, p. 278.

39. Anna Komnene, III.10, p. 103.

40. 关于阿莱克修斯的继承人约翰二世是如何出生的，以及皇帝其他孩子的情况，参见A. Kazhdan, 'Die Liste der Kinder des Alexios I in einer Moskauer Handschrift (UBV 53/147)', in R. Stiehl and H. Stier (eds.), *Beiträge zur alten Geschichte und deren Nachleben*, 2 vols. (Berlin, 1969–70), 2, pp. 233–7. 约翰二世的加冕仪式及其日期，可从A. Spinelli (ed.), *Regii neapolitani archivi monumenta edita ac illustrata*, 6 vols. (Naples, 1845–61), 5, nos. 457–8, 462, 464–7. 中推断出来。

41. Anna Komnene, VIII.7–8, pp. 229–32.

42. Anna Komnene, VI.8, p. 168.

43. Geoffrey Malaterra, III.13, p. 64; Michael the Syrian, 3, p. 176; Bar Hebraeus, 1, p. 227.

44. Anna Komnene, IX.6, p. 248.

45. Ibid., p. 250.

46. Anna Komnene, IX.5, p. 247.

47. Anna Komnene, IX.7, p. 252.

48. Anna Komnene, IX.8, pp. 253–4.

49. Ibid., p. 253, and III.2, p. 81.

50. Anna Komnene, IX.6, p. 254.

51. 阿德里安被派往调查第欧根尼家族正密谋起兵反抗皇帝的流言时，阿德里安和尼基弗鲁斯回忆了这件事。Anna Komnene, IX.7, pp. 252–3.

52. 阿德里安做了僧侣，死时的名字是约翰。B. de Montfaucon, *Paleographia Graeca* (Paris, 1708), p. 47. 有关他在这次密谋当中的作用，以及他的家族的结局，参见Frankopan, 'Kinship and the distribution of power', pp. 1–34.

53. 例如，Anna Komnene, VIII.3, p. 219; VIII.8, p. 232. 关于梅里森诺斯，参见Frankopan, 'The Fall of Nicaea', pp. 153–84.

54. 此后，梅里森诺斯只在他死前出现过一次，是在讨伐库曼人的战役中: Anna Komnene, X.2, p. 264. 阿莱克修斯一般都不喜欢把自己的敌手留在君士坦丁堡，而喜欢带着他们随同出征——这样他就可以时刻监视他们。1081年拜占庭帝国中几乎所有的重要人物都随他一道征讨诺曼人，1094年他们也当然与他一道前往讨伐塞尔维亚人。

55. Anna Komnene, III.4, p. 87.

56. Anna Komnene, XI.10, p. 325; XIII.1, p. 357.

57. Anna Komnene, IX.8, p. 254.

58. Ibid.

59. Anna Komnene, IX.6, p. 250.

60. Anna Komnene, IX.8, p. 254.

61. Anna Komnene, IX.9, pp. 255–6.

62. Ibid., p. 256.

63. Ibid., pp. 256–7.

64. Ibid., p. 257. 到底是不是她父亲下令刺瞎了尼基弗鲁斯·第欧根尼，作者说得很含糊。

65. Anna Komnene, IX.1, p. 237.

66. Anna Komnene, XV.11, p. 465.

67. Anna Komnene, IX.2, p. 242; E. Sargologos, *La Vie de saint Cyrille le Philéote,*

moine byzantin (Part 1110) (Brussels, 1964), pp. 35.i–viii, 146–53.

68. 关于他们的功绩参见B. Skoulatos, *Les personnages byzantins de l'Alexiade: analyse prosopographique et synthèse* (Louvain, 1980), pp. 160–1, 85–7.

69. Anna Komnene, X.9, pp. 286–8; John Zonaras, XVIII.22, 3, p. 739.

70. *Gesta Francorum*, IV, pp. 25–6.

71. Anna Komnene, XI.10, p. 323.

72. Anna Komnene, XI.3, p. 305.

73. Anna Komnene, XI.3, pp. 304–5; XI.5, pp. 309–12.

74. Anna Komnene, VII.8, p. 203; IX.1, p. 238; IX.3, p. 242.

75. Anna Komnene, X.2, p. 264. 关于梅里森诺斯的死，参见Peter Lambecius, *Commentariorum de Augustissima Biblioteca Caesarea Vindobonensi*, 8 vols. (Vienna, 1665–79), 5, col. 537. 另可参见D. Papachryssanthou, 'La date de la mort du sébastokrator Isaac Comnène', *Revue des Etudes Byzantines* 21 (1963), p. 252.

76. Anna Komnene, X.2–4, pp. 262–73; *The Russian Primary Chronicle*, tr. S. Cross, and O. Sherbowitz-Wetzor (Cambridge, Mass., 1953), p. 180.

77. Anna Komnene, XI.2, p. 300.

第6章 东方的召唤

1. J-C. Cheynet, 'Les Sceaux byzantins de Londres', Studies in Byzantine Sigillography 8 (2003) pp. 85–100; also J-C. Cheynet, 'Le rôle des Occidentaux dans l'armée byzantine avant la Première Croisade', in E. Konstantinou (ed.), *Byzanz und das Abendland im 10. und 11. Jahrhundert* (Cologne 1997), pp. 111–28.

2. 例如V. Laurent, *Le Corpus des sceaux de l'empire byzantin II: L'administration centrale* (Paris 1981), no. 469 (Bulgarian); G. Zacos, *Byzantine Lead Seals II*, compiled and ed. J. Nesbitt (Bern, 1984), no. 706 (interpreter to the English); ibid. (Anglo-Saxon); Laurent, *Le Corpus des sceaux de l'empire byzantine*, no. 991

(interpreter of the fleet).

3. F. Schmitt (ed.), S. *Anselmi Cantuariensis archiepiscopi opera omnia*, 6 vols. (Edinburgh, 1938–61), 3, pp. 252–5.

4. 参见J. Shepard, 'The uses of the Franks in 11th Century Byzantium', *Anglo-Norman Studies* 15 (1992), pp. 275–305.

5. John Skylitzes, p. 486; Michael Attaleiates, pp. 122–5, Matthew of Edessa, II.19, p. 101.

6. *Patrologia Latina*, 150, col. 737.

7. Ekkehard of Aura, pp. 133–4.

8. Gilbert of Mons, *Chronique Hanoniense*, tr. L. Napran (Woodbridge, 2005), 23, p. 25.

9. Hagenmeyer, *Epistulae*, pp. 134–5. 关于这封信的评述，见前引，PP60-6.

10. Shepard, 'How St James the Persian's head was brought to Cormery', p. 299.

11. *Narratio Floriacensis de captis Antiochia et Hierosolyma et obsesso Dyrrachio, RHC, Occ.*, 5, p. 356, Gilbert of Mons, 23, p. 25. 另见Becker, *Urban II*, 2, p. 180, 最重要的J. Shepard, 'Cross-purposes: Alexius Comnenus and the First Crusade', in J. Phillips (ed.), *The First Crusade: Origins and Impact* (Manchester, 1997), pp. 107–29

12. Ekkehard of Aura, pp. 134–6.

13. Guibert of Nogent, I.5, pp. 102–3.

14. Baldric of Dol, I, p. 14.

15. Fulcher of Chartres, I.3.ii–iii, pp. 65–6.

16. William of Apulia, IV, p. 212.

17. Sibt al-Jawzi, p. 244; Bar Hebraeus, 1, pp. 230–1.

18. Raymond of Aguilers, XIII, pp. 108–9; William of Tyre, I.7, 1, pp. 116–17; Albert of Aachen, VI.31, p. 442.

19. S. Goitein, *A Mediterranean Society: The Jewish communities of the Arab world as portrayed in the documents of the Cairo Geniza*, 6 vols. (Princeton, 1967–93), pp. 308–14. Also see here S. Goitein, 'Jerusalem in the First Arabic period', in *Jewish Settlements in Palestine in the Beginning of the Islamic and the Crusade Period, in the Light of the Geniza* (Jerusalem, 1980); M. Gil, 'Political History

of Jerusalem', in J. Prawer (ed.), *Book of Jerusalem, The First Islamic Period, 638–1099* (Jerusalem, 1991).

20. 参见S. Gat, 'The Seljuks in Jerusalem', in Y. Lev (ed.), *Town and Material Culture in the Medieval Middle East* (Leiden, 2002), pp. 4–40.

21. C. Cahen, 'La chronique abrégée d'al-Azimi', *Journal Asiatique* 230 (1938), p. 369.

22. Ibn al-Athir, AH 491/Dec. 1097–Dec. 1098, pp. 13–14.

23. 参见C. Morris, *The Sepulchre of Christ in the Medieval West* (Oxford, 2005), esp. pp. 134–9; 不过也要注意J. France, 'The Destruction of Jerusalem and the First Crusade', *Journal of Ecclesiastical History* 47 (1996), pp. 1–17.

24. Guibert of Nogent, II.10, pp. 125–6.

25. 前注，pp.118-119。

26. J. Vaissète, C. Devic and A. Molinier (eds.), *Histoire générale de Languedoc*, 3rd edition, 16 vols. (Toulouse, 1872–1904), 5, cols. 737–8.

27. J. Venier (ed.), *Chartres de l'abbaye de Jumièges*, 2 vols. (Paris, 1916), 1, pp. 121–3.

28. R. Bautier, M. Gilles and M. Bautier (eds.), *Chronicon S. Petri Vivi Senonensis* (Paris, 1979), p. 140.

29. Gregory Pakourianos, p. 131.

30. *Letopis Popa Dukljanina*, 27, p. 413.

31. Hagenmeyer, Epistulae, p. 136.

32. Robert the Monk, I.1, p. 79.

33. 参见T. Head and R. Landes (eds.), *Peace of God: Social violence and religious response in France around the year 1000* (Cambridge, 1992).

34. Ivo of Chartres, *Panormia*, VIII.147, in *Patrologia Latina*, 161, col. 1343 AC.

35. 参见Vauchez, 'Composantes eschatologiques', pp. 233–43; J. Rubenstein, 'How or How Much, to Re-evaluate Peter the Hermit', in S. Ridyard (ed.), *The Medieval Crusade* (Woodbridge, 2004), pp. 53–69; J. Flori, *L'Islam et la fin des temps. L'interprétation prophétique des invasions musulmanes dans la chrétienté médiévale* (Paris, 2007), pp. 111–47; and more generally, Möhring, *Weltkaiser*

der Endzeit and Whalen, *Dominion of God*.

36. Lupus, *Annales, MGH, SS*, 5, p. 62.

37. Gilbert of Mons, 23, p. 25.

38. Theodore Skutariotes, *Synopsis Khronike*, in K. Sathas, *Biblioteca Graeca Medii Aevi*, 7 vols. (Paris, 1872–94), 7, pp. 184–5.

39. 关于这种及其他伪造的神圣遗物，参见Guibert of Nogent, *De pigneribus sanctorum*, ed. R. Huygens (Turnhout, 1993), I, pp. 98, 88.

40. *Gesta Episcoporum Tullensium*, in *MGH, SS*, 8, p. 647.

41. Anna Komnene, III.10, p. 103.

42. F-J. Schmale and I. Schmale-Ott (eds.), *Frutolfs und Ekkehards Chroniken* (Darmstadt, 1972), p. 96; Ekkehard of Aura, *Chronicon Universale*, in MGH, SS 6, p. 205. For the gifts recorded by Anna, Alexiad, III.10, p. 103.

43. G. Constable (ed. and tr.), *The Letters of Peter the Venerable*, 2 vols. (Cambridge, Mass., 1967), 2, p. 209.

44. Hagenmeyer, Epistulae, pp. 135–6.

45. Guibert of Nogent, I.5, p. 103.

46. Below, p. 106.

47. *Miracula S Augustini episcopi Cantuariensis, in Acta Sanctorum*, May, 6, p. 410.

48. Anna Komnene III.10, p. 102.

49. Hagenmeyer, *Epistulae*, p. 141.

50. Shepard, 'How St James the Persian's head was brought to Cormery', p. 299.

51. Hagenmeyer, *Epistulae*, p. 136.

52. Ibid., p. 142.

53. 阿莱克修斯对罗贝尔一世变得非常信任，据Guibert of Nogent, I.5, pp. 100–1.

54. Hagenmeyer, *Epistulae*, p. 133.

55. Guibert of Nogent, I.5, p. 101.

56. Bernold of Constance, p. 483.

57. Anna Komnene, VIII.5, p. 224.

58. Ekkehard of Aura, p. 136.

59. Otto of Freising, *Chronicon*, in *MGH, SS* 20, VII, p. 248.

60. Gregory VII, *Register*, I.18, p. 20. 阿莱克修斯皇帝信件的原件没能留存下来。

61. Gregory VII, *Register*, I.46, p. 51.

62. Gregory VII, *Register*, I.49, pp. 54–5.

63. Gregory VII, *Register*, II.31, pp. 122–3.

64. Gregory VII, *Register*, II.37, pp. 127–8.

65. Gregory VII, *Register*, II.3, p. 95.

66. Gregory VII, *Register*, I.46, p. 51.

67. Michael Psellos, *Michaelis Pselli scripta minora magnam partem adhuc inedita*, ed. E. Kurtz, 2 vols. (Milan, 1936–41), 1, pp. 329–34.

68. Gregory VII, *Register*, II.3, p. 95. See here H. Cowdrey, 'Pope Gregory VII's "Crusading" plans of 1074', in B. Kedar, H. Mayer and R. Smail (eds.), *Outremer: Studies in the history of the Crusading kingdom of Jeruslalem* (Jerusalem, 1982), pp. 27–40, and Becker, *Papst Urban II*, 2, pp. 294–300.

69. Bernold of Constance, p. 520.

70. Ibid.

71. Fulcher of Chartres, I.1.iii, p. 62.

第7章 西方的回应

1. 参见Riley-Smith, *First Crusade*, pp. 13–30; Tyerman, God's War, pp. 58–89.

2. 有关乌尔班二世的巡游, 参见Becker, *Papst Urban II*, vol. 2, pp. 435–58.

3. Gregory VII, *Register*, 1.46, p. 50; Devic and Vaissete, Histoire générale de Languedoc, 3, p. 465

4. Devic and Vaissete, *Histoire générale de Languedoc*, 5, pp. 747–8.

5. Gregory VII, *Register*, 1.46, p. 50; 8.16, pp. 381–2.

6. *Patrologia Latina*, 151, col. 562.

7. *Annales Besuenses, MGH, SS*, 2, p. 250; *Annales S. Benigni Divionensis, MGH, SS*, 5, p 43.

8. *Patrologia Latina*, 150, col. 1388; 151, col. 422.

9. Robert the Monk, I.1 pp. 80–1.

10. Robert the Monk, I.2, pp. 81–2; Fulcher of Chartres, I.4.iv, p. 68; Guibert of Nogent, II.5, p. 117. 虽然有关教皇在克莱蒙演讲的主要记述文献是若干年后写就的，但有关东方受难的消息在当时的文献中已经能够发现,例如, Hagenmeyer, *Epistulae*, pp. 136, 137–8; Wiederhold, 'Papsturkunden in Florenz', pp. 313–14; Kehr, *Papsturkunden in Spanien*, pp. 287–8; Halphen and Poupardin, *Chronique des comtes* d'Anjou, pp. 237–8.

11. Baldric of Dol, IV, pp. 15–16.

12. Hagenmeyer, *Epistulae*, pp. 136–7

13. Baldric of Dol, IV, p. 16.

14. Baldric of Dol, *Vita Beati Roberti de Arbisello, Patrologia Latina* 162, cols. 1050–1.

15. Hugh of Flavigny, *Chronicon, MGH, SS*, 8, pp. 474–5.

16. Bull, *Knightly Piety*, pp. 250–81.

17. 关于乌尔班二世的指令，参见Baldric of Dol, I, p. 15.

18. S. d'Elbenne and L-J. Dennis (eds.), *Cartulaire du chapitre royal de Saint-Pierre de la Cour du Mans* (Paris, 1903–7), no. 11, p. 15.

19. J. Richard, 'Le Cartulaire de Marcigny-sur-Loire 1045–1144. Essai de reconstitution d'un manuscript disparu', *Analecta burgundica* (1957), 119, p. 87.

20. B. de Broussillon, *Cartulaire de Saint-Aubin d'Angers* (1903), 1, no. 354, p. 407.

21. Hagenmeyer, *Epistulae*, p. 136.

22. Ibid., pp. 137–8.

23. *Chronica Monasterii Casinensis*, IV.11, p. 475. 关于所提供的精神奖赏，Riley-Smith, *First Crusade*, pp. 13–30.

24. Kehr, *Papsturkunden in Spanien*, p. 287.

25. H. Cowdrey, 'Martyrdom and the First Crusade', in Edbury, *Crusade and*

Settlement, pp. 45–56; J. Flori, 'L'example de la Première Croisade', *Cahiers de civilisation médiévale* 34 (1991), pp. 121–39; C. Morris, 'Martyrs of the field of battle before and during the First Crusade', *Studies in Church History* 30 (1993), pp. 93–104.

26. Guérard, *Cartulaire de l'abbaye de Saint-Victor de Marseilles*, 1, pp. 167–8.

27. C. Métais, *Cartulaire de l'abbaye de la Sainte Trinité de Vendôme*, 4 vols. (Paris, 1893–1900), 2, p. 39; V. Thuillier (ed.), *Ouvrages posthumes de D. Jean Mabillon et D. Thierri Ruinart*, 3 vols. (Paris, 1724), 3, pp. 387–90; P. Jaffé (ed.), *Regesta Pontificum Romanorum*, 2 vols. (Leipzig, 1885–8), 1, nos. 5656, 5649; 5647.

28. *Gesta Francorum*, I, p. 2; Hagenmeyer, *Epistulae*, p. 137.

29. H. Klein, 'Eastern Objects and Western Desires: Relics and Reliquaries between Byzantium and the West', *Dumbarton Oaks Papers* 58 (2004), pp. 283–314.

30. Halphen and Poupardin, *Chronique des comtes d'Anjou*, pp. 237–8.

31. A. Gieysztor, 'The Genesis of the Crusades: The Encyclical of Sergius IV', *Medievalia et Humanistica* 5 (1949), pp. 2–23 and 6 (1950), pp. 3–34. However, also see H. Schaller, 'Zur Kreuzzugsenzyklika Papst Sergius IV', in H. Mordek (ed.), *Papsttum, Kirche und Recht im Mittelalter. Festschrift für Horst Fuhrmann* (Tübingen, 1991), pp. 135–54.

32. *Recueil des chartes de Cluny*, 5, no. 3703.

33. Ibid., nos. 3737, 3755.

34. Ibid., no. 3712.

35. R. Juënin, *Nouvelle histoire de l'abbaie royale et collégiale de Saint Filibert*, 2 vols. (Dijon, 1733), 2, p. 135.

36. Robert the Monk, I.2, p. 82; Fulcher of Chartres, I.4.iv, p. 68; Guibert of Nogent, II.5, p. 117; *Gesta Francorum*, I, p. 7.

37. C. Chevalier, 'Cartulaire de l'abbaye de St. Chaffre du Monastier', in *Collection de cartulaires dauphinois* (Paris, 1869–1912), 8, pp. 139–41. 关于这些以及其他更多的例子，Riley-Smith, First Crusade, pp. 31ff.

38. E. Poncelet (ed.), *Cartulaire de l'Eglise St Lambert de Liège*, 5 vols. (Brussels,

1869), 1, p. 47.

39. Orderic Vitalis, IX.3, 5, pp. 26, 32; Hugh of Flavigny, II, pp. 474–5.

40. Guibert of Nogent, II, 17, pp. 133–4.

41. 关于菲利普一世所受的绝罚，Somerville, *Councils of Urban II*, pp. 87, 97, 98. 有关贝特拉达的风评很差，*Chronica de gestis consulum Andegavorum*, in Halphen and Poupardin, *Chronique des comtes d'Anjou*, p. 67; 关于菲利普一世以自己的妻子荷兰的贝尔塔太胖为由抛弃她，参见William of Malmesbury, 3.257, p. 474.

42. Guibert of Nogent, II.17, pp. 133–4; Mansi, Sacrorum Concilium Amplissima Collectio 20, col. 937; J. Verdon (ed.), *Chronique de Saint-Maixent* (Paris, 1979), p. 154; Somerville, *Councils of Urban II*, p. 90.

43. *Gesta Francorum*, I, p. 7.

44. Robert the Monk, II.3, pp. 91–2.

45. *Codice Diplomatico Barese*, 5, p. 41.

46. Anna Komnene, XIII.11, pp. 383–4.

47. Anna Komnene, V.6, p. 144.

48. 据一位阿拉伯作者所言，罗杰拒绝与十字军东征行动有任何牵扯，当他听闻了最初的计划时，“抬起腿放了一个响屁”——这个细节Ibn al-Athir是在讲到针对北非而不是耶路撒冷的行动时谈到的。这个非常有趣的故事反映了罗杰不愿意惹恼那些让西西里变得如此富裕的穆斯林商人们。AH 491/Dec. 1097–Dec. 1098, p. 13.

49. Jaffe, *Regesta pontificum Romanorum*, no. 5608; Hagenmeyer, *Epistulae*, p. 136.

50. Guérard, *Cartulaire de Saint-Victor*, p. 802.

51. Anna Komnene, X.7, pp. 279–80.

52. Albert of Aachen, I.23, p. 96; Guibert of Nogent, VII.31, p. 328.

53. Barber and Bate, *Letters*, p. 22.

54. *Patrologia Latina*, 157, col. 162B.

55. Robert the Monk, I.2, pp. 81–2.

56. *Recueil des chartes de l'abbaye de Cluny*, 5, p. 51.

57. Wiederhold, 'Papsturkunden', pp. 313–14.

58. Hagenmeyer, *Epistulae*, p. 137.

59. Devic and Vaissete, *Histoire générale de Languedoc*, 5, pp. 757–8.

60. Bernold of Constance, p. 520.

61. 例如，Fulcher of Chartres, I.4, p. 68; Baldric of Dol, I, pp. 15–16.

62. Robert the Monk, II.2, p. 82.

63. 例如1096年春在马尔穆捷和图尔。Halphen and Poupardin, *Chronique des comtes d'Anjou*, pp. 237–8; O. Guillot, *Le Comte d'Anjou et son entourage au XIe siècle* (Paris, 1972), p. 242.

64. 参见W. Purkiss, *Crusading Spirituality in the Holy Land and Iberia, c.1095–c.1187* (Woodbridge, 2008), esp. pp. 120–38.

65. Anna Komnene XI.1, p. 297. Also Gesta Francorum, II, p. 16; Albert of Aachen, I.15, pp. 283–4.

66. 关于这座修道院建立的时间，参见J. Gay, 'L'abbaye de Cluny et Byzance au début du XII siècle', *Echos d'Orient* 30 (1931), pp. 84–90, 但可另见J. Shepard, 'The "muddy road" of Odo of Arpin from Bourges to La Charité sur Loire', in P. Edbury and J. Phillips (eds.), *The Experience of Crusading: Defining the Crusader Kingdom* (Cambridge, 2003), p. 23.

67. Anna Komnene, X.5, p. 276.

68. Albert of Aachen, II.7, p. 70.

69. Albert of Aachen, II.17, p. 86.

70. Albert of Aachen, II.7, pp. 70–2.

71. Robert the Monk, II.11, p. 95.

72. Raymond of Aguilers, I, pp. 16–17.

73. Raymond of Aguilers, I, p. 17.

74. Raymond of Aguilers, I, p. 17.

75. 有关参加的人数，参见France, *Victory in the East*, pp. 122–42; B. Bachrach, 'The siege of Antioch: A study in military demography', *War in History* 6 (1999), pp. 127–46; J. Riley-Smith, 'Casualties and the number of knights on the First

Crusade', *Crusades 1* (2002), pp. 13–28.

76. Fulcher of Chartres, I.6.ix, p. 73.

77. Fulcher of Chartres, I.13.iv, p. 88.

78. Anna Komnene, X.5, p. 274.

79. Anna Komnene, X.5.vi, p. 275.

第8章 去往帝都

1. Robert the Monk, I.5, p. 83.

2. Albert of Aachen, I.2, pp. 2–4; Guibert of Nogent, II, p. 121.

3. William of Tyre, I.3, 1, p. 108; Albert of Aachen, I.2–3, p. 4; Anna Komnene, X.5, p. 275. 关于隐修者彼得，参见J. Flori, *Pierre l'Eremite et la Première Croisade* (Paris, 1999).

4. Albert of Aachen, I.3, pp. 4–6; Guibert of Nogent, II.8, p. 142.

5. 例如 J. Flori, 'Faut-il réhabiliter Pierre l'Eremite', *Cahiers de civilisation médiévale* 38 (1995), pp. 35–54.

6. Albert of Aachen, I.26–8, pp. 50–2. 参见B. Kedar, 'Crusade Historians and the Massacres of 1096', *Jewish History* 12 (1998), pp. 11–31; R. Chazan, *God, Humanity and History: The Hebrew First Crusade Narratives* (Berkeley, 2000) 以及id., '"Let Not a Remnant or a Residue Escape": Millenarian Enthusiasm in the First Crusade', *Speculum* 84 (2009), pp. 289–313. 此处还可参见M. Gabriele, 'Against the Enemies of Christ: The Role of Count Emicho in the Anti-Jewish Violence of the First Crusade', in M. Frassetto (ed.), *Christian Attitudes towards the Jews in the Middle Ages: A Casebook* (Abingdon, 2007), pp. 61–82.

7. Albert of Aachen, I.26–7, pp. 50–2. Also *Chronicle of Solomon bar Simson*, tr. S. Eidelberg, *The Jews and the Crusaders* (Madison, 1977), pp. 28ff.

8. *Solomon bar Simson*, pp. 24–5.

9. 例如，Siegebert of Gembloux, in MGH, SS, 6, p. 367; Richard of Poitiers, *Cruce signato*, in M. Bouquet et al. (eds.), *Recueil des Historiens des Gaules et de la France*, 24 vols. (Paris, 1737–1904), 12, p. 411.

10. Hugh of Flavigny, *Chronicon Virdunensi*, in *Recueil des Historiens des Gaules et de la France*, 13, p. 623. 此处相关的很多其他例子，N. Golb, *The Jews in Medieval Normandy* (Cambridge, 1998), pp. 119–27.

11. Guibert of Nogent, II.9, p. 123.

12. Anna Komnene, X.5, p. 274.

13. Albert of Aachen, I.29, p. 54.

14. Albert of Aachen, I.6, pp. 10–12, and Orderic Vitalis, IX.4, 5, p. 30.

15. Albert of Aachen, I.9, p. 18.

16. Anna Komnene, X.5, pp. 275–6; John Zonaras, XVIII.23, 3, p. 742.

17. *Gesta Francorum*, I, p. 3.

18. Anna Komnene, X.6, p. 277.

19. *Gesta Francorum*, I, p. 3; Robert the Monk, I.7, p. 85.

20. *Gesta Francorum*, I, pp. 3–4.

21. Albert of Aachen, I.21, p. 42.

22. *Gesta Francorum*, I, p. 4.

23. Robert the Monk, I.9, p. 86.

24. *Gesta Francorum*, I, pp. 4–5; Robert the Monk, I.12, p. 87.

25. *Gesta Francorum*, I, p. 4; Anna Komnene, X.6, p. 278.

26. Anna Komnene, X.6, p. 279.

27. Guibert of Nogent, II.10, p. 124.

28. *Gesta Francorum*, I, p. 5. 关于有关第一次十字军东征的第一批记述文献，尤其是《法兰克人事迹》在20世纪初欧洲的重要性，参见J. France, 'The Anonymous *Gesta Francorum* and the *Historia Francorum qui ceperunt Iherusalem* of Raymond of Aguilers and the *Historia de Hierosolymitano itinere* of Peter Tudebode: An analysis of the textual relationship between primary sources for the First Crusade', in J. France and W. Zajac (eds.), *The Crusades*

and their Sources. Essays presented to Bernard Hamilton (Aldershot, 1998), pp. 39–69, and also Rubenstein, 'What is the *Gesta Francorum*?', pp. 179–204.

29. Anna Komnene, X.7, p. 279.

30. Ibid., p. 280.

31. Ibid.

32. Anna Komnene, X.8, p. 281.

33. Fulcher of Chartres, I.6, p. 72; Anna Komnene, X.7, pp. 279–80.

34. Albert of Aachen, II.7, pp. 70–2.

35. Hagenmeyer, *Epistulae*, p. 143; C. de Coussemaker, 'Documents relatifs à la Flandre maritime. Extraits du cartulaire de l'abbaye de Watten', *Annales du comité flamand de France*, 10 vols. (Paris, 1860), 5, p. 359.

36. Fulcher of Chartres, I.8.i–ix, pp. 76–8.

37. *Gesta Francorum*, II, p. 11; Albert of Aachen, II.18, p. 88; *Historia Belli Sacri, RHC, Occ.*, 3, p. 177.

38. Anna Komnene, X.8, pp. 281–4.

39. Raymond of Aguilers, II, p. 21.

40. *Gesta Francorum*, II, p. 10.

41. *Gesta Francorum*, I, p. 8.

42. Nesbitt, 'Rate of march', pp. 167–82.

43. *Gesta Francorum*, II, p. 10.

44. Raymond of Aguilers, I, p. 18; J. Shepard, '"Father" or "Scorpion"? Style and substance in Alexios' diplomacy', in M. Mullett and D. Smythe (eds.), *Alexios I Komnenos – Papers* (Belfast, 1996), pp. 80–2.

45. Anna Komnene, X.9, p. 285.

46. Ibid.

47. Anna Komnene, X.7, p. 280; X.11, p. 292; *Gesta Francorum*, I, pp. 5–6; II, p. 11.

48. Raymond of Aguilers, II, p. 22.

49. Barber and Bate, *Letters*, p. 16.

50. Ibid., pp. 15–16.

51. Fulcher of Chartres, I.9.iii, p. 80.

52. Ralph of Caen, 18, p. 42.

53. *De Cerimoniis*, II.15, 2, p. 597.

54. P. Chiesa (ed.), *Liudprandi Cremonensis. Antapodosis; Homelia paschalis; Historia Ottonis; Relatio de Legatione Constantinopolitana* (Turnhout, 1997), Relatio, I.1, pp. 238–9.

55. Ibid., *Antapodosis*,VI.5, pp. 197–8.

56. Anna Komnene, X.10, pp. 291– 2. 关于阿莱克修斯的方法，参见Shepard,'"Father"or"Scorpion"?', pp. 60–132.

57. Anna Komnene, XIII.10, pp. 383–4.

58. Anna Komnene, X.11, p. 292.

59. Ibid., pp. 292–3.

60. Ibid., p. 293.

61. Ibid., pp. 293–4.

62. Barber and Bate, *Letters*, pp. 15–16.

63. Albert of Aachen, II.17, p. 86.

64. Anna Komnene, XIV.4, p. 411.

65. Anna Komnene, X.9, pp. 285–6.

66. Robert the Monk, II.9, p. 94; Albert of Aachen, II.12–14, pp. 78–82; Anna Komnene, X.9, pp. 286–8.

67. Albert of Aachen, I.12, p. 78.

68. Albert of Aachen, II.12, p. 78.

69. Albert of Aachen, II.16, p. 84.

70. Ibid.

71. Ibid., pp. 84–6.

72. Fulcher of Chartres, I.9.iii, p. 80.

73. *Gesta Francorum*, II, p. 12.

74. Fulcher of Chartres, I.8.ix, p. 78.

75. Anna Komnene, X.9, p. 285.

76. Michael the Syrian, XV.6, 3, p. 179.

77. Anna Komnene, X.9, pp. 285–6.

78. Albert of Aachen, II.10, p. 74.

79. Anna Komnene, X.9, p. 285.

80. Ekkehard of Aura, pp. 166–7.

81. Albert of Aachen, II.16, pp. 84–6. 此处另可参见E. Patlagean, 'Christianisation et parentés rituelles: le domaine de Byzance', *Annales ESC* 33 (1978), pp. 625–36; R. Macrides, 'Kinship by arrangement: The case of adoption', *Dumbarton Oaks Papers* 44 (1990), pp. 109–18.

82. S. Reynolds, *Fiefs and Vassals: The Medieval Evidence Reinterpreted* (Oxford, 1994).

83. Anna Komnene, XIII.12, p. 386. 关于誓言内容参见J. Pryor, 'The oath of the leaders of the Crusade to the emperor Alexius Comnenus: Fealty, homage', *Parergon New Series* 2 (1984), pp. 111–41.

84. *Gesta Francorum*, II, pp. 11–12.

85. Fulcher of Chartres, I.9.iii, p. 80.

86. *Gesta Francorum*, II, p. 12.

87. Anna Komnene, X.11, pp. 294–5.

88. J. Shepard, 'When Greek meets Greek: Alexius Comnenus and Bohemund in 1097–8', *Byzantine and Modern Greek Studies* 12 (1988), pp. 185–277.

89. Anna Komnene, X.9, p. 289.

90. Raymond of Aguilers, II, p. 23.

91. Ibid., p. 24. Also *Gesta Francorum*, II, p. 13.

92. *Gesta Francorum*, II, p. 12.

93. Raymond of Aguilers, II, p. 24.

94. Anna Komnene, X.9, p. 289.

95. Ibn a-Qalanisi, AH 490/Dec. 1096–Dec. 1097, p. 43

96. Ibn al-Athir, AH 491/Dec. 1096–Dec. 1097, p. 14.

97. *Gesta Francorum*, II, p. 11.

98. Anna Komnene, XI.2, p. 300.

第9章 初次遇敌

1. Barber and Bate, Letters, p. 16.

2. 例如*Gesta Francorum*, II, p. 14; Albert of Aachen, II.29, p. 110.

3. Albert of Aachen, I.15, p. 30.

4. Albert of Aachen, II.28, p. 110.

5. Raymond of Aguilers, III, p. 26; Constable, Letters of Peter the Venerable, 2, p. 209; P. Magdalino, *The Empire of Manuel I Komnenos, 1143– 80* (Cambridge, 1993), p. 44. Also see J. Shepard, 'Cross-purposes: Alexius Comnenus and the First Crusade', in Phillips (ed.), *The First Crusade*, p. 120, and n. 65.

6. Anna Komnene, XI.2, p. 300.

7. *Gesta Francorum*, II, p. 15.

8. Raymond of Aguilers, III, p. 25. 关于尼西亚的防御参见A. Schneider and W. Karnapp, *Die Stadtmauer von Iznik-Nicea* (Berlin, 1938); C. Foss and D. Winfield, *Byzantine Fortifications* (Pretoria, 1986), pp. 79–121; R. Rogers, *Latin Siege Warfare in the 12th Century* (Oxford, 1992), pp. 17– 25.

9. *Gesta Francorum*, II, p. 15.

10. Albert of Aachen, II.29, p. 110–12; II.22, p. 96.

11. Albert of Aachen, II.33, pp. 116–18.

12. Matthew of Edessa, II.108, p. 163; Anna Komnene, VI.12, p. 179.

13. Albert of Aachen, II.34, pp. 118–20; Fulcher of Chartres, I.10.vii, p. 82.

14. Anna Komnene, XI.1, p. 298.

15. Ibid., p. 299.

16. Ibid.

17. Ibid., pp. 297–8.

18. Albert of Aachen II.25–6, pp. 102–4.

19. Anna Komnene XI.2, p. 300.

20. Ibid., p. 301.

21. Anna Komnene, XI.2.vi, p. 327.

22. Ibn al-Qalanisi, AH 490/Dec. 1096–Dec. 1097, p. 41.

23. C. Foss, 'Byzantine responses to Turkish Attacks: Some sites of Asia Minor', in I. Sevcenko and I. Hutter, *Aetos: Studies in Honour of Cyril Mango* (Stuttgart, 1998), pp. 155–8.

24. Barber and Bate, *Letters*, p. 19.

25. Anna Komnene, XI.2, pp. 303–4.

26. Anna Komnene, XI.3, p. 304: Fulcher of Chartres, I.10.x, p. 83.

27. Barber and Bate, Letters, p. 19. 后来的作者也集中关注尼西亚的命运之争作为对阿莱克修斯的态度发生转变的转折点，e.g. Orderic Vitalis, IX.8, 5, p. 56.

28. Anna Komnene, XI.3, p. 304.

29. Ralph of Caen, 10, pp. 31–2.

30. Anna Komnene, XI.3, pp. 304–5; Ralph of Caen, 18, p. 42.

31. Guibert of Nogent, IV.10, p. 81.

32. Anna Komnene, XI.3, p. 304.

33. Raymond of Aguilers, II, p. 23.

34. Anna Komnene, X.2, p. 264.

35. Fulcher of Chartres, I.11.i, p. 83.

36. Anna Komnene, XI.5, pp. 309–12.

37. Fulcher of Chartres, I.13.i, p. 87; Shephard, '"Father" or "Scorpion"', p. 88.

38. Anna Komnene, XI.2, p. 301; XI.5, pp. 309–10.

39. Anna Komnene, XI.5, pp. 309–12.

40. 安娜·科穆宁娜写错了这段故事的时间——察卡之死显然是在拜占庭收复士麦那之后，而不是之前。 Anna Komnene, IX.3, pp. 243–4.

41. Ibid., p. 244.

42. Fulcher of Chartres, I.11.vi, p. 85.

43. *Gesta Francorum*, III, p. 18; Ralph of Caen, 40, p. 65; Fulcher of Chartres, I.11.ix, pp. 85–6.

44. Fulcher of Chartres, I.11.viii, p. 85.

45. *Gesta Francorum*, III, pp. 19–20.

46. Fulcher of Chartres, I.12.iv–v, p. 87.

47. *Gesta Francorum*, III, p. 21.

48. Albert of Aachen, II.22, p. 94. 阿尔伯特还称乞力赤·阿尔斯兰“了不起”，I.16, p. 32; 同样的评价也在更东边的地方给予了另一位突厥人达尼什蒙德，阿尔伯特称他“也值得赞赏”。IX.33, p. 680.

49. Anna Komnene, X.10, pp. 291–2.

50. *Gesta Francorum*, IV, p. 24.

51. Ibn al-Qalanisi, AH 490/Dec. 1096–Dec. 1097, p. 42.

52. *Gesta Francorum*, IV, p. 26.

53. Ibid., p. 25.

54. Albert of Aachen, III.10, pp. 152–4.

55. Albert of Aachen, III.3, p. 140; Ralph of Caen, 23, p. 47.

56. Albert of Aachen, III.3–18, pp. 140–66.

57. Anna Komnene, X.10, p. 291.

58. Raymond of Aguilers, IV, p. 37.

59. Matthew of Edessa, II.104–8, pp. 161–4; II.117–18, pp. 168–70; Fulcher of Chartres, I.14.i–xv, pp. 88–92; Albert of Aachen, II.19–24, pp. 169–77.

60. Fulcher, I.14.xi, p. 91.

61. W. Saunders, 'The Greek inscript-ion on the Harran gate at Edessa: Some further evidence', *Byzantinsche Forschungen* 21 (1995), pp. 301–4.

62. Albert of Aachen, III.19, p. 168.

63. Guibert of Nogent, VII.39, pp. 338–9.

64. 例如，Albert of Aachen, IV.9, p. 262; VII.31, p. 528; Guibert of Nogent, VII.39, p. 338; Orderic Vitalis, IX.11, 5, pp. 118–20.

65. 于是Guibert of Nogent, VII.37, p. 335.

66. Albert of Aachen, III.31, p. 361.

67. Rogers, *Latin Siege Warfare*, pp. 25–39.

68. Fulcher of Chartres, I.15.ii, p. 92.

69. *Gesta Francorum*, V, p. 28.

70. Raymond of Aguilers, VI, p. 49.

71. Anna Komnene, XI.7, p. 317. 关于任命尤迈西奥斯·费罗卡勒斯到塞浦路斯,IX.2.P242。

72. Ibn al-Qalanisi, AH 490/Dec. 1096–Dec. 1097, p. 242.

73. Fulcher of Chartres, I.16.ii, p. 96.

74. Albert of Aachen, III.46, pp. 208–10.

75. Albert of Aachen, V.1, p. 338.

76. Matthew of Edessa, II.114, pp. 167–8.

77. Fulcher of Chartres, I.16.iii, p. 96.

78. *Gesta Francorum*, V, pp. 30–1.

79. Raymond of Aguilers, VI, p. 39.

80. *Gesta Francorum*, V, pp. 36–7.

81. Ibid., p. 37.

82. Ibid.

第10章 为十字军的灵魂而战

1. Raymond of Aguilers, IV, p. 36.

2. Guibert of Nogent, V.6, p. 206.

3. Gesta Francorum, VI, p. 33.

4. Guibert of Nogent, V.14, p. 217.

5. Albert of Aachen, IV.39, pp. 308–10; *Gesta Francorum*, IX, p. 59.

6. Raymond of Aguilers, IV, p. 35; *Gesta Francorum*, V, p. 30.

7. *Gesta Francorum*, IX, p. 63; Ralph of Caen, 58, p. 84; Albert of Aachen, IV.13, pp. 266–8.

8. Ralph of Caen, 58, p. 84.

9. Guibert of Nogent, II.16, pp. 132–3.

10. Kemal ad-Din, 'La Chronique d'Alep', *RHC, Or.*, p. 578; *Anonymi Florinensis brevis narratio Belli sacri, RHC, Occ.*, 5, p. 371; Ralph of Caen, 58, p. 84.

11. Caffaro, *De liberatione civitatum orientis*, in *RHC, Occ.*, 5, p. 66. 关于从塞浦路斯来的给养，另可参见Baldric of Dol, p. 65; Raymond of Aguilers, VII, p. 54; Ralph of Caen, 58, p. 84.

12. Hagenmeyer, *Epistulae*, p. 166.

13. *Gesta Francorum*, VI, pp. 34–5; Raymond of Aguilers, IV, p. 37.

14. Albert of Aachen, IV.40, pp. 310–12.

15. Raymond of Aguilers, IV, p. 37. J. France, 'The departure of Tatikios from the Crusader army', *Bulletin of the Institute of Historical Research* 44 (1971), pp. 137–47.

16. *Gesta Francorum*, VI, pp. 34–5.

17. Hagenmeyer, *Epistulae*, pp. 165–6; Ralph of Caen, 58, p. 84.

18. 这在后来关于十字军的记述中通过其他例子得到了响应。例如，奥德里克·维塔利斯称，憎恨阿莱克修斯的最初的种子是在尼西亚种下的，当时他获得了城市，而十字军却付出了沉重的代价：给养消耗，人员伤亡，两相形成鲜明对比。IX.8，5，P56。

19. Shepard, 'When Greek meets Greek', pp. 188–277.

20. *Gesta Francorum*, VIII, pp. 44–5; Albert of Aachen, IV.15, p. 270; Ralph of Caen, 64–5, pp. 89–90; William of Tyre, IV.24, pp. 267–8; cf. Anna Komnene, XI.4, pp. 307–8.

21. *Gesta Francorum*, V, p. 45; Fulcher of Chartres, I.19.i, p. 101; Anna Komnene, XI.6, p. 312. Also Barber and Bate, Letters, p. 28; Matthew of Edessa, II.119, p. 170.

22. *Gesta Francorum*, VI, p. 44; Fulcher of Chartres, I.17, p. 98; Matthew of Edessa, II.120, p. 170; Ibn al-Qalanisi, AH 491/Dec. 1097–Dec. 1098, p. 45. 费鲁兹被指为突厥人。Raymond of Aguilers, VI, p. 47; Albert of Aachen, III.61, p. 234. Ibn al-Athir谈到了费鲁兹所起的作用以及他的报酬。 AH 491/Dec. 1097–Dec. 1098, pp. 14–15; Kemal ad-Din, p. 580.

23. Anna Komnene, V.6, p. 144.

24. Raymond of Aguilers, IV, p. 37.

25. *Gesta Francorum*, VIII, p. 45; Albert of Aachen, IV.14–15, pp. 270–2; Ralph of Caen, 65, p. 654.

26. *Gesta Francorum*, VIII, p. 46.

27. Raymond of Aguilers, VI, p. 47.

28. Albert of Aachen, IV.20, p. 278.

29. Raymond of Aguilers, VI, p. 47; Albert of Aachen, IV.21, p. 280.

30. *Gesta Francorum*, VII, p. 47.

31. *Gesta Francorum*, VIII, p. 48.

32. Albert of Aachen, IV.26, p. 286.

33. Gesta Francorum, IX, p. 62.

34. Albert of Aachen, IV.34, pp. 298–300; Raymond of Aguilers, VIII, p. 59; Ibn al-Athir, AH 491/Dec. 1097–Dec. 1098, p. 16.

35. Fulcher of Chartres, I.19.iii, p. 101.

36. 关于圣枪的发现及其对十字军的影响，参见T. Asbridge, 'The Holy Lance of Antioch: Power, devotion and memory on the First Crusade', *Reading Medieval Studies* 33 (2007), pp. 3–36.

37. Albert of Aachen, IV.46, p. 320.

38. Fulcher of Chartres, I.22.ii, p. 104; *Gesta Francorum*, IX, pp. 67–8.

39. Fulcher of Chartres, I.22.v, p. 105.

40. Raymond of Aguilers, VIII, p. 61.

41. Fulcher of Chartres, I.23.iv–v, p. 106.

42. Raymond of Aguilers, VIII, pp. 63–4.

43. *Gesta Francorum*, IX, pp. 69–70.

44. Albert of Aachen, IV.53, pp. 330–2.

45. Ibn al-Athir, AH 491/Dec. 1097–Dec. 1098, pp. 16–17.

46. Raymond of Aguilers, IX, p. 65.

47. Robert the Monk, II.2, p. 90.

48. Albert of Aachen, V.15, p. 396.

49. Albert of Aachen, IV.9, pp. 260–2; Raymond of Aguilers, X, pp. 73–4.

50. Albert of Aachen, V.15, p. 357; *Gesta Francorum*, X, pp. 73–4.

51. Raymond of Aguilers, X, p. 75.

52. *Gesta Francorum*, IX, p. 63.

53. Anna Komnene, XI.6, p. 313.

54. Raymond of Aguilers, IV, p. 37.

55. *Gesta Francorum*, X, p. 72; Fulcher of Chartres, I.23.viii, p. 107.

56. Albert of Aachen, V.3, pp. 340–2.

57. Raymond of Aguilers, IX, pp. 67–8.

58. Ralph of Caen, 51, p. 77.

59. S. Duparc-Quioc (ed.), *La Chanson d'Antioche*, 2 vols. (Paris, 1976), 1, laisse 175.

60. Raymond of Aguilers, IV, p. 34.

61. Raymond of Aguilers, IX, p. 84.

62. Barber and Bate, *Letters*, pp. 32–3.

63. Ibid., p. 33; also Fulcher of Chartres, I.24.xiii–xiv, pp. 111–12.

64. 同上。富歇没有写最后一段。below, p. 203

65. Raymond of Aguilers, X, pp. 74–5; *Gesta Francorum*, X, pp. 75–6, 80–1.

66. *Gesta Francorum*, X, pp. 75–6.

67. Raymond of Aguilers, X, p. 80.

68. *Gesta Francorum*, X, p. 80; Fulcher of Chartres, I.25.ii, p. 112.

69. *Gesta Francorum*, X, pp. 82, 86; Raymond of Aguilers, XI, pp. 87, 91.

70. Raymond of Aguilers, XIII, p. 105.

第11章 十字军离析

1. Albert of Aachen, V.45, p. 402.

2. Ralph of Caen, 120, pp. 136–7; Baldric of Dol, IV.12, p. 100; Albert of Aachen,

VI.2, p. 406.

3. Raymond of Aguilers, XIV, p. 119.

4. *Gesta Francorum*, X, pp. 88–9; Albert of Aachen, VI.5, p. 410; Raymond of Aguilers, XIV, pp. 119–20.

5. France, *Victory in the East*, pp. 122–42.

6. Fulcher of Chartres, I.27.iv, p. 119.

7. Albert of Aachen, VI.6, pp. 410–12. Also *Gesta Francorum*, X, p. 89; Raymond of Aguilers, XIV, p. 118.

8. Fulcher of Chartres, I.26.i, p. 116.

9. *Gesta Francorum*, X, p. 89.

10. Raymond of Aguilers, XIII, p. 114.

11. Albert of Aachen, VI.8, pp. 412–14.

12. *Gesta Francorum*, X, p. 90; Raymond of Aguilers, XIV, p. 124.

13. Raymond of Aguilers, XIV, pp. 124–5; Ralph of Caen, 125, pp. 140–2; *Gesta Francorum*, X, p. 90.

14. Albert of Aachen, VI.10, p. 416; Ralph of Caen, 124, pp. 139–40.

15. *Gesta Francorum*, X, pp. 91–2; Ibn al-Athir, AH 492/Dec. 1098–Dec. 1099, p. 21.

16. *Gesta Francorum*, X, pp. 79–80.

17. Raymond of Aguilers, XIV, p. 127.

18. *Gesta Francorum*, X, p. 92.

19. Fulcher of Chartres, I.27.xiii, p. 122.

20. B. Kedar, 'The Jerusalem Massacre of July 1099 in the Western Historiography of the First Crusade', *Crusades* 3 (2004), pp. 15–75.

21. Ibn al-Athir, AH 492/Dec. 1098–Dec. 1099, p. 21.

22. S. Goitein, 'Contemporary letters on the capture of Jerusalem', *Journal of Jewish Studies* 3 (1952), pp. 162–77.

23. Fulcher of Chartres, I.28.i, p. 122.

24. Fulcher of Chartres, I.29.i, p. 123.

25. S. Goitein, 'Tyre–Tripoli–'Arqa: Geniza documents from the beginning of the

Crusade period', *Jewish Quarterly Review* 66 (1975), pp. 69–88.

26. Raymond of Aguilers, XIV, p. 128, citing Isaiah 65:17, Psalms 118:24.

27. *Naser-e Khusraw's Book of Travels* (Safarnama), tr. W. Thackston (New York, 1986), p. 21. 这一时期有很多朝圣指南是为前往耶路撒冷的穆斯林访客所写的，其中一个有代表性的例子是Ibn al-Murajja的，写于11世纪上半叶。 E. Amikam, *Medieval Jerusalem and Islamic Worship* (Leiden, 1995), pp. 68–78.

28. M. Gil, *A History of Palestine, 634–1099* (Cambridge, 1997), p. 191, n. 67.

29. M-L. Favreau-Lilie, *Die Italiener im Heiligen Land vom ersten Kreuzzug bis zum Tode Heinrichs von Champagne (1098–1197)* (Amsterdam, 1988).

30. Barber and Bate, *Letters*, p. 24; William of Tyre, IV.24, 1, pp. 267–8. Also note *Gesta Francorum*,VI, pp. 37–8; Raymond of Aguilers, V, pp. 40–1.

31. Fulcher of Chartres, I.31.i–xii, pp. 125–8; P. Tudebode, pp. 146–7; Albert of Aachen, VI.45–50, pp. 464–70.

32. Barber and Bate, Letters,, pp. 37–8.

33. 关于1101年的征讨，参见Riley-Smith, *First Crusade*, pp. 120–34.

34. Albert of Aachen, VII.20, p. 512; Fulcher of Chartres, I.36.i, p. 136; Matthew of Edessa, II.132, p. 176.

35. 博希蒙德被俘，参见Fulcher of Chartres, I.35.iii, p. 135; Albert of Aachen, VII.29, p. 526; Matthew of Edessa, II.134, p. 177.

36. 参见A. Murray, 'Daimbert of Pisa, the *Domus Godefridi* and the Accession of Baldwin I of Jerusalem', in *From Clermont to Jerusalem*, pp. 81–102.

37. Albert of Aachen, X.30, p. 528.

38. William of Tyre, VI.23, I, p. 340. 关于约翰逃跑，参见ibid.; Orderic Vitalis, X.24, 5, p. 356.

39. Fulcher of Chartres, II.3.xiii, p. 143.

40. Albert of Aachen, VII.43, p. 550. 关于戈弗雷的葬礼参见VII.21, p. 516.

41. Albert of Aachen, VII.46–51, pp. 554–60.

42. Albert of Aachen, VII.57, p. 566; 关于他为皇帝服务参见IX.6, p. 644. 此处另可参见Shepard,'The"muddy road"of Odo Arpin', pp. 11–28.

43. Albert of Aachen, IX.1–6, pp. 638–44; Fulcher of Chartres, II.15.i–vi, pp. 163–4; Anna Komnene, XI.7, p. 316.

44. 牧首以贪污公款的罪名被废黜。Albert of Aachen, VII.62–63, p. 574. 重要的是，这些是由西西里的罗杰（教皇的坚定支持者）派来的使节，及教皇在11世纪90年代与君士坦丁堡的和解促成的。这表明，罗马-西西里-君士坦丁堡这条轴心又再次精诚合作了。

45. Albert of Aachen, VIII.45, p. 634.

46. Albert of Aachen, VIII.45–48, pp. 634–6.

47. Anna Komnene, XI.7, p. 318; Ralph of Caen, 143–4, pp. 158–60. 关于此处的纪年，参见R-J. Lilie, *Byzantium and the Crusader States 1096–1204*, tr. J. Morris and J. Ridings (Oxford. 1993), pp. 259–76 and Ia. Liubarskii,'Zamechaniya k khronologii XI knigi'Aleksiada' Anny Komninoi', *Vizantiiskii Vremennik* 24 (1964), pp. 47–56.

48. Anna Komnene, XI.7, p. 318; Ralph of Caen, 145, p. 160.

49. Ralph of Caen, 147, pp. 163–4.

50. Kemal ad-Din, p. 591.

51. Anna Komnene, XI.9, pp. 320–1.

52. Fulcher of Chartres, II.27.vii–viii, pp. 178–9.

53. Ibn al-Athir, AH 497/Dec. 1103–Dec. 1104, pp. 79–80; Ibn al-Qalanisi, p. 60. 此处另可参见Fulcher of Chartres, II.27.i–viii, pp. 177–9; Matthew of Edessa, III.18, pp. 192–3; Albert of Aachen, IX.39; Ralph of Caen, 148, pp. 164–5.

54. Ibn al-Qalanisi, p. 61.

55. 关于唐克雷德夺取埃德萨，Albert of Aachen, IX.42, p. 694; Fulcher of Chartres, II.27.5, p. 178; II.28, p. 180; Ralph of Caen, 151, p. 167; Matthew of Edessa, III.20, p. 194. 关于拜占庭1104年的斩获，Anna Komnene, XI.9–11, pp. 321–9.

56. Albert of Aachen, IX.46, p. 700–2.

57. Ralph of Caen, 152, pp. 168–9.

58. Anna Komnene, XI.12, pp. 329–31.

第12章 第一次十字军东征的影响

1. 关于在法兰西传唱的歌谣，Orderic Vitalis, X.21, 5, p. 342. 关于歌谣的流传，参见S. Edgington and C. Sweetenham (eds.), *The Chanson d'Antioche: An Old-French Account of the First Crusade* (Aldershot, 2011).
2. E. de Marneffe (ed.), *Cartulaire de l'abbaye d'Afflighem* (Louvain, 1894), pp. 19–21.
3. 相关的众多例子，参见 Riley-Smith, *The First Crusaders*, p. 150.
4. E.g. *De genere comitum Flandrensium notae Parisienses, MGH, SS*, 13, p. 259.
5. Suger of St Denis, p. 38; also see Riley-Smith, *First Crusade*, pp. 122–3.
6. 据《法兰克人事迹》所言，图索的居伊在安条克做了逃兵，IX,PP.55-56。他与国王结成亲家可能能够解释，为什么在一份立场倾向法兰西王室的文献中，对他的评论是比较富于同情的。Suger of St Denis, p. 36.
7. Guibert of Nogent, VI.11, p. 243.
8. 关于史蒂芬的死，Albert of Aachen, IX.6, p. 644. 关于一首他得到治疗的歌谣，*Chanson d'Antioche*, pp. 285–6.
9. France, *Victory in the East*, pp. 141–2.
10. Gilbert of Mons, 27, p. 30. See William of Tyre, I, p. 298; Albert of Aachen, IX.52, p. 716.
11. Orderic Vitalis, X.24, 5, pp. 358–76.
12. Ibid., p. 354.
13. France, 'The Anonymous *Gesta Francorum*', pp. 39–69 and above all, Rubenstein, 'What is the *Gesta Francorum* and who was Peter Tudebode?', pp. 179–204.
14. Fulcher of Chartres, I.33. v–xxi, pp. 129–32; Albert of Aachen, VII.6, p. 494.
15. R. Hiestand (ed.), *Papsturkunden für Kirchen im Heiligen Lande* (Göttingen, 1985), p. 102; 其他一些相关例子，参见Codice Diplomatico Barese, 5, pp. 83–102.
16. Suger of St Denis, p. 44.
17. Romuald of Salerno, p. 203; Ekkehard of Aura, p. 293; William of Tyre, XI.1, 1, p. 460.

18. Bartulf of Nangis, *Gesta Francorum expugnantium Iherusalem*, 65, p. 538; *Chronica Monasterii Casinensis*, IV, p. 493; Suger of St Denis, p. 48; Hiestand, *Papsturkunden für Kirchen*, p. 7, n. 2; *Codice Diplomatico Barese*, 5, pp. 79–80.

19. Albert of Aachen, VIII.48, p. 636.

20. 参见，例如，W. Whalen, 'God's Will or Not? Bohemond's campaign against the Byzantine Empire (1105–1108)', in T. Madden, J. Naus and V. Ryan (eds.) *Crusades – Worlds in conflict* (Farnham, 2010), pp. 115–23.

21. 关于博希蒙德的巡游，参见L. Russo, 'Il viaggio di Boemundo d'Altavilla in Francia', *Archivio storico italiano 603* (2005), pp. 3–42.

22. Orderic Vitalis, XI.12, 6, pp. 70–2.

23. Ibid., p. 70.

24. 可参见W. Holtzmann, 'Zur Geschichte des Investitur-streites', *Neues Archiv der Gesellschaft für ältere deutsche Geschichtskunde 50* (1935), pp. 280–2.

25. Orderic Vitalis, XI.12, 6, p. 68; William of Malmesbury, IV.407, p. 736.

26. J. Stevenson (ed.), *Chronicon Monasterii de Abingdon*, 2 vols. (London, 1858), 2, p. 46. 没有资料可以说明派遣使节前往英格兰是在什么时候，或出于什么动机。

27. 例如，Shepard, 'The "muddy road" of Odo Arpin', pp. 11–28.

28. Anna Komnene, XIII.12, p. 385.

29. Ibid., p. 386.

30. Ibid., pp. 392–4.

31. Ibid., p. 387; p. 389.

32. Ibid., p. 392.

33. Ibid.

34. Orderic Vitalis, X.24, 5, p. 356; William of Tyre, VI.23, 1, p. 340.

35. Anna Komnene, XIV.1, p. 397.

36. Anna Komnene, XIII.12, p. 395.

37. Ibid., p. 394.

38. Fulcher of Chartres, I.32, p. 128; Orderic Vitalis, X.12, 5, p. 276.

39. Anna Komnene, XI.7, p. 316; XII.1, pp. 332–3; Orderic Vitalis, X.23, 5, p. 350;

X.24, p. 354.

40. *Gesta Francorum*, I, p. 5.

41. Ibid., p. 6; II, p. 10.

42. *Gesta Francorum*, II, p. 11.

43. Ibid., p. 17.

44. Raymond of Aguilers, I, pp. 18– 19; II, p. 22.

45. Raymond of Aguilers, II, pp. 26–7.

46. Ibid., p. 23.

47. *Gesta Francorum*, II, p. 12.

48. Robert the Monk, VII.20, p. 176.

49. Barber and Bate, Letters, p. 20.

50. Ibid., pp. 22–5.

51. Matthew of Edessa, II.114, p. 167. F关于黑山，参见*Regulations of Nikon of the Black Mountain*, in J. Thomas and A. Constantinides Hero (eds.), *Byzantine Monastic Foundation Documents*, 5 vols. (Washington, DC, 2000), pp. 377–424. Also see *Typikon of Nikon of the Black Mountain for the Monastery and Hospice of the Mother of God tou Roidiou* in ibid., pp. 425–39.

52. Ralph of Caen, 54, p. 80.

53. Raymond of Aguilers, XI, p. 88.

54. Hagenmeyer, *Epistulae*, p. 153.

55. Barber and Bate, *Letters*, p. 21.

56. *Gesta Francorum*, X, p. 72; Fulcher of Chartres, I.23.viii, p. 107; cf. Albert of Aachen, V.3, pp. 340–2.

57. Barber and Bate, *Letters*, pp. 30–3.

58. Ibid., p. 33.

59. Fulcher of Chartres, I.24.i–xiv, pp. 107–12.

60. Raymond of Aguilers, II, p. 23.

61. Ibid., pp. 22–3.

62. *Gesta Francorum*, X, p. 75.

63. Raymond of Aguilers, X, pp. 74–5.

64. Robert the Monk, VII.20, p. 176; William of Tyre, IX.13, 1, p. 437.

65. Robert the Monk, VI.16, p. 160.

66. Guibert of Nogent, I.5, p. 104.

67. William of Malmesbury, *History of the English Kings*, ed. R. Thomson, R. Mynors and M. Winterbottom (Oxford, 1999), III.262, pp. 482–4.

68. Roger of Hoveden, *Rerum Anglicarum Scriptores post Bedam* (repr. Farnborough, 1970), p. 710.

69. William of Malmesbury, II.225, p. 412.

70. William of Tyre, X.12, 1, p. 467.

71. Edward Gibbon, *Decline and Fall of the Roman Empire*, ed. J. Bury, 7 vols. (London, 1909–14) 6, p. 335.

72. Anna Komnene, XIV.2, p. 401.

73. Albert of Aachen, IX.43, p. 696.

74. A. Wharton Epstein, 'The date and significance of the Cathedral of Canosa in Apulia, Southern Italy', *Dumbarton Oaks Papers* 37 (1983), pp. 85–6.

75. M. Ogle and D. Schullian (eds.) *Rodulfi Tortarii Carmina* (Rome, 1933), pp. 298–316.

76. 参见N. Paul, 'A warlord's wisdom: Literacy and propaganda at the time of the First Crusade', *Speculum* 85 (2010), pp. 534–66. Another source from this period also reports Bohemond as having got the better of the emperor, rather than the other way round. *Narratio Floriacensis*, pp. 356–62.

77. Barber and Bate, *Letters*, pp. 30–3.

78. *Gesta Francorum*, I, pp. 1–2.

79. Erdmann, *Die Briefe Heinrichs IV*, pp. 38–9.

80. Ekkehard of Aura, pp. 182–4; *Annales Hildesheimensis, MGH, SS*, 3, pp. 50–1.

81. Erdmann, *Die Briefe Heinrichs IV*, pp. 39–40.

82. *Patrologia Latina*, 163, cols. 108a–c.

83. Erdmann, *Die Briefe Heinrichs IV*, pp. 39–40.

84. 关于和约, Anna Komnene, IX.3, p. 244, 以及上引，p146。关于阿莱克修斯和乞力赤·阿尔斯兰之间稳定且看似积极的关系，参见Albert of Aachen, IX.34, pp. 680–2.

85. 关于富歇对拜占庭的较柔和态度，参见L. Ní Chléirigh, 'The impact of the First Crusade on Western opinion towards the Byzantine Empire: The *Dei Gesta per Francos* of Guibert of Nogent and the *Historia Hierosolymitana* of Fulcher of Chartres', in C. Kostick (ed.), *The Crusades and the Near East: Cultural Histories* (Abingdon, 2011), pp. 161–88.

86. 阿尔贝特得出了截然不同的结论，注意M. Carrier, 'L'image d'Alexis Ier Comnène selon le chroniqleur Albert d'Aix', *Byzantion* 78 (2008), pp. 34–65.

87. Anna Komnene, XI.8, p. 320.

88. Anna Komnene, XIV.2, pp. 402–3; Albert of Aachen, XI.4, p. 776.

89. P. Maas, 'Die Musen des Kaisers Alexios I', *Byzantinische Zeitschrift* 22 (1913), ll. 312–51.

90. H. Hoffmann (ed.), *Die Chronik von Montecassino* (Hanover, 1980), IV.46, p. 514.

91. Lilie, *Byzantium and the Crusader States*, p. 162.

92. Anna Komnene, XIV.4, p. 411.

93. Anna Komnene, X.2, p. 262.

进一步阅读书目

与其列出一份包罗万象的多达2000多本书和文章的参考文献，我觉得为读者就如何入门提点建议会更加有用，让他们有兴趣大致了解第一次十字军概貌，或这场远征的某些具体方面，我会尽可能给出二手文献的英文版本，但有些时候，列出其他语言的专著和文章似乎不可避免。

概论

十字军东征得到了历史学家们的高度关注，在近些年也方兴未艾。Christopher Tyerman, *God's War: A New History of the Crusades* (London, 2006), Jonathan Phillips, *Holy Warriors: A Modern History of the Crusades* (London, 2009), 和 Thomas Asbridge, *The Crusades: The War for the Holy Land* (London, 2010) 等重头作品采取了不同的角度来探讨十字军。他们各自都进行了有力的概述，证明研究本领域的学术界健康而积极。十字军

史学家中的翘楚是Jonathan Riley-Smith，他的*The First Crusade and the Idea of Crusading*(London, 1986)至今仍为必读书目。他的其他众多概述十字军东征和单独讨论前往耶路撒冷的第一次远征的著作都价值非凡——*The First Crusaders 1095-1131* (Cambridge, 1997) 尤其值得一提。John France的*Victory in the East* (Cambridge, 1994) 提供了关于这场前往耶路撒冷远征的极佳军事史作品。另可参考Thomas Asbridg所著的可读性极强的*The First Crusade: A New History* (London, 2005)。

为纪念克莱蒙大公会议召开900周年，召开了一系列会议，多部文集收录了会上众多顶尖学者提交的论文。其中最好的是Jonathan Phillips' *The First Crusade: Origins and Impact* (Manchester, 1997), Michel Balard's *Autour de la Première Croisade* (Paris, 1996), and Alan Murray's *From Clermont to Jerusalem: The Crusades and Crusader Societies* (Turnhout, 1998). 其他值得一提的文集包括*Crusade and Settlement*, edited by Peter Edbury (Cardiff, 1985), and *The Experience of Crusading*, edited by Marcus Bull, Norman Housely and Jonathan Phillips, 2 vols. (Cambridge, 2003)。另可参考Thomas Madden精心编选的一批顶尖学者的论文集，*The Crusades* (Oxford, 2002)。Alan Murray所著的关于第一次十字军东征的文献综述也很有价值。

当代研究拜占庭和阿拉伯的学者却令人惊讶地极少关注这个主题。一个例外是Lonathan Harris清晰而有用的*Byzantium and the Crusades* (London, 2003)。不容错过的是Paul Magdalino的'The Byzantine background to the First Crusade', in *Canadian Institute of Balkan Studies* (Toronto, 1996), pp. 3–38。同样地还有Ralph-Johannes Lilie就拜占庭与十字军之间关系展开的精彩研

究，该书首先在1981年以德文出版，后有了很好的英译本*Byzantium and the Crusader states 1096-1204* (tr. Morris and Ridings, Oxford, 1993)。Carole Hillenbrand的*The Crusades, Islamic Perspectives* (Edinburgh, 1999) 从提供了东方看待西方的视角方面非常有用。

关于第一次十字军东征

Anna Comnena by Georgina Buckler(Oxford, 1929)至今仍是关于《阿莱克修斯纪》的唯一专著，其对该书文本构成的讨论非常出色，但在文本解释方面略逊色。Belfast colloquium on Alexios I中的一篇重要论文非常有必要读，提出了关于其文本构成的艰深问题。James Howard-Johnston收录在Margaret Mullett和Dion Smythe (eds.)的*Alexios I Komnenos* (Belfast, 1996)中的文章非常重要，应该与另一本由Thalia Gouma-Peterson编辑的虽然薄但很有价值的文集*Anna Komnene and Her Times*(New York, 2000)一道阅读。John France's 'Anna Comnena, the Alexiad and the First Crusade', *Reading Medieval Studies* 10 (1984), pp. 20–38提供了西方十字军对这个文本的观点。

对《阿莱克修斯纪》的编年进行最成功解构的作品是Iakov Liubarskii的'Zamechaniya k khronologii XI Knigi "Aleksiada" Anny Komninoi', *Vizantiiskii Vremennik* 24 (1963), pp. 46–56，他探讨了《阿莱克修斯纪》第十一卷中存在的问题。Lilie在*Byzantium and the Crusader States*一书的附录中肯定并推进了相关研究，pp.46-56。文本其他地方对某些事件时间上的误置，由David Gress-Wright, 'Bogomilism in Constantinople', *Byzantion* 47 (1977), pp. 163–85; P. Gautier, 'Discours de Théophylacte de Bulgarie', *Revue* *des Etudes Byzantines* 20 (1962), esp. pp. 99–103; J. Gouillard, 'L'Abjuration du moine Nil le Calabrais', *Travaux et Mémoires* 2 (1968), pp. 290–303提出来了。Liubarskii's 'Ob istochnikakh "Aleksiady" Anny Komninoi', *Vizantiiskii Vremennik* 25 (1965), pp. 99–120仍然是最好的确认安娜·科穆宁娜所使用文献来源的作品，并且也举出了其他一些例子指出《阿莱克修斯纪》在编年上存在错误。我们需要一部全新的重头作品来全面研究安娜·科穆宁娜作品中就事件历史序列存在的种种问题。

西方关于十字军东征的各种叙事文献，比较好的阅读起点是Colin Morris, "The *Gesta Francorum* as Narrative History", *Reading Medieval Studies* 19(1993),pp.55-72。不过，更晚近的可见John France's 'The anonymous *Gesta Francorum* and the *Historia Francorum qui ceperunt Iherusalem* of Raymond of Aguilers and the *Historia de Hierosolymitano itinere* of Peter Tudebode: An analysis of the textual relationship between primary sources for the First Crusade', in J. France and W. Zajac (eds.), *The Crusades and their Sources: Essays presented to Bernard Hamilton* (Aldershot, 1998), pp. 39–69. 另外可参见France's 'The use of the anonymous *Gesta Francorum* in the early twelfth-century sources for the First Crusade', in Alan Murray, *From Clermont to Jerusalem: The Crusades and Crusader Societies* (Turnhout, 1998). pp. 29–42以及更近期的Jay Rubenstein, 'What is the *Gesta Francorum* and who was Peter Tudebode?', *Revue Mabillon* 16 (2005), pp. 179–204.

关于亚琛的阿尔伯特，参见Sue Edgington, 'Albert of Aachen reappraised', in Murray, *From Clermont to Jerusalem*, pp. 55–67. 另可参见

Edgington's 'The First Crusade: Reviewing the evidence', in Phillips, *First Crusade*, pp. 57–77, and Marc Carrier's 'L'image d'Alexis Ier Comnène selon le chroniqueur Albert d'Aix', *Byzantion* 78 (2008), pp. 34–65. 参见R. Chazan, 'The Hebrew First Crusade Chronicles', *Revue des Etudes Juives* 133 (1974), pp. 235–54. 另见Hillenbrand's 'The First Crusade: The Muslim perspective', in Phillips, *First Crusade*, pp. 130–41.

阿莱克修斯一世写给佛兰德斯的罗贝尔的信件完全被视为伪作，参见Peter Schreiner, 'Der Brief des Alexios I Komnenos an den Grafen Robert von Flandern und das Problem gefälschter byzantinischer Kaiserschreiben in den westlichen Quellen', and Christian Gastgeber, 'Das Schreiben Alexios I. Komnenos an Robert I. Flandern. Sprachliche Untersuchung', 均收录在Giuseppe de Gregorio and Otto Kresten (eds.), *Documenti medievali Greci e Latini: Studi Comparativi* (Spoleto, 1998), pp. 111–40, 141–85，不过也可参见Carole Sweetenham, 'Two letters calling Christians on Crusade', in *Robert the Monk's History of the First Crusade* (Aldershot, 2005), pp. 215–18. 不过这些文章都认为11世纪90年代初期拜占庭帝国在小亚细亚所处的地位是有利而健康的。因此也要注意Michel de Waha, 'La lettre d'Alexis Comnène à Robert Ier le Frison', *Byzantion* 47 (1977), pp. 113–25.

第一次十字军东征时期的教廷与西欧

对第一次十字军东征前夕的欧洲的研究涌现了诸多出色的作品。关于教廷，H. E. J. Cowdrey's *Pope Gregory VII, 1073–1085* (Oxford, 1998) and

Alfons Becker's magisterial *Papst Urban II 1088–99*, 2 vols. (Stuttgart, 1964–88) 为必读作品。 Cowdrey's *The Age of Abbot Desiderius: Montecassino, the Papacy and the Normans in the Eleventh and Early Twelfth Centuries* (Oxford, 1983) 很重要，同样的还有Josef Deér's *Papsttum und Normannen: Untersuchungen zu ihren lehnsrechtlichen und kirchenpolitischen Beziehungen* (Cologne, 1972)。Ian Robinson的*The Papacy 1073-1198*(Cambridge,1990)提供了关于罗马教廷在这一时期经历的斗争的评述，相当令人信服。该作者的*Henry IV of Germany,1056-1106*(Cambridge,1999)在讲述欧洲11世纪末遭遇的种种危机上非常出色。Timothy Reuter的文集，由Janet Nelson编纂的*Medieval Polities and Modern Mentalities*(Cambridge, 2006)，以及Karl Leyser，由Reuter编纂的，收录于*Communications and Power in Medieval Europe: The Gregorian Revolution and Beyond*(London,1994)所论述的非常发人深省。

Steven Runciman的*Eastern Schism: A Study of the Papacy and the Eastern Churches During the Eleventh and Twelfth Centuries*(Oxford, 1955)仍能提供关于1054年发生的种种事件的清晰叙述，但Henry Chadwick的*East and West: The Making of a Rift in the Church: From Apostolic Times Until the Council of Florence* (Oxford, 2003) 将大裂教放置在了更为宽广的背景下考量。相关的也值得一看的是Aristeides Papadakis and John Meyendorff, *The Christian East and the Rise of the Papacy: The Church 1071–1453* (New York, 1994) 以及最重要的Axel Bayer's *Spaltung der Christenheit: Das sogenannte Morgenländische Schisma von 1054* (Cologne, 2002). Tia Kolbaba的*The*

Byzantine Lists: Errors of the Latins (Urbana, 2000)对我们了解东方和西方教会之间的对抗很有帮助。关于叙任权之争，参见Ute-Renata Blumenthal's *The Investiture Controversy: Church and Monarchy from the Ninth to the Twelfth Century* (Philadelphia, 1988) 以及Gerd Tellenbach, *The Western Church from the Tenth to the Early Twelfth Century* (Cambridge, 1993).

11世纪末的拜占庭帝国

The Oxford History of Byzantium，由Cyril Mango主编（Oxford,2002)以及the *Cambridge History of Byzantine Empire,c.500-1492*,由Jonathan Shepard主编（Cambridge,2008)提供了关于拜占庭帝国概况的导引，非常清楚，也总能引人深思。Angeliki Laiou's *The Economic History of Byzantium, From the Seventh Through the Fifteenth Century*, 3 vols. (Washington, DC, 2002) 也很出色，甚至是里程碑式的。

关于君士坦丁堡，有一些非常不错的文集。参见Cyril Mango's *Studies on Constantinople* (Aldershot 1993), and his *Constantinople and its Hinterland* (Aldershot, 1995) (with Gilbert Dagron). Paul Magdalino's *Studies on the History and Topography of Byzantine Constantinople* (Aldershot, 2007) 提供了很多原创性的富于启发的观点。关于综述性的研究，参见Jonathan Harris, *Constantinple: Capital of Byzantium*(London,2007)。

关于11世纪后半叶，最好的二手作品是Jean-Claude Cheynet的*Pouvoir et contestations à Byzance 963–1210* (Paris, 1990). Alexander Kazhdan关于拜占庭贵族的研讨论文有意大利文版*L'aristocrazia bizantina: dal principio* *dell'XI alla fine del XII secolo* (tr. Silvia Ronchey, Palermo, 1997) 。Jonathan Shepard优秀的文章'Aspects of Byzantine attitudes and policy towards the West in the 10th and 11th Centuries', *Byzantinische Forschungen* 13 (1988), pp. 67–118极好地介绍了拜占庭人对外国人的态度。另见同一作者的'The uses of the Franks in 11th Century Byzantium', *Anglo-Norman Studies* 15 (1992), pp. 275–305, '"Father" or "Scorpion"? Style and substance in Alexios' diplomacy', in Mullett and Smythe, *Alexios*, pp. 68–132, and 'Cross-purposes: Alexius Comnenus and the First Crusade', in Phillips, *First Crusade*, pp. 107–29。Krinje Ciggaar的*Western Travellers to Constantinople: The West & Byzantium, 962–1204* (Leiden, 1996) 表明当时这座城市是怎样一座大都会。

阿莱克修斯一世·科穆宁的统治期

Ferdinand Chalandon's Essai sur le règne d'Alexis I Comnène (Paris, 1900) 至今仍是最新的关于阿莱克修斯统治期的专著，也仍然非常明晰，非常有用。1989 Belfast symposium的工作论文收录在Mullettand Smythe所编的*Alexios I Komnenos*中，非常不错，包含了一系列发人深思的重要论文，最重要的有Magdalino、Sheparrd、Macrides和Angold的。我也曾撰文挑战下列观点：阿莱克修斯皇帝的家族是其统治的基础，我强调了其家族核心成员之间在第一次十字军东征前夕的不谐举动。P. Frankopan, 'Kinship and the distribution of power in Komnenian Byzantium', *English Historical Review* 495 (2007), pp. 1–34.

关于阿莱克修斯一世及其继任者时期的军队状况，John Birkenmeier,

The Development of the Komnenian Army: 1081–1180 (Leiden, 2002)，不过Armin Hohlweg所著*Beiträge zur Verwaltunsgeschichte des oströmischen Reiches unter den Komnenen* (Munich, 1965) 也仍然有不少灼见。Paul Magdalino的*The Empire of Manuel I Komnenos 1143–1180* (Cambridge, 1993) 很值得一读，不仅可了解阿莱克修斯的继任者们，也能作为背景来了解《阿莱克修斯纪》的著述过程。关于这一点，另可参见Paul Stephenson, 'The Alexiad as a source for the Second Crusade', *Journal of Medieval History* 45 (2003), pp. 41–54.

关于经济，参见Alan Harvey, *Economic Expansion in the Byzantine Empire (900–1200)* (Cambridge, 1989) 及其非常重要的论文'The land and taxation in the reign of Alexios I Komnenos: The evidence of Theophylakt of Ochrid', *Revue des Etudes Byzantines* 51 (1993), pp. 139–54。Michael Metcalf的*Coinage in South-Eastern Europe* (Oxford, 1979) 仍然属于必读书，他的文章'The reformed gold coinage of Alexius I Comnenus', in *Hamburger Beiträge zur Numismatik*, vol. 16 (1962), pp. 271–84也是。关于11世纪时货币的贬值，参见Cécile Morrisson, 'La Dévaluation de la monnaie byzantine au XIe siècle', *Travaux et Mémoires* 6 (1976), pp. 3–29.

拜占庭及其邻人们

Claude Cahen影响深远的 'La première pénétration turque en Asie Mineure', *Byzantion* 18 (1948), pp. 5–67主导了对11世纪的小亚细亚状况的评估，勾勒了曼齐刻尔特战役前后突厥人威胁的增加。Jean-Claude

Cheynet提供了对其观点的第一次重要修正，见'Manzikert: un désastre militaire?', *Byzantion* 50 (1980), pp. 410–38。更晚近些，同一位历史学家又用'La résistance aux Turcs en Asie Mineure entre Mantzikert et la Première Croisade', in *Eupsykhia: Mélanges offerts à Hélène Ahrweiler* 2 vols. (Paris, 1998), 1, pp. 131–47更进一步提出挑战。这些都提供了对突厥人和小亚细亚局势非常重要的重估。对考古证据的依赖，以及对文本的重视，在Clive Foss的作品中体现得很明显，包括'The defences of Asia Minor against the Turks', *Greek Orthodox Theological Review* 27 (1982), pp. 145–205。在斯特洛比罗斯 、萨加拉索斯 、以弗所和其他一些地方出土的新证据继续不断挑战着关于安纳托利亚的突厥人定居点的本质、范围和延续时间的既有观点。关于君士坦丁堡以北地区不断滋长的对拜占庭的压力，参见Paul Stephenson, *Byzantium's Balkan Frontier* (Cambridge, 2000) ，它补充完善并超越了研究该地区的学者先前的著作。

诺曼人对意大利南部的征服在Hartmut Hoffmann的'Die Anfänge der Normannen in Süditalien', in *Quellen und Forschungen aus Italienischen Archiven und Bibiliotheken*, 47 (1967), pp. 95–144中得到了出色的勾勒，不过，Graham Loud具有开创性的研究在近些年推动了相关研究，例如*The Latin Church in Norman Italy*(Cambridge,2007)以及'Coinage, wealth and plunder in the age of Robert Guiscard', *English Historical Review*, 114 (1999), pp. 815–43. 另见他的*The Age of Robert Guiscard: Southern Italy and the Norman Conquest*(Singapore,2000)。Jean-Marie Martin的*La Pouille du VIe au XIIe siècles* (Rome, 1993) 仍然是东南意大利研究的标杆。Paul Oldfield

的近期文章'Urban government in southern Italy, c.1085–c.1127', *English Historical Review* 122 (2007), pp. 579–608也提供了令人感兴趣的关于诺曼人对意大利南部统治的洞见，他的著作*City and Community in Norman Italy*(Cambridge,2009)也是如此。

关于拜占庭帝国与诺曼人的关系，参见Huguette Taviani-Carozzi, *La Terreur du monde – Robert Guiscard et la conquête normande en Italie* (Paris, 1997)。William McQueen的文章'Relations between the Normans and Byzantium 1071–1112', *Byzantion* 56 (1986), pp. 427–76以及Matthew Bennettde 的 'Norman naval activity in the Mediterranean c.1060–1108', *Anglo-Norman Studies* 15 (1992), pp. 41–58提供了关于对拜占庭帝国的进攻颇有助益的检视。

与威尼斯的贸易作用十分关键，也得到了非常详尽的研究。Thomas Madden's 'The chrysobull of Alexius I Comnenus to the Venetians: The date and the debate', *Journal of Medieval History* 28 (2002), pp. 23–41非常出色，不过，我对授权文本内提供的证据存有很重要的疑点，关于日期也是，参见我的文章'Byzantine trade privileges to Venice in the eleventh century: The chrysobull of 1092', *Journal of Medieval History* 30 (2004), pp. 135–60。关于11世纪90年代其他事件的问题，均源于《阿莱克修斯纪》中编年存在的问题，参见我在'The Fall of Nicaea and the towns of western Asia Minor to the Turks in the later 11th Century: The curious case of Nikephoros Melissenos', *Byzantion* 76 (2006), pp. 153–84中，以及'Challenges to imperial authority in Byzantium: Revolts on Crete and Cyprus at the end of the 11th Century', *Byzantion* 74 (2004), pp. 382–402中提到的片段。

第一次十字军东征

除了前面已经提到的概述第一次十字军东征的作品外，这里将增加一些关注这次远征具体各个方面的作品。关于克莱蒙大公会议和教皇乌尔班二世1095-1096年在法兰西的行程，参见André Vauchez (ed.), *Le Concile de Clermont de 1095 et l'appel à la Croisade: Actes du Colloque Universitaire International de Clermont-Ferrand* (Rome, 1997)。众多学者对十字军的传道动员进行了很好的阐述，比如Penny Cole, *The Preaching of the Crusades to the Holy Land* (Cambridge, Mass., 1991)，不过也可以参考H. E. J. Cowdrey, 'Pope Urban II's preaching of the First Crusade', *History* 55 (1970), pp. 177–88以及Robert Somerville, 'The Council of Clermont and the First Crusade', *Studia Gratiana* 20 (1976), pp. 323–7.

关于参加东征者的响应和动机，参见Jonathan Riley-Smith, 'The motives of the earliest crusaders and the settlement of Latin Palestine, 1095–1100', *English Historical Review* 98 (1983), pp. 721–36；他的'The idea of Crusading in the Charters of Early Crusaders', in *Vauchez, Concile de Clermont*, pp. 155–66也很有用，另外还有Christopher Tyerman, 'Who went on crusades to the Holy Land?', in *Horns of Hattin*, pp. 13–26. Marcus Bull's *Knightly Piety and the Lay Response to the First Crusade: The Limousin and Gascony* (Oxford, 1993)，提供了关于法兰西一个地区情况的引人入胜又细致入微的描述。另可参见John France, 'Les origines de la Première Croisade: un nouvel examen', in *Balard, Autour de la Première Croisade*, pp. 43–56.

关于11世纪末出现的千禧主义，参见Hannes Möhring, *Der Weltkaiser*

der Endzeit: Entstehung Wandel und Wirkung einer tausendjährigen Weissagung (Stuttgart, 2000)，以及Brett Whalen, *Dominion of God: Christendom and Apocalypse in the Early Middle Ages* (Cambridge, Mass., 2009). 关于更多就第一次十字军东征的起源与影响的专门研究，参见Michele Gabriele, 'Against the enemies of Christ: The role of Count Emicho in the Anti-Jewish Violence of the First Crusade', in M. Frassetto (ed.), *Christian Attitudes towards the Jews in the Middle Ages: A Casebook* (Abingdon, 2007), pp. 61–82以及Robert Chazan, '"Let not a remnant or a residue escape": Millenarian enthusiasm in the First Crusade', *Speculum* 84 (2009), pp. 289–313.

涉及这次远征的一些具体事宜，也能做出个别推荐。*Logistics of Warfare in the Age of the Crusades*,edited by John Pryor(Aldershot,2006)是很好的阅读起点。另可参见Alan Murray 'The army of Godfrey of Bouillon 1096–9: Structure and dynamics of a contingent on the First Crusade', *Revue Belge de Philologie et d'histoire* 70 (1992), pp. 30–29; Jonathan Riley-Smith, 'First Crusaders and the costs of crusading', in Michael Goodrich, Sophia Menache and Syvlie Schein, *Cross Cultural Convergences in the Crusader Period* (New York, 1995), pp. 237–57; Matthew Bennett, 'Travel and transport of the Crusades', *Medieval History* 4 (1994), pp. 91–101; John Nesbitt, 'The rate of march of crusading armies in Europe: A study and computation', *Traditio* 19 (1963), pp. 167– 82都提出了非常敏锐的问题，一如Karl Leyser 'Money and supplies on the First Crusade', in *Communications and Power*, pp. 83–94以及Sue Edgington 'Medical knowledge in the crusading armies: The evidence of Albert of Aachen and others' in Malcolm Barber (ed.), *The Military Orders: Fighting for the Faith and Caring for the Sick* (Aldershot, 1994), pp. 320–6.

关于隐修者彼得，参见M. D. Coupe, 'Peter the Hermit, a reassessment' *Nottingham Medieval Studies* 31 (1987), pp.37–45, Ernest Blake and Colin Morris, 'A hermit goes to war: Peter and the origins of the First Crusade', *Studies in Church History* 22 (1985), pp. 79–107, Jean Flori, *Pierre l'Eremite et la Première Croisade* (Paris, 1999), and Jay Rubenstein, 'How, or how much, to re-evaluate Peter the Hermit', in Susan Ridyard (ed.), *The Medieval Crusade* (Woodbridge, 2004) pp. 53–70。关于各位十字军领导人的生平研究很容易产生疏漏，导致抨击，因此近年来一直都不怎么受欢迎。不过，Ralph Yewdale的*Bohemond I:Prince of Antioch*(Princeton,1924)具有持久的魅力。Jean Flori的*Bohémond d'Antioche: Chevalier d'aventure* (Paris, 2007)则更加反映近期研究现状。关于图卢兹的雷蒙，John and Laurita Hill, *Raymond IV, Count of Toulouse* (Syracuse, 1962)。关于诺曼底的罗伯特，William Aird's recent *Robert 'Curthose', Duke of Normandy (c.1050–1134)* (Woodbridge, 2008)。关于布永的戈弗雷，Pierre Aubé, *Godefroy de Bouillon* (Paris, 1985).

对犹太人的屠杀在Robert Chazan, *European Jewry and the First Crusade* (Berkeley, 1987) 以及Gerd Mentgen, 'Die Juden des Mittelrhein-Mosel-Gebietes im Hochmittelalter unter besonder Berücksichtigung der Kreuzzugsverfolgungen', *Monatshefte für Evangelische Kirchengeschichte des Rheinlandes* 44 (1995), pp. 37–75. 中得到了研究。*Eva Haverkamp*的

Hebräische Berichte über die Judenverfolgungen während des Ersten Kreuzzugs (Hanover, 2005) 如今是关于1096年大屠杀的标杆作品。

关于君士坦丁堡与阿莱克修斯的关系，John Pryor的 'The oath of the leaders of the Crusade to the Emperor Alexius Comnenus: Fealty, homage', *Parergon* 2 (1984), pp. 111–41阐述得很合理，一如Ralph-Johannes Lilie, 'Noch einmal zu dem Thema "Byzanz und die Kreuzfahrerstaaten"', *Poikila Byzantina* 4 (1984), pp. 121–74。不过，绝对必读的是Jonathan Shepard的'When Greek meets Greek: Alexius Comnenus and Bohemund in 1097–8', *Byzantine and Modern Greek Studies* 12 (1988), pp. 185–277.

关于安条克，参见Bernard Bachrach, 'The siege of Antioch: A study in military demography', *War in History 6* (1999), pp. 127–46; John France, 'The departure of Tatikios from the Crusader army', *Bulletin of the Institute of Historical Research* 44 (1971), pp. 137–47; Geoffrey Rice, 'A note on the battle of Antioch, 28 June 1098: Bohemund as tactical innovator', *Parergon* 25 (1979), pp. 3–8。Randall Rogers的*Latin Siege Warfare in the 12th Century* (Oxford, 1992) 是关于这一时期围城战的出色导引，尤其是关于尼西亚和安条克之战。

关于1099年在耶路撒冷创建的东方王国，Joshua Prawer的*The Latin Kingdom of Jerusalem: European Colonialism in the Middle Ages* (New York, 1972); Jean Richard, *The Latin Kingdom of Jerusalem* (London, 1979); Alan Murray, *The Crusader Kingdom of Jerusalem: A Dynastic History 1099–1125* (Oxford, 2000)。关于安条克，参见Thomas Asbridge's excellent *The Creation of the Principality of Antioch 1098–1130* (Woodbridge, 2000)。另可参见

Christopher MacEvitt近期非常重要的作品*The Crusades and the Christian World of the East: Rough Tolerance* (Philadelphia, 2008) 。关于耶路撒冷牧首，参见Michael Matzke, *Daibert von Pisa: Zwischen Pisa, Papst und erstem Kreuzzug* (Sigmaringen, 1998).

关于意大利城市国家，参见Marie-Louise Favreau-Lilie, *Die Italiener im Heiligen Land vom ersten Kreuzzug bis zum Tode Heinrichs von Champagne (1098–1197)* (Amsterdam, 1988；关于它们与拜占庭帝国的关系，Ralph-Johannes Lilie's *Handel und Politik zwischen dem byzantinischen Reich und den italienischen Kommunen Venedig, Pisa und Genua in der Epoche der Komnenen und der Angeloi (1081–1204)* (Amsterdam, 1984) 仍然立论坚实。

关于博希蒙德征讨拜占庭帝国，参见John Rowe, 'Paschal II, Bohemund of Antioch and the Byzantine Empire', *Bulletin of the John Rylands Library* 49 (1966), pp. 165–202。另可参见Luigi Russo的 'Il viaggio di Boemundo d'Altavilla in Francia', *Archivio storico italiano* 603 (2005), pp. 3–42.

关于第一次十字军东征历史的撰写，参见James Powell, 'Myth, legend, propaganda, history: The First Crusade, 1140–c.1300', in *Autour de la Première Croisade*, pp. 127–41，，以及Nicholas Paul的两篇出色的文章'Crusade, memory and regional politics in twelfth-century Amboise', *Journal of Medieval History* 31 (2005), pp. 127–41和'A warlord's wisdom: Literacy and propaganda at the time of the First Crusade', *Speculum* 85 (2010), pp. 534–66.